JN098305

朴沙羅
Park Sara

記憶を語る，
歴史を書く

オーラルヒストリーと社会調査

有斐閣

目　次

著者紹介

朴 沙羅（ぱく さら／Sara Park）
ヘルシンキ大学文学部講師，社会理論・動態研究所研究員

京都大学文学部卒業。京都大学大学院文学研究科博士後期課程研究
指導認定退学。博士（文学）。
立命館大学国際関係学部准教授，神戸大学大学院国際文化学研究科
講師を経て，現職。

主要著作
『外国人をつくりだす――戦後日本における「密航」と入国管理制
度の運用』2017 年，ナカニシヤ出版。
『家の歴史を書く』2018 年，筑摩書房（2022 年，ちくま文庫）。
『最強の社会調査入門――これから質的調査をはじめる人のために』
（前田拓也・秋谷直矩・木下衆との共編）2016 年，ナカニシヤ
出版。
『生活史論集』（岸政彦編，分担執筆）2022 年，ナカニシヤ出版。
『共生社会の再構築 I　シティズンシップをめぐる包摂と分断』（大
賀哲・蓮見二郎・山中亜紀編，分担執筆）2019 年，法律文化社。
『オーラルヒストリーとは何か』（アレッサンドロ・ポルテッリ著，
朴沙羅訳）2016 年，水声社。

オーラルヒストリーを研究する

はじめに

　2007 年の秋，当時学部 4 年生だった私は，卒業論文が書けなくて困っていた。私の手元には，伯父と伯母のインタビューデータの文字起こしがあった。彼らは在日コリアン 1 世で，1930 年代後半に日本へ移住したり日本で生まれたりして，1945 年に現在の大韓民国にある済州島へ引き揚げ，1940 年代末にふたたび日本へ移住した。私は彼らの幼少期の思い出や済州島での生活，日本への再移住プロセスや日本での学校・就労・結婚生活などについてインタビューし，それを社会学辞典に載っているような用語で分析し，在日 1 世の階層移動やジェンダー意識，民族的アイデンティティについて書こうと思っていた。

　それで私は，自分が行ったインタビューデータの文字起こしから，そのような「社会学的」概念に当てはまりそうな箇所を抜粋し，「階層移動」「ジェンダー規範」「民族的アイデンティティ」という言葉を使って再記述してみた。文字起こしのなかには貧困についてのエピソードや，日本，韓国という国家名，民族教育の存在につい

て述べた箇所，あるいは家庭内での役割分業を示唆する発言や女児の教育機会についての言明が複数あった。

　また当時，私はごくわずかではあったが，解放直後の朝鮮半島の歴史や戦後の日本における在日コリアンの歴史について知らないわけではなかった。その年の春先に大学院に進学しようと思い立ったので，社会学的な用語を勉強しなければならないとは思っていた。だから，彼らの個人史に登場する歴史的事件の名称や社会学的な概念をまったく知らないというわけではなかった。そして私は，社会変動や階層移動，あるいは近代化といった抽象的な「マクロ」な事柄を，「ミクロ」な個別の資料のなかに見出すのが社会学的なものの見方だと思っていたので，個人が人生を回顧したトランスクリプトを歴史的事件の名称や社会学用語で再記述すれば，ミクロとマクロをつなげることができるはずだと思っていた。

　ところが，先行研究を引用し，歴史的事件や社会学用語によって体験談を再記述したものは，私がすでにある程度まで知っていたことを，新たな具体例を引いて書き直したものでしかなかった。そうやって再記述した3人の生活史には，なんの新奇性もおもしろさもなかった。私はインタビューを聞いたときにあんなにワクワクしていたはずなのに，書き上がったものは社会学用語辞典のいくつかの項目の例を増やしたにすぎなかった。私が書きたいのはこういうものだっただろうか。私は，インタビューで聞いたことを辞典の項目の新たな1例にしたいわけではないのに，なぜそのようなものを書いてしまったのだろうと思い，しかし他にどうしたらいいかわからず，卒業論文でインタビューを使うのをやめた。結局，卒業論文の出来は惨憺たるものだった。

　私は彼らのインタビューのどこを，どのように分析すればよかったのだろうか。過去に起きたことを本当だとわかるためには，何が

必要なのだろうか。いろいろな理由で本人が文字に残せない体験談を誰かが残す作業の特徴とはなんだろうか。誰かの過去の体験談から社会学的な——言い換えれば、社会学以外の学問分野では書けないことについて——論文を書くためには、何について考える必要があるだろうか。大学院に進学したあと、私はこういった問題について考えなければならなくなった。私は不勉強なうえに勤勉でもないので、長いあいだこの問いに答えが出せなかった。結局わかったのは、この問題はどうやら、私が当初思っていたほどには簡単に答えが出せそうな問題ではないということだ。

　本書は、15年前の私が答えられず、かといって投げ出すこともできなかった問題に、答えようとしたものだ。私の無知と怠惰のため、一時的にでも納得のいく答えを出すのは、あのとき思っていたより難しかった。そして、結果として出た暫定的な答えは、画期的でも知的興奮を呼び起こすものでもない。しかし何も調べなかったときよりはましだろうと思いたい。

1　本書の目的と対象

　誰かが過去に体験した事柄について語る。それを誰かが聞く。そして、「過去にこんなことがあった」という体験を共有する。このような作業を、私たちは日常的に行っている。思い出話が家族のなかで引き継がれることもあるだろう。何かに遅刻したり保険金の支払いを求められたりするときなど、自らの過去の体験を事実だと証明する必要に迫られるときもあるだろう。そのようなとき、私たちはごく当たり前に、過去に起こったことや体験したことを述べ、求められれば証拠となるもの（たとえばアルバムの写真や電車の遅延証明

書，病院での診断書など）を提出する。語られたもののごく一部は，文字や音声・映像として記録される。「過去にこのようなことがあった」という記述なしに，私たちは過去に起こった事柄について知ることはできない。そのような記述や言明は単に過去に起こった出来事を伝えるだけでなく，聞き手や読者に現在の状況がどのようなものであるかを理解させ，将来いかに振る舞うべきかという規範的指針を与えることもあるだろう。

　「過去にこのようなことがあった」という誰かの体験談のうちのあるものは，しばしば「オーラルヒストリー」と呼ばれる。この「オーラルヒストリー」という言葉を題名に冠した本や論文は，いまやめずらしくない。はじめてその言葉が日本で登場してからおおよそ 50 年経ち，オーラルヒストリーは歴史学や政治学，社会学や科学史の研究手法としてすっかり定着したように思われる。歴史学，とくに現代史において口述資料（史料）を引用することはもはやめずらしくない（Hearth, 2008=2012）。政治学あるいは政治史・政策史研究の一環として，官僚や政治家にインタビューを行うことも，現在では 1 つの手法として確立しつつある（御厨 2009）。

　社会学においても，オーラルヒストリーは手法，あるいは学問分野として重要視されつつある。2007 年，関西社会学会大会においてシンポジウム「オーラル・ヒストリーと歴史」が開催された。その際に報告された論考は，2008 年に『フォーラム現代社会学』誌上でシンポジウムと同名の特集に収録されている。特集の冒頭で，蘭由岐子は「歴史学の『分家』である社会学にとって，歴史とどのように向き合うかはつねに難問である」と述べ「社会学，とりわけ歴史社会学では歴史をどのように位置付けているかに関して歴史学からつねに厳しいまなざしが投げかけられているうえに，ライフストーリーという個別性を刻印された人々の語りからいかに歴史の全

体性にせまるのか，という課題を解かなくてはいけない」（蘭 2008: 84）と問題を提起した。蘭の指摘に従うなら，オーラルヒストリー研究は，人々の語りを「歴史の全体性」なるもののなかに位置づける課題を社会学と共有している。それは歴史社会学のみならず，たとえば生活史調査のように過去の出来事やその経験を扱う社会調査にとって，オーラルヒストリー研究を参照することに意義があると見なされていることを意味する。

　他方，オーラルヒストリーが知名度を広めるにしたがって，その方法の捉えがたさと定義の難しさにも焦点があてられている。清水透は「オーラル・ヒストリーとは何なのか，といったその定義についても，少なくとも我が国では共通理解が成立しているとは言えない」（清水 2010: 31）と述べ，オーラルヒストリー研究の方法が模索中であること，そして「オーラル・ヒストリーとは何なのか」についての共通理解がないことを指摘している。

　本書は，このオーラル（・）ヒストリーと呼ばれる一連の研究群を対象に，誰かが過去に体験したことを語ったり書いたりするときの方法論を振り返り，主な論点を挙げ，具体的な調査事例に基づいて，ありうる方法論を論じようと試みるものである。ただし，それに先立って，私自身が「オーラルヒストリー」という語の指す内容を定義することはしない。なぜなら，以下に述べるように，その問題に答えること自体が「オーラルヒストリー」なる研究分野にとって重要な課題だったからだ。

　オーラルヒストリーとは何かという問題は，主観対客観（中村 1989），あるいは文献資料対口述資料（桜井 2008a），聞くことと書くこと（小林編 2010）といった対立軸のなかで検討されてきた。しかし，「視点を広げれば，さまざまな水脈を掘り当てることが出来る」（江口 2013: 137）と論じられているように，「オーラルヒストリー」

の語を使っていないが口述資料に依拠して著された論考は，日本語に限っても数多くある。広川禎秀（1994）の指摘するとおり，日本現代史では「聞き書き」「聞き取り」としてインタビューが行われる場合も少なくない。

　また，オーラル（・）ヒストリーという用語の定義をめぐって論争が起こることもある。たとえば大門正克（2017）は，御厨貴による「オーラル・ヒストリー」を次のように批判している。

　　ところで，政治を聞く歴史が大規模に行われる中で，それを担った一人である御厨貴は『オーラル・ヒストリー──現代史のための口述記録』（2002年）を著し，その中でオーラル・ヒストリーを「公人の，専門家による，万人のための口述記録」と定義している。ここにはポイントが3つある。「公人」と「現代史」「専門家による」である。明治以降における「語る歴史，聞く歴史」をたどってきた本書からすれば，オーラル・ヒストリーの対象を「公人」に限った定義はいかにも狭いことがよくわかるだろう。それに加えてこの定義では，時代が「現代史」に限定されているが，本書では，オーラル・ヒストリーを含めて，聞き取りの実践を広く歴史の中にも求め，歴史から現在に至る語ること，聞くことを，「語る歴史，聞く歴史」と表現した。「語る歴史，聞く歴史」を設定することにより，現代史に限定されたものと思われていたオーラル・ヒストリーをめぐる議論は，歴史を含めた視野の中で行うことが一挙に可能になり，歴史学の今後の可能性を示すことができるようになった。この点でも御厨の定義は射程範囲が狭い。最後の「専門家による」は，聞き取りの信憑性をめぐって御厨が強調する点である。聞き取りの信憑性を検証する専門家の役割の強調からすれば，

非専門家による聞き取りは信頼できないことになる。この点をめぐっては，倉敷伸子がすでに的確な批判を行っている（倉敷「女性史研究とオーラル・ヒストリー」2007年）。御厨は実際には語り手との「共感の磁場」のなかで聞き取りを行っているが，そのことはとりあげず，専門家による検証のみを強調しているという批判である。（大門 2017: 225-6）

　これに対して，佐藤信は「（……）口述記録の歴史は古く，OHというが用語が用いられる以前から豊かな蓄積がある。たんに口述記録の営為を継続するだけならばOHなどといい新用語をあえて持ち出す必要はあるまい」（佐藤 2019: 115）と大門を批判し，「それでも，大門はなぜか『オーラル・ヒストリー』というサブタイトルを付し，書中で政治史学者・御厨貴のOH概念を批判したりする。OHがその不思議な魅力ゆえに，多様な論者を招き入れ，その概念の混濁を招いている一例である」とまとめる（佐藤 2019: 115）。

　このやりとりからわかるのは，オーラルヒストリーの定義は，それ自体で検討可能な問題となっているということだ。何かを「オーラル（・）ヒストリー」と呼ぶとき，その呼び手は自らの「オーラルヒストリーとはこのようなものであるはず／べきだ」という考えを示している。大門にとって，オーラルヒストリーとは「語る歴史，聞く歴史」であり，佐藤にとっては「語る歴史，聞く歴史」のなかでアーカイヴ化されたり公開されたりしているもの──「万人のための，現代史の口述記録」とでも呼べるであろうもの──だと考えられる。そして，大門と佐藤のオーラルヒストリー理解にそれぞれの根拠があるのなら，その相違はオーラルヒストリーという学問分野の発展経緯に根差している可能性がある。つまり，本書で私が「オーラル（・）ヒストリー」を定義しないのには2つの理由があ

る。1つは「何がオーラルヒストリーか」を適切かつ厳密に定義することが難しいからだ。そしてもう1つ，積極的な理由としては「何がオーラルヒストリーか」という定義自体を検討の対象に含めることで，「オーラルヒストリー」という用語あるいは学問上の方法や分野が，いかなる経緯のもと，どのような期待を背負って発展してきたかを明らかにできる可能性があるからだ。

以上の理由から，本書では「何がオーラルヒストリー研究（であるべき）か」を定義しない。その代わり，「誰がいつ，何をオーラルヒストリー研究と呼んだか」に注目する。したがって，本書における「オーラルヒストリー」とは，「オーラルヒストリー」という語を自分あるいは他人の研究に対して用いる諸研究を指す。

何をどうすればオーラルヒストリーを研究したことになるのだろうか。何がオーラルヒストリー研究の利点や特徴なのだろうか。このような課題は，イギリスとアメリカで最初に oral history という用語が使われはじめてから，研究者たちによって議論されてきた。そのような議論のなかで，オーラルヒストリーの方法論と呼ばれるものはある程度確立されてきた。それらの方法論はしばしば英語でまとめられており，日本語に翻訳されているものも複数ある。そして，これからこの章で，そして本書の後半で書くように，これまでオーラルヒストリーの方法論として議論されてきた論点の他に，あるいはそれ以前の段階に，とくに社会学に関心を持つものにとって重要な課題がある。本書の目的は，過去の出来事を回想するデータを扱う際の社会学的（相互行為を重視した）方法を検討することだ。そのため，本書はまずオーラルヒストリー研究と伝記的（伝記・個人史・生活史・ライフヒストリー・ライフストーリー）研究の方法論が指摘してきた問題を整理し，過去に起きた出来事の回想を含むインタビューデータを用いる研究の特徴をある程度まで明らかにする。

2　記憶と歴史と社会学

歴史と社会学

　先に私は本書の目的を「過去の出来事を回想するデータを扱う際の社会学的（相互行為を重視した）方法を検討する」ことだと書いた。しかし，記憶あるいは回想あるいは想起は，約100年にわたって社会学的な議論の対象とされてきた。モーリス・アルヴァックスが記憶とは，過去に属する個人的なものというだけでなく，現在の観点から絶えず集合的に再構成されるものだと指摘して以来（Halbwachs 1925=2018, 1950=1989），社会的記憶（浜 2002; 片桐 2003; 松浦 2005）や「想起の文化」（Assmann 2006=2007, 2016=2019）という用語で，歴史と記憶との関係を論じる研究が蓄積されてきた。これらの研究では，歴史と記憶とは別のものであると前提され，記憶と歴史とは対立するものと捉えられることも少なくない（安川 2008）。

　他方，社会学は成立しつつある時期から，歴史を対象の1つとして取り上げてきた。社会学において歴史を主に論じてきた分野は，歴史社会学あるいは比較歴史社会学と，近年「歴史の社会学」と呼ばれるものの2種類がある。浜日出夫は「歴史が『側面図』と『正面図』という2つの顔を持つことに対応して，歴史と社会学の関係もまた2通りある」（浜 2007: 179）とし，歴史社会学と歴史の社会学について次のように整理している。

　　歴史の「正面図」，すなわち現在から過去を振り返った時に立ち現れてくる過去像としての歴史に対応しているのが歴史の社会学である。歴史社会学が過去に起こった出来事を明らかに

しようとするのに対して，それは，人々が過去に起こった出来事を現在どのように捉えているのか，またそれに基づいて現在どのように行動しているのかを明らかにしようとするものである，それが対象としているのはあくまで現在の出来事である（浜 2007: 181-2）。

　野上元は「歴史の社会学」を歴史社会学の一種と見なすことを提唱し（野上 2015: 4)，この浜の分類に加えて「歴史記述や歴史表象がなされる『舞台』として現代社会を捉える視点もまた『歴史に向き合う社会学』として可能な試みといえるだろう」（野上 2015: 17)と述べ，「歴史の社会学」を「歴史に向き合う社会学」と言い換えている。
　歴史社会学という分野が日本で成立してきた経緯は，それ自体として学説史的に検討する必要がある。しかしその問題は本書で扱う範囲ではない。浜と野上の議論を踏まえ，きわめて大雑把に整理すると，歴史と社会学との関わりは，社会変動を歴史から観察する比較歴史社会学，社会学的な用語を用いて歴史を叙述する歴史社会学あるいは「社会史」，そして歴史展示・モニュメント・歴史教育といった，歴史が社会においてどのように用いられているのかを調査する「歴史の社会学」「歴史と向き合う社会学」の 3 つに分けることができる。

方法論の手前
　では，本書の目的はオーラルヒストリー研究の方法論をレビューして，歴史と記憶に関する社会学的研究に屋上屋を架すことだろうか。そうではない。私の考えでは，記憶あるいは回想・想起に関する社会学的研究や，「歴史の社会学」「歴史と向き合う社会学」が見

落としてきた段階で議論をする余地，そしてその必要がある。本書はそのような，方法論の手前にあって論じられるべき社会学的課題を検討する。すなわち，「過去に起こった出来事についての特定の説明・描写・記述は信頼できるのか」が問題になるような，例外的な状況のほうである。

　おそらくすでにおわかりのように，このような状況はオーラルヒストリー研究が直面した問題であり，社会調査における伝記的研究が検討しなければならなかった課題である。そしてもし社会学的なものの見方によって，歴史認識問題を歴史学や政治学を専門にする人々とは異なった方法で検討する対象があるとすれば，それはこのような状況にこそある。本書の第1章で述べるように，口述史料を通じて過去の出来事を明らかにしようとする営為は，独裁や戦争，虐殺や政治的抑圧を生き延びた人々の体験を記録する目的でも行われている。そして，そのときオーラルヒストリーという学問手法とその成果物は，歴史認識論争のなかに生存者の証言を提供する手段となる。いわゆる歴史認識論争は，「過去にこのようなことがあった」「私はこのような体験をした」という記述に疑問が呈されることのある状況の1つだ。歴史認識論争が国内外の問題になるには，記憶した事柄について述べることだけでなく，「現在幅広く見られる，過去の不正への関心」（Torpey 2006=2013: 27）を持ち不正を糾すために行動する集団，そして国家による賠償の可能性といった他の条件が揃わなければならない。したがって，生存者の証言は歴史認識論争が起こる唯一の要因ではない。にもかかわらず，歴史認識論争が始まるや，しばしば疑問に付されたり攻撃されたりするのは多くの場合，生存者の証言である。

　オーラルヒストリー研究と伝記的研究は，「過去に起こった出来事について述べたインタビューはどこまで信用できるのか？」とい

う疑問に答えようとしてきた。本書で見るように，この疑問に答える方法は複数あった。そのうちいくつかは，歴史研究ははたして過去にあった出来事を記述できるのか，過去の出来事の描写と過去の出来事とはどのような関係にあるのか，という問題とも関心を共有している。遅塚忠躬は「われわれは，研究対象としての事実を，直接に見ているのではなく，過去の残した痕跡（遺物や文書）をとおして間接的に見ているだけである。その痕跡は，ふつう史料と呼ばれている。したがって，われわれは，史料を通して事実を知るのである」（遅塚 2010: 115）と書き，歴史学における言語論的転回を「歴史家は，テクストを媒介として，その「外部」を認識しようとするのであるが，「転回」論者は，テクストはその「外部」を反映するのではないと主張するのだからである」（遅塚 2010: 185-6）と批判する。遅塚の議論は 2000 年代に行われた歴史学における言語論的転回と歴史の物語論（野家 2005）を念頭に置いている。したがって，過去に起こった出来事の説明のどれが，どこまで信用できるのかという問題は，オーラルヒストリーや伝記的研究の調査中に出会う具体的な問題であるとともに，歴史学の方法論にも議論を広げうる問題だといえる。歴史認識論争における否定論者は，しばしば「歴史は 1 つではない（それは正しい），どの歴史も絶対ではない（それも正しい），したがって自分は歴史の 1 ヴァージョンを示しているに過ぎない」（武井 2021: 152）という言明によって，自分たちの議論を正当化しようとすると指摘されている。歴史学におけるポストモダニズムを批判したリチャード・エヴァンズ（Evans 1997=1999）が，リップシュタット裁判においてリップシュタット側の証言者であったことは，おそらく偶然ではない。

　しかし，「インタビューで得られた情報はどこまで信用できるのか」「歴史研究は果たして過去に起こった出来事を記述できるのか」

「過去の出来事の描写と過去の出来事とはどのような関係にあるのか」あるいは「(歴史研究において) テクストの「外部」は存在するのか」といった問題は，その問題が生まれる条件を見落とす恐れがある。私たちは日常的に過去に起こった出来事について説明したり，過去に起きた出来事を前提として現在や未来の行動を決めたりしている。そのようなとき，過去の出来事やその説明のすべてを取り上げて，その説明が信用できるかどうか，あるいはその説明と過去の出来事との関係はいかなるものか，と考えているわけではない。「昔の出来事の体験談なんて信用ならない」という意見はめずらしいものではないが，それは日常生活において，過去の体験談のうち私たちはその一部しか疑問視しないことを無視している。

　「インタビューで得られた情報はどこまで信用できるのか」「歴史研究は果たして過去に起こった出来事を記述できるのか」「過去の出来事の描写と過去の出来事とはどのような関係にあるのか」という疑問が生じるのは，日常生活では例外的なことである。過去に体験したことの回想が疑問視されるためにはそれなりの理由が必要であり，回想が疑問視される状況はそれ自体として取り上げて検討するに値する。したがって，繰り返しになるが，「過去の出来事の記述が疑われる」という状況は，歴史社会学（比較歴史社会学，歴史の社会学あるいは歴史と向き合う社会学）の課題が生じる前提となり，かつ社会学的に興味深い状況である。「オーラルヒストリーとは何か」「オーラルヒストリーの得意とする調査対象とは何か」「社会学はいかにして歴史と向き合うべきか」といった重要な問い以外にも，歴史に関して社会学が探究できる課題がある。それは，過去の出来事を述べたものに対して疑問が呈される状況で，人々は何を前提とし，何を行っているのかという問題だ。

　私は記憶・回想・想起に関する社会学的研究や，「歴史の社会学」

「歴史と向き合う社会学」の意義をまったく否定しない。そうではなく，私はそのような研究が行われ，オーラルヒストリーや伝記的研究の方法論が議論される以前，その手前の状況を取り上げたい。

3 「主観性」と相互行為

「主観性」という問題

　オーラルヒストリーの方法論における「インタビューは信頼できるのか」という問いに対して，オーラルヒストリー研究者は，しばしば「主観性」という用語で答えてきた。社会調査，なかでもインタビューを扱う調査で突き当たる具体的な問題の1つは，他の資料に記述が見当たらない，いわゆる「裏取り」のできない話（他の資料と相互チェックできない情報）や，他の資料と矛盾するような記述に調査者が直面することだ。

　多くの調査は，そのような話が深刻な問題にならないように工夫している。私人の場合，回答者の生年・家族構成・出身地・学歴・就労・職歴・家族関係といった個人的な事柄について，通常の場合（理由がないかぎり）調査者は疑問視しないだろう。政治家や官僚などの公人にインタビューする際には，前もって調査者は回答者のプロフィールを調べたうえで疑問点を用意してインタビューに臨む。また，インタビュー中に出てきた疑問の多くのものは，日を改めてインタビューを行ったり，回想された出来事について異なる資料に当たったり，他の回答者にインタビューを行ったりすることによって解消される。

　しかし，それらを行ったうえで，インタビューで得られた回答に疑問が残るときもある。たとえば，ある過去の事件についてインタ

ビュー回答者が語った内容が，他の資料が述べる同じ事件とまったく異なっていたり，そもそもインタビュー回答者が体験したと言っている事件が他の資料でまったく述べられていなかったりする場合だ。あるいは，1回目のインタビューで述べられたことと，2回目以降に述べられたことがかなり異なる場合もありえる。このようなとき，調査者は自分の得たインタビューデータをどのように理解するのが適切か，判断に迷うかもしれない。

さらに，インタビュー調査には調査者と回答者とのやりとりが不可欠だ。その特徴のゆえに，他の調査では起こらないこともある。インタビュー回答者のなかには，調査者に出会う前に自分自身で体験を思い出したり，質問される事柄や事件を新たに調べたりする人もいる。あるいは，インタビュー中のやりとりのなかで，回答者が調査者を観察して回答内容を変えたり，話し方を変えたり，強調点を変えたりすることは十分にありえる。

第2章で書くように，オーラルヒストリー研究に対して提出されてきた批判の1つは，このような問題に対してオーラルヒストリー研究はどのような対策を持っているのかというものだった。それに対してオーラルヒストリー研究者たちは，オーラルヒストリー研究はむしろそのような回答の矛盾を「主観性」と呼び，回答者との相互行為とともに重視する方針を採ったと主張する。第2章で述べるように，この変化を「転回（turn）」と呼ぶ研究者もいる。

しかし，「主観性」を研究できるのがオーラルヒストリーの，あるいは伝記的研究の利点だと主張され，そのような「主観性」を重視する方法論の登場が「転回（turn）」と呼ばれるにもかかわらず，実際に「主観性」を調査の主たる課題とした例はいまのところ少数にとどまっている可能性が高い。そして多くの場合，他の資料と相互チェックできない情報や他の資料と矛盾する説明を「主観」と呼

ぶのは，適切でない。第4章で詳しく述べるように，そのような説明や描写，回想や体験談は，別の問題設定と資料を必要とする新たな調査課題となりうる。新たな問題設定と資料によって検討すれば，「主観性」という呼び名のもとに多様なデータを一括しなくとも，オーラルヒストリー研究や伝記的研究を続けることができる。

相互行為という問題

　インタビュー中に調査者と回答者が会話を通じてデータを得る性質は，「主観性」とともにオーラルヒストリー研究の，あるいはインタビューによって過去の体験や出来事の説明を得る調査の，方法論上の問題として挙げられてきた。たしかに，もしインタビュー史料と文献史料を比較し，インタビュー史料が文献史料よりも向いているものを探そうとするなら，それはインタビュー中の会話や身振り手振りといった相互行為だろう。そして，先に述べたように，オーラルヒストリー研究が英語圏の歴史学において批判された要素の1つは，インタビューを通じて得られる情報の価値がどれほど高いのか，調査者にとって都合のいい語りしか得られないのではないか，回答者が肯定的に思い出せて語ることのできる情報しかインタビューでは語られないのではないか，といったものだった。

　第3章で見るように，オーラルヒストリー，あるいは伝記的研究における相互行為という問題に取り組んだのは，歴史学者というよりは社会学者たちだったといえる。その議論は，インタビューで語られる過去の出来事と，その出来事が語られるインタビュー中の状況を切り離したうえで二者の関係を論じてきた。しかし，歴史学者や社会学者がインタビュー中に実際，その二者を切り離しているのかどうか，私には疑わしい。その二者を切り離すことによってオーラルヒストリーと伝記的研究の方法論が進展したかという点も，私

には疑わしい。なぜなら，そのような議論の結果，研究者たちは
「インタビュー中の相互行為」と「インタビューで語られる過去の
出来事」の一方に焦点を当てることで，他方を調査しないことの理
由にしてきたのではないかと邪推するからだ。

　本書の第3，4，5章で示すように，インタビュー中の相互行為を
分析の対象とすることは，インタビュー中で説明されている過去の
出来事について調査しなくてもいいということを意味しない。自ら
の調査がいかにして可能になっているのかを反省することは，その
調査の結果得られた情報について調べない理由にならない。そして，
調べた結果として最終的に「かつて何が起こったのか」を明らかに
できなくとも，調べられることやわかることはある。

　過去に起こった出来事を現在において分析することは，新たな時
代における新たな知識と規範のもとで，その過去に起こった出来事
の新たな記述を生み出すことだ。その知識と規範はいかにして生み
出され，実践されているのかを明らかにすることは，調査が行われ
ている時代における人々の相互行為のやり方を明らかにすることで
あり，そして過去に起こった出来事を新たな時代と場所において生
み出すことでもある。

　第3章で見るように，社会学者たちは伝記的研究の方法論を確立
しようと試み，そのなかで相互行為についても議論した。しかしお
そらく，過去に起こった出来事について回想するときの相互行為に
ついて，社会学はまだ，もっと，分析し調査し，社会学者たちが実
際に何を行っていて，さらに何ができるのかについて，書くべきこ
とがある。本書は，それらの論点のおそらく一部を，不十分ながら
示そうと試みたものだともいえる。

4 本書の構成

　本書はオーラルヒストリー研究とその方法をレビューした部分（第1章から第3章まで）と，私自身の調査を振り返った部分（第4，5章）から成る。

　第1章はオーラルヒストリー研究がいつ，誰によって，どのように始められ，どのような場所でどのように発展していったのかを，可能な範囲で整理した。私の限られた知識と能力のため，レビューは偏り，不完全だ。それでも，何もわからないよりは，もしくはわかっていることを何も書かないよりはましだと考え，今後多くの人々から訂正を受けることを期待して公表する。どうか，（第1章に限らずすべての章で）私の間違いや限界を正してほしい。

　第2章は，オーラルヒストリー研究の方法論において起こったといわれている「転回 (turn)」について検討する。オーラルヒストリー研究が教えられたり，オーラルヒストリー研究の学会が設立されたり雑誌が刊行されたりするに伴い，オーラルヒストリー研究の有効性について疑問が呈されることが増えた（と考えた者がオーラルヒストリー研究者たちのなかにいた）。それらの批判に応えるべく，オーラルヒストリー研究者たちは方法論を発展させた。そのなかで鍵となる概念の1つは「主観性」だった。第2章では，その「主観性」という概念が選択された時期の，英語圏の歴史学の潮流の一部を検討し，またオーラルヒストリー研究者たちが「主観性」という言葉で意味する対象を分類した。

　第3章は，社会学における伝記的研究がアメリカ・イギリス・フランス・ドイツで発展してきた経緯と，その際に議論されてきた方

法論上の話題を可能な範囲でレビューした。伝記的研究はインタビュー調査の方法論を通じて質的社会調査の方法論に貢献する一方、インタビュー調査中の相互行為と、インタビューで得られる過去の出来事の説明・描写との関係について議論を重ねてきた。そのなかには、残念ながら「構築主義」「実証主義」といった概念を、しばしば学術史的な検討を経ず、対立的に扱っているものがある。その対立によって議論が進展したところと、進展しなかったところを整理しようと試みたのが第3章である。

第4章では、私が学部生のときに行ったインタビューのなかで、他の資料と比較対照することができず、かといって無視することも難しかった1つのエピソードをふたたび取り上げて分析しようとした。結果として、私は最終的にそのエピソードが「正しい」かどうかの判定はできないままだ。しかし判定できないなりに調べることはでき、その結果わかることもあった。そして、過去に起こったある出来事を調べ、それについて調査時点で言えることや言うべきこと、言うべきでないことを検討するという作業は、調べているその出来事に関する新たな事実を書く作業にもなっていることを示した。

第5章では、過去の体験談について疑問が呈示される状況を分析すべく、いわゆる「慰安婦」問題を疑ったり疑わなかったりするために必要な条件を検討した。私は数年前、「慰安婦」問題に関わる人々がいつ、「慰安婦」問題を本当のことだとわかったのか知ろうとした。しかし、私の試みは最初のインタビューで失敗した。その失敗はかえって、私に歴史認識論争が起こる条件について考えさせることになった。歴史認識論争は歴史学的な、また政治史・国際関係論上の話題である。第5章は、もし社会学がそのような問題に、社会学独自の視点からなんらかの貢献ができるとするなら何かという問題意識のもとに書かれている。

第1章

オーラルヒストリーという営み

1　オーラルヒストリー研究の広がり

　この章は，オーラルヒストリーという用語によって何が研究され
てきたのかを明らかにする。オーラルヒストリー研究では，歴史学
との対話あるいは論争のなかで，自らの依拠するべき方法論が議論
されてきた。その議論の展開はたびたび著書や論文としてまとめら
れ，数年おきにレビューされている（Paul Thompson 2000=2002; Wen-
graf et al. 2002; Yow 2005; Alistair Thompson 2007; Frisch 2006）。また，各国
のオーラルヒストリー研究の概要を紹介する論文もしばしば刊行さ
れており，リーディングスや教科書としてもまとめられている。し
かし，オーラルヒストリーの方法論だけを取り上げて議論するのは，
個々の方法論が主張されたときの学問的背景や，その主張を生み出
した歴史的・政治的背景を見落としてしまう危険性がある。またオ
ーラルヒストリーが何を対象としどのような目的で行われてきたの
かという事柄は，さまざまなレビューにもかかわらず，研究者たち

自身にとってあまりに明確なためか，それほど明示的に述べられることは少ないように思われる。したがって，本章では「オーラル（・）ヒストリー」という語でどのような研究が参照されているのかを考察し，それによって「オーラルヒストリー研究」がどのようなものであろうとしてきたのかという問題に答えたい。すなわち，本章の目的はオーラルヒストリー研究がいかなる目的のもと，何を対象とし，どのような調査を行ってきたのかを明らかにすることである。

論文数の推移

　まず，オーラルヒストリーの数がどの程度，どのように増加していったのかを簡単に見ておく。Web of Science Core Collection とSpringer による引用文献データベースの双方からタイトル，キーワード，要約のいずれかに "oral" かつ "history" を含む論文・書評論文を検索した結果を次に示す。[1]

　Web of Science では，1945 年から 2010 年までの間に，上記に該当する論文は 2272 本刊行されている。年ごとの変化を次のグラフに示す（図 1-1）。条件に該当する最初のものは 1957 年に刊行されている。また該当する論文は 1970 年代後半からの 10 年間に増加し，また 21 世紀，正確には 2005 年以降，さらに増加していることがわかる（2001 年から 2010 年までの間に 1485 本が刊行されている）。

　他方，Springer によるデータベースの検索結果では，上記の条件に該当する論文は 1945 年から 2010 年までの間に 1729 本刊行されていることがわかる（ただし，Springer のデータベースでは，書籍の章も検索することができる。その場合，1945 年から 2010 年までの刊行点数は

---

[1]　なお，この検索結果では口腔外科関係の論文が大量に検索されるため，医学研究は除いた。

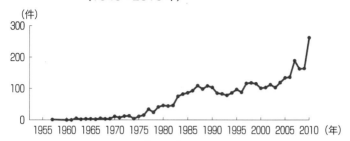

図 1-1　Web of Science Core Collection の検索結果
（1945～2010 年）

（注）　タイトル，キーワード，要約のいずれかに "oral" かつ "history" を含む論文・
書評論文のうち Web of Science Core Collection に収録されたもの。
（出所）　筆者作成。

4453 点となる）。該当論文の初出は 1963 年である。それぞれの結果
を図 1-2 と図 1-3 に示す。

　これらから，「oral history」という用語を用いた学術論文あるい
は書籍が刊行され，また引用されるのは，1970 年代半ばごろには
年間数本，1990 年代には年間 100 本ていど刊行される状態にいた
るといえる。また 2005 年以後は年間 300 本以上刊行されるように
なった。

　1950 年代から 60 年代に関して特筆すべきは，オーラルヒストリ
ーという用語を最初に用いた論考は，東アフリカをフィールドにし
ていた歴史学者・人類学者たちではないかと示唆される点だ。1966
年 11 月に開催された Conference on oral history in Tanzania は，オー
ラルヒストリーという語を用いた学術集会のうち最初期のものにあ
たる。この前年にあたる 1965 年には，ジャン・ヴァンシーナが
Oral Tradition を出版している（なおこちらは翻訳書であり，フラン
ス語の原書は 1961 年刊）。ヴァンシーナはオーラルヒストリーの教科書

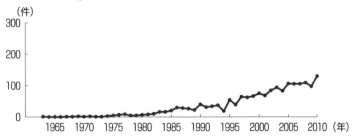

図 1-2　Springer Database の検索結果（1945〜2010 年，論文のみ）

(注)　タイトル，キーワード，要約のいずれかに "oral" かつ "history" を含む論文・書
　評論文のうち Springer に収録されたもの。
(出所)　筆者作成。

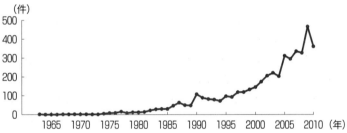

図 1-3　Springer Database の検索結果（1945〜2010 年）

(注)　タイトル，キーワード，要約のいずれかに "oral" かつ "history" を含む論文・書
　評論文および書籍・書籍の章のうち Springer に収録されたもの。
(出所)　筆者作成。

等で言及されることもあるが，彼が 1960 年に *Journal of African History* に発表した Recording the Oral-history of the Bakuba（コンゴの カサイ地方の部族史をインタビューによって収集したもの）は，オーラル ヒストリーという語をタイトルに含む論文のうち最初期のものと考 えられる。

学会の設立とその経緯

　1970 年代後半は，英語圏でオーラルヒストリーの学会が設立されていった時期にあたる。アメリカ合衆国でオーラルヒストリー学会（Oral History Association）が設立されたのは 1965 年だが，1970 年代にはイギリス（Oral History Society, 1973 年），カナダ（1975 年），オーストラリア（1978 年），シンガポール（1979 年）でオーラルヒストリー学会が設立される（ニュージーランドは 1986 年）。1990 年代にはブラジル（1994 年），アルゼンチン（1997 年），南アフリカ（1999 年）にオーラルヒストリー学会が設立され，また 1996 年には国際オーラルヒストリー学会（International Oral History Association）が正式に発足した（ただし，総会は 1976 年から 2 年に 1 回開催されている）。21 世紀に入ると，日本（2003 年），中国（2004 年）コロンビア（2003 年），チェコ（2007 年），パキスタン（2007 年），韓国（2009 年），インド（2013 年）といった国々にもオーラルヒストリー学会が設立される。学会の増加は，「オーラルヒストリー」という語をタイトルやキーワードに用いる論文が，1970 年代後半，2005 年以後にそれぞれ増加していることと機を一にしている。

2　地域ごとの展開

アメリカ合衆国

　先述したとおり，アメリカ合衆国では他国に先駆けてオーラルヒストリー学会が成立し，これまで成立したオーラルヒストリーのアーカイブやプロジェクトの数も世界で最も多い。

　合衆国におけるオーラルヒストリーとしてまず言及されるのは，ニューディール政策の一環として 1935 年に始められた「連邦ライ

ター事業（Federal Writers' Project）」である。これは州ごとの観光図書（*American Guide Series*）を作成する目的で，歴史研究者・教員・ライター・図書館員などホワイトカラー労働者を約 6000 人雇用した公共事業である。最終的に出版された観光ガイドでは，州の気候・自然環境から州内にある市町村の詳細な歴史まで取材されており，歴史を扱った部分では，移住過程や労働環境の変化，都市や農村の生活といった点に関して，地域の住民からインタビューが取られている。これに関連して，合衆国雇用促進局（U. S. Works Progress Administration，後に Work Projects Administration）では，1936 年から 40 年にかけて，およそ 2900 人の生活史を収集した。短いもので 2000 ワード，長いもので 1 万 5000 ワードに及ぶトランスクリプトは，現在でも合衆国公文書館に保存されている。

　大学でのオーラルヒストリー研究は，1948 年にアラン・ネヴィンズがコロンビア大学に就任し，オーラルヒストリー収集プロジェクトを開始したことから始まる。これは大学でのオーラルヒストリー研究としては最初のもので，その後にテキサス大学（1952 年），カリフォルニア大学バークレー校（1954 年），カリフォルニア大学ロサンゼルス校（1959 年）などの大学が続いた。この際に聞き取られた対象は企業家・政治家・労働組合の指導者であり，いわゆる「公人」を対象としたジャーナリズム色の強いものだった（Nevins 1966）。1965 年に『合衆国オーラルヒストリー（*Oral History in the United States*）』がコロンビア大学オーラルヒストリー研究所から刊行されたが，この時期までに 89 のプロジェクトが全米各地の大学で行われていることが確認されている（Sharpless 2007）。

　大学や研究所に所属する学者からの聞き取り調査も，合衆国におけるオーラルヒストリーの一分野である。1959 年には NASA Oral History Project が始まり，合衆国で研究する自然科学者を対象とし

たインタビュー事業が開始された。このプロジェクトは現在も続いており，毎年アメリカ科学史に関する書籍を刊行している（Launius 1999）。また，NASA 以外にも，アメリカ物理研究所（フィラデルフィア）や化学遺産基金（フィラデルフィア）といった研究所や大学でも大規模な研究プロジェクトや発見に関するインタビュー調査を行っている。

　他方，合衆国のオーラルヒストリー収集の特徴として，議会もまたオーラルヒストリー収集に積極的であることが指摘できる。1969 年にジョンソン大統領が退陣した際，オーラルヒストリープロジェクトのテープが 275 本残されたとレベッカ・シャープレス（Sharpless 2007）は述べている。1976 年には上院でオーラルヒストリー収集事業が始まり，政治家に対して立法過程や報道されなかった政界の内情などが聞き取られ始めた。

　他方，オーラルヒストリー研究は公民権運動（Douglass 1963; Lewis 1995; Nasstrom 2008）や先住民（Kohn ed. 1997）・女性（Jordan 1982; Moranz et al. 1982）といったマイノリティ集団も対象としている。この変化を，シャープレスは，オーラルヒストリー研究が 1960〜70 年代の社会変化を反映したものと指摘している（Sharpless 2007）。合衆国でも英国と同様，社会運動と関連してオーラルヒストリーが収集されていった。1966 年にはアリゾナ，フロリダ，ユタ，イリノイ，サウスダコタ，ニューメキシコ，オクラホマ大学で Dorris Duke Project on Native American History が始まった。これはタバコ会社の遺産を相続したドリス・デュークからの寄付による。寄付総額はおよそ 500 万ドル以上で，調査は 1972 年まで続いた。調査成果の一部は 1971 年に『先住民であること（*To Be an Indian*）』として刊行されている（Sharpless 2007）。翌年にはハワード大学（ワシントン D. C.）で公民権運動インタビュー事業が始まり，1973 年まで続い

た。さらに 1976 年にはハーバード大学ラドクリフ・カレッジで黒人女性オーラルヒストリー事業（Black Women Oral History Project）が始まり，現在も続いている。翌 1977 年にはアレックス・ヘイリーによって *Roots*（Haley 1977）が刊行された。これは黒人であるヘイリー自身が，自らの家族史を，アフリカはガンビアまで訪ねて収集したもので，ピュリッツァー賞を受賞した。

　地方史においては，1981 年にネブラスカ大学リンカーン校で Neighborhood Oral History Project が行われた。これは地域の住民にインタビューを行い，大学の保存する写真・地図・新聞記事などと照応させたもので，その後に行われた地方史におけるオーラルヒストリー編纂事業のモデルとなった。さらに 1988 年にはアップル社から寄付を受けて，アラスカ大学フェアバンクス校が Project Jukebox を開始した。これはインタビューと写真・地図などを組み合わせて視聴できるように保存したもので，現在も継続している。[2]

　大学でのオーラルヒストリー教育が正規課程に組み入れられるのに伴い，1990 年代からはオーラルヒストリーのマニュアル作成や専門分野化が進んだ。教科書や入門書（Ritchie 1994; Yow 1994; Perks and Thompson 2009）が出版されたのはこの時期である。

　2000 年代からはインターネットを使ったデータの収集も盛んに行われており，クリントン政権下で開始された Veterans History Project はそのなかでも大規模なものである。これは退役軍人に対するインタビューデータを国内各地から募集したもので，[3] 2000 年 10 月

---

2 プロジェクトのウェブサイトは http://jukebox.uaf.edu/site7/（2022 年 5 月 6 日取得）

3 戦争体験の証言の収集は，以前から行われていた。1944 年，合衆国陸軍の軍史家 S. L. A マーシャルはノルマンディー上陸に参加し，ヨーロッパ各地で第 82 空挺隊と第 101 空挺隊にインタビューした。彼はその後ヨーロッパ各地で戦闘体験の証言を収集し，その結果を *Men Against Fire: The Problem of*

に始まった。2003 年 5 月までで 7000 件以上のインタビューが投稿され，現在も継続中である（The Library of Congress 2014）。

イギリスと他のヨーロッパ諸国

　英国のオーラルヒストリー研究者として著名なポール・トンプソンは，オーラルヒストリー研究が最も早く始まり，充実しているのは北欧諸国とイギリスであると述べている（Tompson 2000=2002: 121）。たしかに，スウェーデンでは 19 世紀前半から組織的な民話の収集が進み，1830 年代にはスウェーデンとフィンランドに民話資料館が設立された。1870 年にはスウェーデン方言協会が設立され，1914 年には「方言と民話研究所」が発足した。労働党に所属する政治家でもあり，歴史学者でもあったエドワード・ブルは，『ノルウェー個人誌目録（*Norsk biografisk leksikon*）』（Bull ed. 1923）の編集を指導した。民俗学と社会史にまたがったオーラルヒストリー研究は，北欧の社会科学で民俗学が中心的な地位を占めていたことと関連している（Tompson 2000=2002: 122）。のちにブルを中心として都市労働者の調査が行われ，スヴェン・リンドクヴィスト（Lyndqvist 1978）は工場労働者の歴史を著した。

　これに対して，オーラルヒストリー研究が 1 つのジャンルとして成立したのは，第二次世界大戦後のイギリスである。トンプソン（Tompson 2000=2002: 122-123）によれば，エディンバラ大学で組織的なオーラルヒストリーの収集が始まったのは 1951 年であり，このときには北欧のオーラルヒストリー研究に似た民俗学的関心が調査を進展させる原動力となった。1960 年代に創立されたエセックス大学，ランカスター大学といった新しい大学の社会学部はオーラル

　Battle Command として刊行した（Sharpless 2007）。

ヒストリー研究の中心地となった。オーラルヒストリー協会（Oral History Society）が設立されたのは1973年のことである。

「オーラルヒストリー」という名称に関して，フランスの歴史学は興味深い話題を提供している。フローレンス・デカンは2015年，シェルブルック大学で「フランスにオーラルヒストリーは存在するのか？」という問いから始まる講演を行っている（Descamps 2015）。デカンによれば，1968年5月以後の政治的・社会的プロテストは構造主義とマルクス主義の退潮，方法論的個人主義，エスノメソドロジー，フーコー派といった個人・主体・言説についての知的関心の沸騰と哲学的復活をもたらした。歴史学における「現代の歴史（l'histoire du temps présent）」はその知的潮流の変化のなかにあり，1980年に設立された現代史研究所（l'Institut d'Histoire du Temps Présent; IHTP）は，歴史学における記憶と歴史叙述の刷新を制度のなかに取り入れた。1982年に第4回国際オーラルヒストリー学会が開催されたのはフランスのエクサンプロヴァンスであり，同地では同じく1982年に民俗テクスト・オーラルヒストリー・地域の口語研究所（Centre de Recherches sur les Ethnotextes, l'Histoire Orale et les Parlers régionaux; CREHOP）が設立されたところだった。

にもかかわらず，今日フランスにおいて「オーラルヒストリー」と名のつく学会やジャーナルが存在しないのはなぜか。デカンによれば，その理由の1つは歴史家ドミニク・アロン＝シュナペールにある。[4]シュナペールはコロンビア大学で歴史学を学び，フランスに戻ったあと1975年からフランスの戦後社会保障制度の歴史をオーラル・ヒストリーによって調査した。この調査では1977年の段階で，73名に対して通算136回のインタビューを行い，のちにその

---

4 シュナペールに関する書籍・資料についての情報は大阪市立大学の川野英二氏からいただいた。ありがとうございます。

結果をアーカイヴ化している。当初，シュナペールは「オーラルヒストリー」という用語を用いていたが（Schnapper 1977），のちに「オーラルヒストリー」ではなく「オーラルアーカイヴ」という概念を提唱した（Schnapper and Hanet 1978）。

　デカンによれば，この「オーラルアーカイヴ」という概念は「フランス式オーラルヒストリー」とでも呼べるものだ。その特徴は次の2点にある。まず，自らを「ヒストリー」ではなく「アーカイヴ」と呼ぶこと，そして，科学としての歴史学的な方法と原則に則り，必要に応じて，他の史料，特に文献史料と系統的に照らし合わせることである。具体的な方法としては，史料の外的批判と内的批判を行うこと，語りが生まれる際の条件を考慮し，インタビュアーとインタビュイーとのやりとりに注目を払うこと，などが挙げられている。「否定主義者からの攻撃を念頭に，フランス式オーラルヒストリーはリアリスト的な参照を頼みとして，行為者の話を通じてリアリティに，少なくとも部分的には，アクセスできると断言する」（Decamps 2015）。フランスにおける「オーラルアーカイヴ」は実際のところ調査対象や方法，方法論的話題において「オーラルヒストリー」と言っていることはほとんど変わらない。しかし，オーラルアーカイヴはあくまでも「アーカイヴ」として，つまり歴史学が利用可能な素材の1つとして口述史料を収集するのを専らとする。オーラルヒストリー，特に第2章で検討する「転回」を唱える方法論が，しばしば既存の歴史学の方法論と自らを対立させるか，あるいは異なるものとして提示するのと対照的だ。

　イタリアのオーラルヒストリー研究は，オーラルヒストリーの方法に新しい局面をもたらしたとしてしばしば引用されている（Frisch 1990; Grele 2006）。そのイタリアのオーラルヒストリーは，南北の経済格差を背景として発展した民俗学と，1920年代から盛んだった

労働運動，さらには第二次世界大戦時のレジスタンス運動といった要素が結びついて発展してきた（Portelli 1991: 68-72）。アレッサンドロ・ポルテッリやルイーザ・パッセリーニ，チェーザレ・ベルマーニといった研究者は，労働運動（Portelli 1991）やファシズム時代の日常生活（Passerini 1987; Bermani 1997）あるいはレジスタンス運動や虐殺（Portelli 2003）を対象としている。加えて Istitute de Martino や Cicrolo Giannni Bosio といった民間の研究所が民俗学的・人類学的興味にもとづいて，音楽や雑誌などとともにオーラルヒストリーを収集している。にもかかわらず，オーラルヒストリー研究者として大学に籍を置いている教員がほぼいないことは，イタリアにおけるオーラルヒストリー研究の1つのパラドクスだといわれている（Portelli 1996）。

　文献史料を中心とした政治史が歴史学の中心とされてきたドイツでは，オーラルヒストリー研究と，第二次世界大戦時の戦争被害の証言の収集やナチス政権下の抵抗運動と亡命者の記録，労働運動の歴史といった主題との関連が指摘されている。1950 年代には現代史研究所（Institut für Zeitgeschichte）が，第二次世界大戦時のソ連軍占領地域からの避難者（被追放者）の経験として1万2000件以上の証言を収集していた。同様の調査は民俗学においてもなされており，敗戦直後の 1945 年から東欧からの被追放ドイツ人の再移住地域を対象として，再移住した地域の歴史や地理的特徴，人口構成，宗教・社会生活の特徴といった項目が調査されている（李相賢 2017: 36）。1960 年代からドイツ民俗学とナチス政権との関係が批判され，1969 年の全国大会と翌年の専門部会において「ドイツ民俗学会は，民俗学の目的，対象，方法論，理論を問い直し，あたらしい学の名称を議題にした。その背景には，過去の民俗学の姿勢を反省し克服するために，民俗学はゲルマニスティークから距離をとり，脱ナシ

ョナル化をとげ，国際性を獲得する必要がある，という共通認識があった」と指摘されている（森 2009: 408）。1970 年代，米国から西ドイツにオーラルヒストリー研究が紹介されると，1980 年代から研究プロジェクトが始まった。たとえば 1980 年にはエッセン州・ハーゲン州で「ルール地域の生活史と社会文化――1930 年代から 60 年代」というオーラルヒストリー事業が行われ，労働者・経営者・ミドルクラスに属する 400 人以上の個人史が聞き取られた。同じくルール地域のハッティンゲンでは，1985 年から 87 年にかけて「下からの歴史（Geschichte von unten)」プロジェクトが行われ，労働組合の歴史とナチスへの抵抗運動が記録された。またユダヤ人亡命知識人への調査も同じ時期に行われている（Funke 1989）。同じく 1980 年代には，歴史学の訓練を受けた人々とそうでない人々がともに「裸足の歴史家（Barfußhistoriker)」と名乗り，「歴史工房（Geschichtswerkstatt)」を運営し，衣食住や労働・余暇活動，家族関係や隣人づきあいといった日常的な話題から地域史を研究した（Volker 1984)。アルプレヒト・レーマン[5]は 2010 年，日本民俗学会が主宰した講演で，ドイツのオーラルヒストリー研究は，アメリカのオーラルヒストリー研究・運動と，1968 年の学生運動から生まれた「下からの歴史記述」が基礎となったと述べている。レーマンによれば，ドイツにおける「下からの歴史記述」には「ロマン主義的に理想化される『党派性』」があること，すなわち「民間のオーラルヒストリー運動に加わった『草の根の歴史家』の多くは，地域や村における道徳的な善を求め，とくに国民社会主義時代の不正を言あげ，糾

---

5 レーマンについては立命館大学食マネジメント学部の安井大輔氏から教示を受けた。また，レーマン来日時の講演を収録した『オーラルヒストリーと〈語り〉のアーカイブ化に向けて』は成城大学グローカル研究センターの高原太一氏からご紹介をいただいた。記して感謝します。

弾することに目的があったり，『ドイツ労働者』のロマン主義的な願望イメージが，工作場の汗の臭いや貧困や抑圧，男性的な身体言語や居酒屋儀礼・教会儀礼の中の連帯と抵抗といった特別な説話形式に，表出している」と公文書を中心的な対象とする歴史学者や，量的調査を専門とする社会科学者によって批判された[6]。

東欧諸国では，オーラルヒストリーの中心的なテーマとして第二次世界大戦が選ばれることが多かった。たとえばポーランドの「歴史と出会う家（Dom Spotkań z Historią）」では，1987年にオーラルヒストリーアーカイヴが設立されて以来，現在までにおよそ3000人分のインタビュー音声と動画が保存されている。ここでは戦間期から第二次世界大戦期，ナチズム，スターリニズム，ポーランド人民共和国時代を生きた人々の証言が保存されている。プラハのオーラルヒストリー研究所で所長を務めるミロスラフ・ヴァネクは，中欧・東欧におけるオーラルヒストリー研究の中心課題は第二次世界大戦であると述べている（Vaněk 2008）。しかし，冷戦終了後はポーランドとチェコを中心として，冷戦期および冷戦終了期に関するオーラルヒストリー研究が行われた。たとえばチェコでは冷戦終了期に大学生だった人々から体験を聞き取った研究（Vaněk and Otáhal 1999）が1999年に刊行され，2005年には，「正常化体制」期の政治家にインタビューした『勝者か？ 敗者か？』（Vaněk and Urbášek eds. 2005）が刊行された。チェコのオーラルヒストリー学会が結成されたのは2000年であり，2014年にはポーランドで国際学会 Collective vs Collected Memories. 1989-91 from an Oral History Perspective が開催された。

---

6 日本民俗学会第852回談話会「オーラルヒストリーと〈語り〉のアーカイブ化に向けて」2010年9月20日（2022年10月28日取得：https://www.fsjnet.jp/regular_meeting/abstract/852.html）

ラテンアメリカ諸国

　メキシコおよび中南米は，ヨーロッパ，北米と並んでオーラルヒストリー研究が盛んに行われている地域だといわれている（Blackburn 2008; Pozzi 2012）。メイヤーによれば，「オーラルヒストリーはかなりの程度，社会闘争の一手段を以て任じている」（Meyer 1996）。そのため，一般的な傾向として農民・労働者・女性・移民・先住民といった大衆セクターの体験・経験が記録されている。

　この地域で口述資料の収集が始まったのは，1970年代のメキシコ・ブラジル・アルゼンチンからである。当初は合衆国のオーラルヒストリー研究から影響を受け，公人の証言を記録して一般に公開するのが目的だった。

　1970年代後半以降は，コスタリカ，メキシコ，エクアドルなどの国において，オーラルヒストリー研究が主に大学以外の場で発展してきた。そこでは労働史・社会史的オーラルヒストリー研究から影響を受け，政治的な基調を持って，先住民コミュニティ，都市労働者，一般大衆を調査対象にした（Scwarzstein 1996）。さらに1980年代後半以後，軍事独裁政権が各国で終焉するなか，オーラルヒストリー研究はいっそうの発展を遂げた。現在では労働者階級・心性史・田舎から都会への移住・インド系文化・ジェンダー・教会の役割・コミュニティ研究・エリート研究まで，調査の対象やテーマが広がっている。ただし，在野の研究者や団体による史料の収集が発展しているにもかかわらず，アカデミックな世界とオーラルヒストリー研究プロジェクトとがうまく結びついていないという問題が指摘されている。

　　ラテンアメリカにおける不安定な政治情勢と絶えざる暴力のため，証言の多くは非常に興味を引くものとなり得る。調査者

は「対等な人々の共同体」と自らを一体化したいと望み，歴史学的な操作をインタビュイーに放り投げてしまうかも知れない。それがために我々の分野における個々の作品は非専門家的なのである（Schwarzstein 1996: 49）。

　中南米諸国のオーラルヒストリー研究は，不安定な政治情勢のなかで独自の発展を遂げてきた。ブエノスアイレス大学歴史学科で教鞭をとるパブロ・ポッジはラテンアメリカにおけるオーラルヒストリー研究の現状を鑑みて次のように述べる。

　　私たちはヨーロッパや合衆国のアーカイヴが羨ましく思えてならない。整頓され，保存され，手間をかけられているアーカイヴが。金銭的余裕があり，国家やその支配的集団が，歴史的な記憶を，断固たる総意とヘゲモニーを確立するのに貢献すると考えるから，そのようなアーカイヴが設立されるのだ。我々はそうはいかない。ラテンアメリカのオーラルヒストリー研究者にとって最も重要な問題はこうだ。私のインタビューは，一般にアクセスできるようなアーカイヴに保存されるのだろうか？　その場合，アクセス可能であることは何を意味し，どういうことが起こり得るだろうか？　国家機構のほとんどに腐敗が蔓延している社会において，記憶を保存するために何ができるだろう？　海外に売却されたり，権力者が有害だと見なした時に破壊されたり，文書やテープが廃棄されたりするのを防ぐために，どうしたらいいだろうか？（Pozzi 2012: 4）

　国によって調査の対象と方法は多様だ。メキシコは 1972 年に Archivio de Parabla が設立され，1910 年代のメキシコ革命，公教育

の発展，映画産業の発展，医療史，スペイン難民の記録を収集するなど，オーラルヒストリー研究が最も早くから始まった国である。主に歴史証言の収集（Poniatowska 1968, 1993）と社会史研究という2つの分野でオーラルヒストリーが収集されている。

　ブラジルでは1973年にブラジル現代史ドキュメント調査センター（Centro de Pesquisa e Documentação de História Contemporânea do Brasil）が設立され，歴史証言の収集が始まった。1975年からはGetulio Bargas Foundationが政治指導者にインタビューを行い，軍事政権（1964〜1985年）にいたるまでの政治プロセスを語った証言を記録した。同時に，1975年から77年にかけては，Brazilian Pro-Amnesty Committeeが軍事政権被弾圧者への聞き取りを行っている。1994年にはブラジルオーラルヒストリー学会（Brazilian Oral History Association）が設立された。

　アルゼンチンでは1970年，合衆国コロンビア大学の主導により，民間研究所（Istitute di Tella）内でオーラルヒストリー事業が始まった。この事業では労働運動の指導者や市民活動家に対して聞き取りが行われ，その後のアルゼンチンにおけるオーラルヒストリー研究の方向をあるていどまで決定した。労働史中心で，かつ軍事独裁政権の終了後にオーラルヒストリー研究が発展したという点では，ウルグアイとチリも共通している（Schwarzstein 1996）。

　都市の住民や炭鉱労働者を調査の中心としたこれらの国々に対して，コスタリカ，ニカラグア，エクアドルのオーラルヒストリー研究は農村を調査地とした。コスタリカにおけるオーラルヒストリー研究の中心となったのはコスタリカ国立大学（Universidad Nacional）で，1976年から78年にかけて農民自伝コンクールを開催した。これはコスタリカの農地改革プロセスに対するアセスメント事業の一環であり，したがって農村の日常生活とその変化に個々人の視点か

ら光を当てることとなった。

　エクアドルでは農業史・農村研究でオーラルヒストリーが収集されたが，この際に農村の多い高地・アマゾン川流域において，先住民の歴史が聞き取られることとなった。ニカラグアでは1979年にサンディニスタ政権が成立した後，農村での識字運動のなかでオーラルヒストリー収集事業が始まった。ボリビアでは1983年，アンデス・オーラルヒストリーワークショップ（Taller de Historia Oral Andina: THOA）が結成され，先住民に対するオーラルヒストリーインタビューの中心的な存在となった。

　メキシコおよび中南米諸国では，ラテンアメリカという枠組みでオーラルヒストリー研究のネットワークを設立する動きも盛んだ。国際オーラルヒストリー学会は1996年に発足したが，ラテンアメリカ諸国に多くの学会員がいることから，ウェブサイトは英語とスペイン語の2カ国語で表記されている。また2010年にはLatin American Oral History Networkが設立され，研究者同士の交流や共同研究が試みられている。

東アジア・オセアニア・アフリカ諸国

　東アジアにおいては，オーラルヒストリー（中国語で口述歴史）は，中国・台湾・香港・シンガポール・韓国を中心に行われている。清華大学のグループ企業による学術出版データベース「中国知網（China National Knowledge Infrastructure）」で「口述歴史」を検索すると，2000年代以降，中華人民共和国（香港・台湾を除く）で「口述歴史」を主題あるいは題名に掲げた論文が急増しており，2022年6月現在で登録されている論文・学術書点数は3477本にのぼることがわかる（図1-4）。

　高田幸男は「中国近現代史研究におけるオーラルヒストリー」と

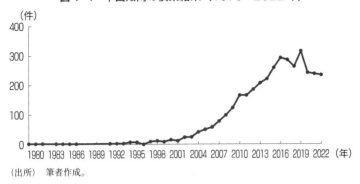

図 1-4　中国知网の検索結果（1979〜2022 年）

(件)

(出所)　筆者作成。

して，まず南満州鉄道株式会社（満鉄）調査部による「中国農村慣行調査」を挙げている（高田 2010: 2）。ただし，これは満鉄調査部による調査時点では「オーラルヒストリー」と呼ばれておらず，近年になってそう呼ばれるようになったことは，注記しておきたい。次に，笠原十九司らによる南京事件の調査や石田米子による旧日本軍性奴隷（「慰安婦」）問題の聞き取り，そして広東省のある 1 つの村から香港に逃亡してきた村民から聞き取りしたアニタ・チャン，ジョナサン・アンガー，リチャード・マドスンによる『チェン村』（Chan et al. 1984=1989）を挙げている（高田 2010: 3）。

　他方，中国女性史においてはオーラルヒストリーの名を冠した研究が多く出版されている。リンダ・グローブによれば，1960 年代に大生の紡績工場で働いていた女性労働者から集められた 200 以上のインタビューが，穆煊と厳学熙によって 1994 年に発表されている（グローブ 2018: 310）。大橋史恵（2018）によれば，高小賢は 1993年ごろから陝西省在住の女性たちに対して，1950 年代の農村の女性動員の記憶について聞き取り調査を行っており（高 2005），アメ

リカのゲイル・ハーシャッターは高とともに共同研究「1950 年代中国女性オーラル・ヒストリー」(Hershatter 2011) に取り組んだ。近年も中国共産党史研究と関連して，顧秀蓮主編『20 世紀中国婦女運動史』(2008-2013) や耿化敏『中国共産党婦女工作史 (1921〜1949)』(2016) が刊行されている。『中国女性口述史』を著した李小江は，「1991 年ハーバード大学ラドクリフ女子大図書館で最初に「口述史 (オラル・ヒストリー)」という概念に接し，さらにこの図書館が収集した「米国黒人女性口述史」という資料を閲覧したとき，視界がパッと開けた」(李 2004: 31) と回想していることからもわかるように，これら女性史におけるオーラルヒストリー概念は，「下からの歴史」としてのオーラルヒストリーという発想に多少とも基づいている。李小江が指摘するように，「中国本土でも，オーラルヒストリーは，中国の歴史的唯物論に敬意を払い中国共産党の支配に異議を唱えないかぎり，文化大革命の意味と影響，抗日戦争帰還兵の記憶といった，いくつかの論争的なテーマを率直に議論することができる」(Li 2020: 26)。

佐藤仁史と太田出によれば，「農村を中心とした「民衆史」の分野では本国の中国より，むしろ外国の日本の方がいわば「正常な」発展を遂げているという特異な状況が続いてきた」(佐藤・太田 2011: 70) が，この状況は改革開放政策後も大きく変化せず，2000 年代に入ってようやく「外国人の「自由な」調査も〈黙認〉されるように」(佐藤・太田 2011: 71) なった。その結果，2004〜06 年と 2008〜11 年にかけて江南デルタ地域でフィールドワークやインタビューが行われ，その成果は太田・佐藤編 (2007)，佐藤ほか編 (2008) としてまとめられた。

台湾では，中央研究院近代史研究所が 1955 年以来口述史料を収集し，雑誌『口述歴史』や『中央研究院近代史研究所口述歴史叢

書』（1982 年〜）を刊行してきた。口述歴史叢書には政治家・軍人・官僚といったいわゆるエリート・オーラルヒストリーに分類可能なものもあれば，政治家・医者・芸術家などの個人史や結婚や家庭生活の習慣を記録したもの（臺灣省文獻委員會編 1993），さらには戒厳令下の市民生活を主題としたもの（黄・李 1999）もある。

　許雪姫（2022）は，台湾におけるオーラルヒストリー研究を 1983 年以前と以後の 2 つの時期に区分している。それによれば，1983 年以前は「古老」が座談会の形式で語り合ったり「重要な事件の当事者」が執筆した自伝や回顧録を利用したりすることで，歴史上の疑問や問題を解決しようとする手法だった。1960 年代にコロンビア大学と共同研究を，70 年代にフォード財団から支援を受けた研究プロジェクトを行ったことから，台湾のオーラルヒストリー研究は，アメリカにおけるオーラルヒストリー研究の影響を受けていると推測できる。

　1984 年以後，より大きくは 1987 年の戒厳令が解除されて以降，台湾のオーラルヒストリー研究は調査対象者を外省人だけでなく台湾人へと広げ，また女性のオーラルヒストリーも積極的に収集し始めた。台北市や高雄市など公的機関によってオーラルヒストリーが収集されてもいる。

　また台湾歴史館の口述歴史叢書も同様に，民主化運動（林水泉 2004）の記録としてオーラルヒストリーを公開している。2013 年には中華民国文化部がオーラルヒストリーデータベースをインターネット上で開設する予定を発表した（Republic of China, Cultural Devision, 2013）。その発表によれば，台湾各地に 50 カ所以上のオーラルヒストリー記録所が設けられ，300 人以上の訓練を受けたボランティアスタッフが最寄りの記録所で記録を支援する。家庭内の高齢者や親類とともに記録所に行き，録音することが奨められている。

香港では，中国返還以後，2000 年代に入ってから急速にオーラルヒストリーの収集が進んだ。まず 2000 年には香港中央図書館で Hong Kong Oral History Project が始まり，翌 2001 年から 2004 年にかけては香港大學アジア研究センターがおよそ 200 人からオーラルヒストリーを収集した。これは政治・経済・教育／学校・文化／新聞・社会集団（移民・華僑など）・社会生活（抗日運動・家族と婚姻・女性・福祉・宗教など）・コミュニティといった話題について語られたデータを保存しており，一部はウェブ上で聞くことができる (Hong Kong Oral History Archives)。

　尹澤林（2022）は，韓国におけるオーラルヒストリー研究が，1980 年代末に結実する民主化によって過去史真相糾明[7]運動が牽引されたことから始まったと指摘している。尹は韓国のオーラルヒストリー研究を，1980 年代末の発芽期，1990 年代の成長期，2000 年代の飛躍期，2010 年代の拡散期に整理している。発芽期に光州 5・18 民主抗争関連団体，済州 4・3 事件関連団体，そして日本軍「慰安婦」問題関連団体が，まず体験者・生存者の証言を収集し始め，1990 年代には人類学者・社会学者がオーラルヒストリーを学術的に位置づけた。2000 年代の金大中・盧武鉉政権下では口述証言の収集が進み，研究プロジェクトが増加したが，これは国家の過去史真相糾明運動が積極的に支援した結果でもあった。

　他方，2000 年代は労働史・女性史・地域史といった歴史学研究の分野でオーラルヒストリーが利用された時期でもあった。韓国オーラルヒストリー学会が 2009 年に発足したのは，2000 年代における研究や各種収集事業の展開の結果と見ることができる。2010 年

7　韓国では，過去に起こった事実を証言などを通じて解明し，関係者の責任を問い，被害者に賠償する一連の運動を「糾明」と表すことが多い。そのため，本書でも韓国に関連する場合，究明ではなく糾明を用いる。

代以後，これらの研究状況はキム・ギオク（김귀옥 2006）による「韓国口述史研究現況，争点と課題」やユン・テクリム（윤택림 2019）による「新しい歴史を書くのための口述史研究方法論」といった論文でレビューできる。

　また，イ・ジェヨンとチョン・ヨンギョン（이재영・정연경 2018）によれば，1991 年から 2018 年までに刊行された論文のうち 439 本をレビューした結果，地域社会（22.1％），女性（16.1％），経済／経営（8.6％），戦争（7.9％），社会運動（7.2％），政治（5.6％），スポーツ（4.8％），教育（4.4％）といった，多様な話題でオーラルヒストリーが収集されている。収集されたインタビューは国試編纂委員会，無形遺産情報研究所，韓国学中央研究院，現代韓国口述資料館といった口述史料を収集・保存する機関だけでなく，芸術史・映画史・植民地史・民主化運動といった個別の主題を扱う研究所・団体もしばしば口述史料を保存している。

　リサ・ホンによれば，東南アジアではシンガポールを中心に，エリート・オーラルヒストリーが盛んに行われてきた（Hong 1998）。東南アジア諸国のオーラルヒストリー研究者を集めて Colloquium on Oral History がマレーシアで開催されたのは 1978 年である。同年，Singapore Oral History Center が設立された。同センターは 1980 年に「シンガポールの先駆者（Pioneers of Singapore）」，1989 年に「シンガポールの共同体（Communities of Singapore）」というオーラルヒストリー収集事業を行い，主に企業家・政治家に対してインタビューを行った。両プロジェクトの中心人物となったリン・ホウソンはその目的を「先駆的な経営者にインタビューし，彼らの立身出世譚と，彼らがシンガポールにおける経済・社会・教育の発展に果たした貢献を記録すること」（Lim 1998: 56）と述べ，「彼らの成功譚は強い意志と勤勉さ，倹約と野心といった開拓者精神を表しており，若い世代

にとって魅力的であると同時に教育的でもある」(Lim 1998: 56) と
続けて，オーラルヒストリー収集事業が過去の記録であるとともに
次世代へのロールモデルを提示する作業でもあることを明らかにし
ている。

　このようなオーラルヒストリー収集事業に関して，ホンは東南ア
ジアにおけるオーラルヒストリー研究が，年齢と地位による上下関
係が意識されやすいことと，独立した学術営為の伝統がないため，
歴史研究がポストコロニアル的状況のなかで「国益」「国家建設」
と思われるものを推進する役割を担わされることを批判し，「これ
らの国々では，オーラルヒストリーのリポジトリはメディアや教科
書と同様，政治的リーダーによってその存在自体が成り立っており，
歴史的に重要な出来事とは何か，それをどのように理解すべきかを
国民に定義する役割を担っているというのは，かなりありそうなこ
とだ」(Hong 1998: 36) と懸念を表明している。また舛谷鋭 (2007)
はシンガポールにおける大規模なオーラルヒストリー収集事業が，
シンガポールのナショナル・アイデンティティ形成のために行われ
ていると指摘している。マレーシアやタイでもオーラルヒストリー
収集事業は行われているが，それらもまた政治家や企業経営者など
を対象としている。1992 年には ASEAN 加盟国のオーラルヒスト
リー研究者が，ASEAN Oral History Colloquium を開催し，2010 年
には東南アジア研究所 (ISEAS-Yusof Ishak Institute) と Singapore Herit-
age Society が共催したオーラルヒストリーに関する学会が開かれて
いる (Loh et al. eds. 2013)。

　オーストラリアでは退役軍人から従軍体験を聞き取ったり，移民
の家族史を口述で記録したりしたものが文書館に保存されると同時
に，先住民に対するオーラルヒストリー収集事業が大規模に行われ
ている。国立文書館では家族史研究が奨励されており，メルボルン

の移民博物館やオーストラリア国立博物館では移民の個人誌を聞くことが出来る。またオーストラリア音声・映像アーカイヴでは，ウェブ上で「オーストラリア個人誌（Australian Biography）」が開設されており，オーストラリア現代史の重要人物の個人誌を読みその音声を聞くことができる。

　先住民に対するオーラルヒストリー収集事業は，土地権利回復運動と関連しながら 1990 年代半ばから行われてきた（Kennedy 2001）。同時に盛んに行われてきたのが，いわゆる「失われた世代」と呼ばれる，親元から強制的に離されて養育されたアボリジニの子供たちに対するインタビュー調査である。まず 1998 年から 2002 年にかけて The Bringing Them Home Oral History Project が行われ，先住民だけでなく，子供の引き離しに関わった宣教師・警察官・行政官に対してインタビュー調査が行われた。2001 年には上院で調査報告書（*Lost Innocents, Righting the Record: Report on Child Migration*）が出され，2004 年には同じく報告書（*Forgotten Australians: A Report on Australians Who Experienced Institutional or Out-of-home Care as Children*）が公表された。2009 年にはラッド首相（当時）がアボリジニに対する国家的な家族離散を行ったことを公式に謝罪し，これを受けてさらに，Forgotten Australians and Former Child Migrants Oral History Project が発足した。

　アフリカ諸国における「オーラルヒストリー」あるいは「オーラル史料」の対象は，現代史に限られていない。トンプソンとボーナットはアフリカにおけるオーラルヒストリーの活動として「口承の伝統との関係」「新たな社会史の発展」「オーラルヒストリー作品の民主的な実践」の 3 つを挙げている（Thompson and Bornat 2017: 72-3）。1 点目に注記しておけば，文字を残さない歴史に関して，特定の地域・集団に口承で伝わる情報を利用することはめずらしくない（Perrot ed, 1993）。また，グギ・ワ・ジオンゴやウォーレ・ショイン

カといった文学者の作品を「東アフリカにおける口述の技法」と見なす論考もある（Gathogo 2021）。

　アフリカでは，1989 年に SOS Sahel Oral History Project が行われた。これはセネガル，モーリタニア，マリ，ブルキナファソ，ニジェール，チャド，スーダン，エチオピアの 8 カ国にまたがり，467人から，失われつつあるサヘル地域の伝統的な生活様式を記録した。N. クロスと R. ベーカーは，正規の学校教育の普及によって口頭で伝えられてきた伝統的知識が失われることを危惧し，サヘル地域の自然・経済環境の激変を伝える直接の証言が欠けていることを指摘している（Cross and Barker eds. 1991）。1990 年代以降は，南アフリカを中心に民衆の記憶（popular memory）研究が進んでおり，ケープタウン大学に Popular Memory Center が設立されている。ここではアパルトヘイト時代の隔離収容経験者や HIV 感染者，難民といった人々の個人誌だけでなく，民謡や労働・余暇といった事柄を口述記録で収集している。南アフリカオーラルヒストリー学会は 2005 年に設立され，アパルトヘイト時代のオーラルヒストリーを中心に，史料の収集と分析が行われている。また，HIV 感染者の生活史を聞き取ったもの（Oppenheimer 2007）や内戦の被害を聞き取った研究が数多く現れている。オーラルヒストリー研究プロジェクトが進展し，口述史料がアーカイヴ化されている一方，南アフリカとジンバブエの国立文書館における口述史料の収集が，政治的エリートを中心としていると批判されてもいる（Bhebhe and Ngoepe 2021）。

3　3つの類型

　ここまで論じてきたオーラルヒストリー研究は，大きく分けると

3種類の集団・経験を対象としてきた。すなわち，都市や農村の労働者，女性，エスニック・マイノリティなどを対象とするものと，企業家や政治家などを対象とするもの，そして戦争や独裁政権の被害者から被害の語りを聞き取るものである。前二者におけるオーラルヒストリーは歴史研究の道具であるが，最後のものは歴史研究を目的とはしていない。この3つの類型を便宜的に「下からの歴史」型，エリート・オーラルヒストリー型，真相究明・エンパワーメント型と呼ぶこととし，以下，順に整理する。

下からの，あるいは人々の歴史

　オーラルヒストリー研究を整理する1つの軸は，調査対象の違いである。すなわち，労働者階級を対象とするか，政治家・企業経営者・専門職を対象とするかという違いがある。単純化すると，これは労働史・社会史の調査方法としてオーラルヒストリーを用いるか，エリート研究としてオーラルヒストリーを用いるかの違いと言い換えられる[8]。

　アリステア・トンプソンは「1950年代から60年代にかけて，オーラルヒストリー研究の先駆者たちは，民俗学と最も深い関係を持ち，いわゆる『普通の』労働者の経験を記録することに関心を持っていた」（Thompson 2007）と述べ，オーラルヒストリーが民俗学研究と労働運動の両方に関係しながら発展してきたことを指摘している。イギリスにおけるオーラルヒストリー研究は，同時期にバーミンガム大学やエセックス大学で盛んになっていたネオ・マルクス主義運動やカルチュラル・スタディーズの興隆とも軌を一にしていた（Tompson 2000=2002: 122-3）。

8　この違いはドーラ・シュワルツスタイン（Schwarzstein 1996）が「イギリス式」と「アメリカ式」と呼んだものにも対応している。

オーラルヒストリー研究が歴史研究の一分野としてではなく，既存の歴史学へのアンチテーゼとして興ってきたことは，多くの研究者が指摘するとおりである。

> オーラルヒストリーインタビューを通して，私たちはいかに歴史が構築されるかを探求するための糸口になるような証拠を整理することができる。それも，読者を意識した文学的作品を通じてではなく，広範な人々の経験によって。オーラルヒストリーインタビューを通じて，人々は自分たちの存在を自分たちの世界の中に位置づけるべく努め，また自分たち自身の世界理解に権利を要求するのだ。(Grele 2006: 91)

> 「歴史学の否定 (anti-history)」の探求は，連合王国におけるオーラルヒストリーの起源の，まさに中心だった。オーラルヒストリーは 1960 年代から，史料と方法の両方において権威に挑戦するために，歴史研究者に明確な社会的役割を与えた。すなわち彼らは，女性・子供・労働者階級，そして肌の色や性的志向によって異なった存在であるとステレオタイプ視されてきた人々の，隠された歴史に声を与えようとしたのである。(Bornat 2001: 221)

英国におけるオーラルヒストリーの収集は，大学内における歴史学研究の一潮流だったと同時に，大学外における成人教育のツールでもあった。成人教育を担ったのは大学に籍を置く歴史研究者ではなく，既存の歴史学の限界や矛盾を指摘し，オーラルヒストリーを歴史学の変革運動の手段として用いようと試みた人々だった。彼らは，Popular Memory Group (1982) を発表し，オーラルヒストリー研

究とは「社会主義、あるいはフェミニズム的政治とアカデミックな歴史学とを関連づけよう」(Popular Memory Group 1982) と試みる者の関心に最も近いと主張した。

　大学の内外における関心の高まりに対応して、「下からの歴史」型オーラルヒストリー研究は、労働者や農村・漁村の住民の心性、あるいは彼らの日常生活に注目し、データを収集してきた。早くは[9]シェーナ・グラック (Gluck 1977) から、またジョアンナ・ボーナットとハンナ・ダイヤモンド (Bornat and Diamond 2007) からは、オーラルヒストリーの収集と研究が、「ジェンダーと階級によって枠づけられた支配的言説を暴露し、ひっくり返し、挑戦し、対抗することから発展してきた」(Bornat and Diamond 2007: 20) 点で、女性史研究の一翼を担ってきたことがわかる。

　しかし、「下からの歴史」の試みが、すなわち「歴史の民主化」につながるわけではないことにも留意しておかなければなるまい。

　たとえば、オーストラリア国立文書館や、メルボルンとアデレードにある移民博物館では、移民の家族史の収集を支援してきた。そのなかには当然、オーラルヒストリーの収集も含まれる。音声資料の展示や保存、収集の促進といった事業は、オーストラリアにとって、国民1人1人をオーストラリアなる国家の一員として形成する手段でもある。シンガポールにおける企業経営者のオーラルヒストリー収集事業も、国家が大学などの研究機関に依頼して始まった、ナショナル・アイデンティティ構築のためのプロジェクトである。

9　現在、大英図書館オーラルヒストリーアーカイヴには手工芸、エスニシティ／ポストコロニアリズム、工業・農業・就労、在英ユダヤ人の経験とホロコーストの証言、セクシュアリティ・リプロダクティブヘルス・売春、社会政策・社会運動、女性史といった項目でインタビューデータが収集されている (British Library, "Oral History", 2023年1月17日取得：http://sounds.bl.uk/oral-history)。

軍隊におけるオーラルヒストリー収集事業と戦争体験の手記もまた，多様な方向から考察されるべきだろう。兵士が従軍体験を語るとき，それは戦場体験をつづった「下からの歴史」であり，暴力の被害の記録であると同時に，国家による暴力の担い手による「役立つ」記録でもある。同じくオーストラリアにおいて，第一次世界大戦で多大な被害を受けたオーストラリア・ニュージーランド軍団（Australian and New Zealand Army Corps）が，オーストラリアのナショナル・アイデンティティ形成の有力な手段であることは，多くの研究が指摘しているとおりだ（Thompson 1990; Hamilton 2003）。「下からの歴史」は，それが「自分たちの存在を自分たちの世界のなかに位置づけるべく努め」た結果であるがゆえに，「自分たち自身の世界理解」を通じて国家への無媒介なつながりを生み出すこともできるのだ。

偉大な人々の記録

　他方，オーラルヒストリーが軍人・企業経営者・政治家・専門職といった人々を対象とする場合も多い。この，いわゆる「エリート・オーラルヒストリー」の特徴を端的に示すと，「公人の，専門家による，万人のための口述記録」（御厨 2002: 5）ということになるだろう。たとえば，以下に引用するオーストラリア陸軍歴史部の文章は，軍事行動の専門家あるいは参加者によるオーラルヒストリーが，軍隊に適応するための教材として用いられると述べている。

　　　オーストラリア陸軍では，オーラルヒストリーは以下のように定義されている。オーラルヒストリーとは，特定の主題あるいは問題に関与している参加者あるいは専門家によるもので，彼らの決定や記憶を保存するものである。オーラルヒストリー

の素材（音声，動画，文字起こししたインタビュー原稿，インタビュー時のメモ書き）は，公的な文書に通常は保存されない情報を含んでいることがあり，したがって公式な文書の補助をなすものだが，公文書の代わりになるものではない。「オーラル」ヒストリーとは呼ばれているが，この情報源は今日の兵士ならびに司令官たちにとって特に有用である。いくつか例を挙げれば，過去の作戦や事件は，今日の特別な政策や論説において再解釈され得る。もし巧みに利用されるならば，オーラルヒストリーは軍事教練センター，陸戦研究センター，司令部第1部，オーストラリア陸軍歴史部などの支援組織が提供する，軍隊適応グループの補助教材となるだろう（Australian Army History Unit 2022）。

　エリート・オーラルヒストリーは，議会や軍隊といった国家組織からだけでなく，企業から援助を受けて調査される場合も多い。合衆国では大企業からの資金援助を受けた大学や，ときには大企業内部の社史編纂室が，オーラルヒストリーの収集を担っていた。ロバート・パークスは「合衆国の大学に本拠地を置く初期のオーラルヒストリー事業は，多くの場合，企業からの資金提供によって研究資金を得ていた。結果として，近年まで，英国のオーラルヒストリー研究者が忌み嫌っていたような，企業との親しい連携関係が生まれていった」（Perks 2010: 221）と述べ，合衆国におけるオーラルヒストリー研究は英国における労働史的オーラルヒストリー研究と対照的だと述べている。

　　オーラルヒストリーのコレクションは，しばしば大規模かつ現在進行中のビジネス・ヒストリーアーカイヴで編纂されている。従業員の多くは企業に雇用された司書で，独立した企業史

家から助言を受ける場合もある（アメリカ司書学会〔The Society of American Archivists〕には，オーラルヒストリー部門とビジネス・アーカイヴ部門の両方がある）。ウェルズ・ファーゴ社，マニュファクチャーズ・ハノーヴァー・トラスト社，アトランティック・リッチフィールド社といった大企業の多くは，著名な司書や歴史プロジェクトを擁しており，その中にオーラルヒストリーが含まれていることも多い。自社の歴史を記録する中小企業も増えつつある。企業のアーカイヴの一環としてオーラルヒストリー事業が行われれば，事業メンバーがその企業の文書記録に十全なアクセスを得られる利点がある。他方で，上級管理職や会社の重大な決定のほうに目が向けられ，企業の日々の生活が無視されがちになる可能性もなくはない。スミソニアン協会による国立アメリカ歴史博物館の文書館は，ペプシコーラ，マルボロ，アルカセルツァーの3製品の宣伝キャンペーンに関するオーラルヒストリー事業を行っている。（Ryant 1988: 561-2）

　同じ「オーラルヒストリー」であっても，政治家や軍人・兵士，企業経営者を対象とするものと，農業・漁業従事者や肉体労働者を対象としたものとでは，起源も着眼点もまったく異なることに注意しなければならない。すなわち，エリート・オーラルヒストリーは，文書化されなかった政策立案過程，軍事作戦が決定されるまでの軍隊内部でのやりとりや戦場での経験，企業の創設と発展プロセス，経営判断の転換といった事柄に関心を向けてきた。パークスはこれもまた，歴史を研究するうえで重要な要素だと指摘する。

　　「歴史重視」であるはずの英国が，「未来志向」で「金銭重視」な合衆国よりも自分たちの歴史と伝統に敬意を払っていな

いという皮肉は，長いあいだ私の頭から離れなかった。思うに，この対照的なエートスは，階級というものに対するアメリカ的な態度，合衆国の社会の同化的傾向，上下関係を壊そうとする固有の欲望，すなわち排除するのではなく包摂しようとする欲望に由来するのではないだろうか。しかし，英国と合衆国のオーラルヒストリー研究者にみられる，これらの本質的差異に気付き説明することよりも，英国のオーラルヒストリー研究を特徴づけているものを指摘するほうが重要だろう。すなわち，英国のオーラルヒストリー研究は，国の経済を支え何百万人もの人々に影響を及ぼした社会の重要な部分を，イデオロギー的に毛嫌いしてきたのだ。均衡を取り戻し，声なき人々に声を与えようという決意のもと，私たちは今や失われてしまった多くの人々の話と経験を，同じように見逃してしまった。(Perks 2010: 221-2)

　対象を何にするかという対立軸はしばしば，歴史学的か，ジャーナリズム的かという，調査手法をめぐる差異とも重なっている。出来事の知られざる側面を，関係者からのインタビューを通じて明らかにする手法は，オーラルヒストリー研究でも採用されてきた。合衆国におけるオーラルヒストリー研究の創始者アラン・ネヴィンズの前職が新聞記者だったことは偶然ではない。

　合衆国やカナダでは，ラジオの収録スタジオに著名人を招いてインタビューを行う番組がしばしば企画されてきた。たとえばカナダでは，第二次世界大戦に従軍した兵士が登場して従軍体験を語る「フランダースの平原で（*In Flanders Fields*）」というラジオ番組が1964 年から 65 年まで放送され，後にカナダ国立オーラルヒストリーアーカイヴの基礎となった（Grele 1996）。また，合衆国ではスタ

ッズ・ターケルによる「スタッズ・ターケル・プログラム」が1952年から1997年までラジオで放送された。これはターケルがキング牧師，レナード・バーンスタイン，ボブ・ディラン，ドロシー・パーカーといった著名人に収録スタジオでインタビューを行う番組で，52年間にわたって人気を博した。

　パークスが指摘するように，「下からの歴史」を意図するオーラルヒストリー研究は，しばしばエリート・オーラルヒストリーを軽視することがある。しかしペプシコーラ社のオーラルヒストリー事業「『ペプシ世代』のオーラルヒストリーと記録コレクション（The "Pepsi Generation" Oral History and Documentation Collection）」が，ペプシコーラの宣伝に携わったプロデューサーや社長だけでなく，瓶詰業者や出版社に対しても聞き取りを行ったように（Taylor 2012: 151-2），エリート・オーラルヒストリーもまた独自の必要のもと発展してきた。それは必ずしも「下からの歴史」と対立するものではない。どちらかといえば同時代の別の集団を調査したものとして，補完し合う関係と見るほうが適当ではないだろうか。

真相究明とエンパワーメント

　上述した「下からの歴史」型オーラルヒストリー研究も，エリート・オーラルヒストリー研究も，ともに歴史研究の手段として口述史料も用いるという意味において，「オーラルヒストリー」と称されている。これら以外に，学術研究以外の目的のためのオーラルヒストリーがある。このオーラルヒストリー収集事業においては，なんらかの調査のための手段としてではなく，政治運動，医療，教育といった分野の目的を達成するために，口述で個人史あるいは体験談が聞き取られ，それらがオーラルヒストリーとして発表されている。

　戦争や人権侵害，疾病といった被害経験を対象に，被害者を救済

し加害者を処罰することを目的としたオーラルヒストリー収集事業は，大戦や虐殺，独裁といった惨禍を被った地域・集団において，しばしば真相究明運動の一環として行われる。この系譜に連なるオーラルヒストリーとしては，ナチス・ドイツによるユダヤ人虐殺の生存者に対する聞き取りの収集事業が最も早いものである。ドイツやポーランドで，ナチス政権期から第二次世界大戦にかけての亡命や被害の記録が聞き取られてきたことは第2節で述べたとおりだが，最も大規模かつ初期の試みは合衆国で始まった。1970年代初頭には，ヤッファ・エリヤが生存者・証言者から証言を収集し，後にニューヨークに設立されるホロコースト研究センターの基礎を築いた。1979年にはドリ・ラウブとローレル・ヴロックによってホロコースト生存者録画事業（Holocaust Survivor's Film Project）が始まった。1994年に『シンドラーのリスト』が公開された後，監督スティーヴン・スピルバーグはその収益金でショアー映像基金（Shoah Visual History Foundation）を設立した。この基金は57カ国から5万人以上の証言を収集している（Klempner 2000）。

　アルゼンチン，チリ，エルサルバドル，グアテマラなどでは，長期にわたった軍事政権が崩壊した後，真実和解委員会が組織され真相究明運動が始まった。真相究明運動においては，被害者への聞き取りが，過去の出来事を明らかにし，被害を補償する主な手段の1つとなった。南アフリカにおけるオーラルヒストリー研究は，アパルトヘイトの被害の聞き取りとその後の真実和解委員会の活動によって発展した側面が大きい。

　また，聞き手やメディアを前に証言する行為が，政治的パフォーマンスとなる場合もある。ウィリアム・ウェスターマン（Westerman 1994）によれば，1987年，エルサルバドルの聖サルバドル教会で，北米メディアに対して証言集会が開かれた。これはエルサルバドル，

グァテマラ，ホンジュラスから逃れてきた難民たちが開いたもので，合衆国とカナダの住民に対して，内戦による日常的な暴行・誘拐・レイプ・殺人といった暴力が横行している事実を伝え，支援を呼びかけることを目的としていた。ウェスターマンは「難民の証言は，個人的なものでありながら，国家や支配的文化の公的メディアには記録されない歴史の一部分を伝えるという，本質的な役割を持っていた」（Westerman 1994）と述べる。多くの聞き手を前に証言する行為は，政治的意図を持ち連帯を求める活動であると同時に，過去に受けた破壊と暴力を意味づけ，ある種の社会的理想を求める動機へと変換するという治癒的機能も併せ持つ。

　戦争体験者や日本軍性奴隷（従軍慰安婦）被害者，あるいは虐殺の生存者の証言を語り聞く場を設ける行為は，単に体験を伝えるだけでなく，その体験を繰り返さないための活動の１つでもある。同時に，語り手にとって，過去に自らが受けた被害の経験が否定されることなく，歴史的事実であると認定されることは，自己の尊厳を回復する手段を手にすることでもある。マイケル・キルバーンは次のように述べ，オーラルヒストリー研究の持つ潜在的な力を評価する。

　　オーラルヒストリーの出会いのなかで語り，聞く行為は，人間的なつながりと共感を生み，オーラルヒストリーを他の方法論から区別するラポール，あるいはフローを形成する。おそらく，この洗練されていない，ぎこちない場にこそ，オーラリティの変革の力が潜んでいるのではないだろうか。慰め，癒し，和解させる力が。（Kilburn 2014: 1）

　しかし，このような出会いの場を設けること自体が難しいのも，この種のオーラルヒストリー研究のもつ特徴だといえる。被害の語

りは，政権交代や国連による介入など，その被害が認定されうる状況が到来しなければ，語られる可能性がきわめて低い。スハルト政権下のインドネシアにおける「共産主義者」の虐殺を生き延びた人々に対する聞き取りに関する以下の指摘は，現在のインドネシアの政治的情勢が調査そのものを困難にさせていることを示している。

　私たちは，国中で，何千人もの人々が虐殺されたに違いないと知っている。しかし，明確で詳細な記録はそのうちたった1つ［の事例］に関してしか収集されていないのだ。オーラルヒストリー研究者はこれらの虐殺に関する非常に基本的な事実から，ときには殺害を虐殺とカテゴリー化するのが妥当かどうか決めるところから，難題に直面する。（……）何が本当で，何が間違っているかの区別すら難しい。1965年から66年にかけて起こった暴力に関するオーラルヒストリーは，書かれた史料によって既に知られていることを補充したり，改訂したり，確認したりするためのものではない。そもそも，研究者が大量殺人の「ミクロなダイナミクス」と呼ぶようなものの水準ですら，何もわかっていない。国家規模のこととなれば尚更だ（Roosa 2013: 3）。

　口述史料による真相究明は，一方で被害の語りを収集し責任者を処罰する政治・社会運動に関連しつつ，エンパワーメントという点において，回想法（reminiscence therapy/life review）とも関連を持つ。回想法の源流は心理療法にある。1963年，ロバート・N. バトラーは，適切な指導を受けてなされれば，人生を回顧する行為は高齢者にとって治癒的な効果をもたらし，より尊厳あるケアを可能にすると論じた（Butler 1963）。ボーナットは「オーラルヒストリーが記憶の内容に焦点を当てるのに対して，回想法の特徴は，参加者にとっ

てのプロセスと結果により注目する」(Bornat 2001) と述べている。

> オーラルヒストリーと回想法とは，コインの両面である。ど
> ちらも記憶を扱っているが，オーラルヒストリーはまずもって
> 歴史を理解することに関心を持つ。それに対して，回想法は何
> よりも語り手にとって思い出す行為の持つ価値を重視している
> (Perks and Thompson 2009: 447)。

イギリスでは 1980 年代から高齢者に対する回想法が進展した。
これは幼少期・青年期の労働・家族・余暇などについて語ってもら
ったり，ときにはグループディスカッションを試みたりするもので，
酒井順子 (2006) によれば 1996 年の時点で，全国 1000 カ所以上の
高齢者向けデイサービスセンターや病院などで行われている。

　同様に，オーラルヒストリーの収集プロセス自体を目的とする事
業として，教育としてのオーラルヒストリー研究を外すことはでき
ない。オーラルヒストリーの収集が，大学内部での歴史学の刷新運
動であったと同時に，大学外での成人教育のツールでもあったこと
は，先に「下からの，あるいは人々の歴史」の項で述べたとおりだ。
N. フックら (Ng-A-Fook et al. 2012) によれば，合衆国ジョージア州
の Rabun Gap-Nacoochee 中学校で始まった Foxfire Project が，初
等・中等教育におけるオーラルヒストリー収集プロジェクトの嚆矢
となった。本来，中学生のライティングの授業の一環だったこのプ
ロジェクトは，学校のあるラブン郡の高齢者からオーラルヒストリ
ーを収集し，その成果を *Foxfire* という雑誌で発表した。

　クリフ・クーンとマージョリー・マクレランによれば，家族や親
族・知人からオーラルヒストリーを収集することは，「地元の声や
なじみのある場所が，それまで教科書のなかにしかなかったアメリ

カ史の流れに結び付けられる」ことによって，そして高齢者が，自分たちが対象となって収集されたオーラルヒストリーの記事や展示，ウェブサイトを見ることによって，生徒とコミュニティ双方に影響を及ぼした（Kuhn and McLellan 2006）。

オーラルヒストリーは，歴史研究の手段（新たな史料）以外としても活用されてきた。戦争や虐殺・政治的抑圧の被害者からその経験を聞き取る行為は，オーラルヒストリー研究の対象を広げてきた。ただし，このような語りによる政治運動は，加害者とされた側が語られた出来事や経験を事実と認め，補償しなければ，その目的を達したことにならない。被害を受けたことが歴史的事実として認定され，それが歴史を書き換え，現在と将来との政治に影響を与える必要がある。他方で，自らの受けた経験を被害として語ることは，回想療法とも共通する効果を持っている。過去を語る行為は，自尊感情を高め，世代間交流を促進し，自己の統合を高める効果を持つ（Butler 1963）。このようなエンパワーメント効果は，真相究明運動の一環としてのオーラルヒストリーとともに，教育手段としてのオーラルヒストリーにも通じるものであると考えられている。合衆国の教育現場で採用されたオーラルヒストリー収集事業は，教育施設のある地方の歴史を住民から収集する事業であり，歴史や国語など複数の科目にまたがる総合学習の一環でもあり，インタビューの実施から公開までのプロセスを通じたコミュニティの活性化事業でもあった。

4　口述の歴史に込められたもの

本章では，各国で行われてきたオーラルヒストリー研究の歩みを

確認し，それを3つの類型に整理してきた。オーラルヒストリーは複数の源流をもち，さまざまな国で発展してきた。1つの源流は民俗学研究と労働運動であり，この2つはどちらも，それまで歴史学で取り上げられてこなかった「普通」の人々に目を向けさせる効果を持った。もう1つの源流はジャーナリズムであり，こちらは，政策・企業の経営方針・軍事作戦といった国家規模の事件が，どのようなプロセスを経て決定されるのかという点に目を向けさせる効果を持った。

　これらの，源流を異にするオーラルヒストリー研究は，しばしば「下からの歴史」対「エリート・オーラルヒストリー」，「イギリス型」対「アメリカ型」という風に，対立するものと見られた。オーラルヒストリーが「下からの歴史」の方法となった場合，オーラルヒストリー研究とは既存の歴史学──「文献至上主義」で「権威主義的」で「政治史中心」であるとオーラルヒストリー研究者が考えた学問──を改革する手段だった。

　　オーラルヒストリーの転換点は，新しい社会史や1960・70年代に発生した政治情勢，社会変革の運動によって形成された。学術上の体制，特に当時は支配的だった「上からの歴史」に挑戦しようと試みた歴史学者や，周縁化された集団の経験を探求するための方法として階級分析の復活を願っていた人々は，自らの手で書いた記録や自らの語った声をそれほど多く残していない歴史的行為者を表舞台に登場させ得る方法を歓迎した。『オーラルヒストリー・フォーラム』の初期の目次を見ると，オーラルヒストリーが女性・労働者階級・移民／エスニック集団の歴史を扱う研究者（その多くは重なった分野で仕事をしていた）から熱狂的に受け入れられていたことがわかる（Sangster 2013: 2）。

しかし，実際のところ，オーラルヒストリーは常に「上からの歴史」に挑戦するものというわけではない。それはエリート・オーラルヒストリー研究を見れば明らかである。また第3節で論じたとおり，「下からの歴史」の収集が，ナショナル・アイデンティティ構築のプロジェクトとして，国家によって推進される場合もある。他方，軍隊の作戦立案や軍事展開の様子，企業の製品開発や宣伝，立法・行政機関の活動を明らかにすることが，「下からの歴史」や歴史の民主化を目指す活動と対立関係にあるわけでもない。企業による企業の歴史収集事業によってしか記録されなかった「普通の人々」の記録もある。どちらかといえば，歴史を民主化しようと試みた調査者が，農村の住民や都市の労働者を歴史の主人公とすることによって，「下からの歴史」を書こうとしたというほうが実態に近いのではないだろうか。歴史学なるものを刷新しようとした人々の手段として，都市や農村で生活する「普通の人々」や，彼らの話す事柄が注目されたのである。

　歴史研究以外の手段としてのオーラルヒストリー収集事業に目を向けると，真相究明，回想法，教育手段としてのオーラルヒストリー収集事業が，それぞれに歴史研究としてのオーラルヒストリーと一部で関心を共有していることがわかる。すなわち，真相究明運動としてのオーラルヒストリー収集は，過去の出来事を明らかにし，歴史を書き換えるという目的を持つ点で，マイケル・フリッシュが言うところの「もっと歴史を（more history）」というオーラルヒストリーの古典的関心を共有している。回想法は自己の統合や自尊感情の高まりという効果を狙う点で，成人教育としてのオーラルヒストリーに共通した関心を持つ。そして教育としてのオーラルヒストリーは，オーラルヒストリーの収集という作業——インタビューを行い，その結果を何らかの方法で保存し，展示することも含めて——

が，教育として有効であるという視点に立っていた。

　この章では，オーラルヒストリー研究と呼ばれているものが，何をしてきたのかということを検討してきた。その結果，学術研究の手段としてのオーラルヒストリーは，「下からの歴史」とエリート・オーラルヒストリーとに分けられること，それ以外の目的に供する手段として真相究明運動，回想法，教育活動の3種類が挙げられることを述べた。

　オーラルヒストリー研究は，それぞれ異なった政治的・社会的背景から出発している。労働者やマイノリティを対象としたオーラルヒストリー研究は，いままで歴史の表舞台に登場することのなかった人々の視点から歴史を書くことで，歴史学の変革という目的を達成しようとした。エリート層や中産階級に対する聞き取りは，マスメディアの発展を背景とし，「内幕 (behind-the-scenes)」を明らかにしてきた。被害の語りが聞き取られ研究される対象となるには，世界大戦や冷戦，世界各地の独裁体制や民族紛争などを背景とし，同時に，戦争の結果生じてきた被害は救済されるべきだという政治的信念が広がりそのための制度が設けられる必要があった。

　　オーラルヒストリーは常に変革のための道具であるわけではない。オーラルヒストリーが何であるかは，それが使われるときの精神による。とはいえ，オーラルヒストリーは確かに，歴史の内容と目的とを変えてしまう。教師と生徒との，世代間の，教育機関とその外側の世界との間にある壁を壊し，歴史を書くときに――書物の中であれ，博物館の中であれ，ラジオや映画の中であれ――歴史を作り，経験した人々に，その人々自身の言葉によって，中心的地位を取り戻させる。(Thompson 2000= 2002: 18)

ここでポール・トンプソンが述べている特性は，必ずしも口述の史料にだけ当てはまる特徴ではない。文書史料もまた，歴史の参与者が自らの視点を自らの言葉で記録したものだ。歴史の内容と目的とを変革するのは，口述の史料でなければならないわけではない。

　にもかかわらず，本章で述べてきたような，多様な目的と対象を貫くオーラルヒストリーの共通性を仮に要約するとすれば，上述のトンプソンの言明が最適ではないだろうか。ここでトンプソンが示しているのは，オーラルヒストリーが求められた文脈である。オーラルヒストリーなるものは，歴史学においては刷新運動の道具であり，エリート研究においては新たな史料群と視点の転換をもたらす道具だった。オーラルヒストリーという名称は，歴史の書き換えと補償請求運動を強力に推進し，心理療法に新たな分野をもたらし，学際的教育やコミュニティとの連携を可能にした活動に対して用いられた。これらはどれも，制度化されにくく，消えゆくものではないかと恐れられた情報を，記録し，保存しようという動機に基づいている。

　文書史料と口述史料との違いがそれほど強調されなくなるにつれて，もはやあえて「オーラル」であることを強調する必要のある歴史研究や社会活動は生まれなくなってくるかもしれない。そのときには，かつて何に対して「オーラル」であることが重視されたのかという検討がいっそう重要になってくるだろう。

第 2 章

幻の「転回」

方法論の変化に関する諸言説

1　オーラルヒストリーの「転回」

「転回」の指摘

　この章では，オーラルヒストリーの方法論が変化したといわれる知的背景を検討する。オーラルヒストリー研究史ではしばしば，オーラルヒストリーが文献史料の空白を埋める補助的役割から，語り手の主観を伝える役割へと変化したと描写される。この役割の変化を指して，オーラルヒストリー研究者は，オーラルヒストリー研究史には「転回（turn）」があったと述べてきた。ここでいう「転回」とは，オーラルヒストリー調査の過程で得られたインタビューデータをドキュメント（歴史的史料として検証されるべきもの）と見なすか，テクスト（物語的・構築的な言語データ）と見なすかという 2 つの立場があり，前者から後者へと分析手法が転換した，という意味だ。この変化について，リンダ・ショウプスは次のように簡潔に説明している。

インタビューをアーカイヴ的な史料として，つまり歴史の記録により多くの情報を与えるものや，正確さを評価すべきものとして理解する方法から，インタビューをナラティヴ的な構築物として，つまり記憶や主観性やアイデンティティに関わって解釈されなければならないものとして理解する方法へ変化してきたというのが，オーラルヒストリーの知的な発展に対する典型的な捉え方だ。別の言い方をすると，ドキュメントとしてのオーラルヒストリーから，テクストとしてのオーラルヒストリーへという見方だ。(Shopes 2014: 258)

　コロンビア大学オーラルヒストリー研究所のロナルド・グリーリは，この現象を「過去に何が起こったのかを明らかにするドキュメント的なものから，対話的に構築されたテクストへという変化 (transformation)」(Grele 2007: 12-13) と呼び「正確さからナラティヴ的構築へと，基本的な認識論上の関心が移り変わった」(Grele 2007: 13) と評している。また，アリステア・トンプソンは「1970 年代後半，オーラルヒストリー研究者たちは，これらの批判に向き合い，いわゆる記憶のあてにならなさは強みでもあること，記憶の主観性もまた強みであること，記憶の主観性は歴史経験だけでなく，過去と現在との関係や記憶と個人的アイデンティティとの関係，そして個人的記憶と集合的記憶との関係を明らかにする鍵でもあると論じ始めた」(Thompson 2012: 80) と説明する。

　上述のようなオーラルヒストリーの方法論を述べた論考は，ほぼ似通った説明をしている。すなわち，オーラルヒストリーの方法論は 1970 年代後半に大きく変化した。その変化の結果，オーラルヒストリーは話者（調査対象者）の主観性を積極的に分析の俎上に載せるようになり，またそれに付随して，インタビュー調査のやりと

りにも言及するようになった。

「転回」は起こったか

　では，実際にオーラルヒストリーの論文あるいは学術書において，主観性やインタビュー中のやりとりは，分析の主眼に置かれているのだろうか。一例として，Web of Science の全データベースを検索した結果[1]を図 2-1 として示す。

　「oral history」をトピックに含む論文は，1960 年に初出があり，その後 2021 年までの間に 6877 本が出版されている。それらのうち，「subjectivity（主観性）」をトピックに含む論文は，1988 年に初出があり，2021 年までの間に 111 本，「interaction（相互行為）」をトピックに含む論文は，1988 年に初出があり，2021 年までの間に 249 本

1　1945 年から 2021 年までの間に，トピック（タイトル・アブストラクト・キーワード）に「oral history」のフレーズ全体，および「subjectivity」「interaction」を含む論文・プロシーディングのうち，医療・科学分野（internal medicine, pathology, tropical medicine, dentistry, oral surgery, microbiology, sport science, zoology, endocrinology, metabolism, rheumatology, life sciences, biomedicine, oncology, environmental sciences, biotechnology, applied microbiology, immunology, toxicology, pharmacology, pharmacy, nutrition dietetics, medical laboratory technology, public environmental occupational health, transplantation, cardiovascular system, cardiology, genetrices, gerontology, parasitology, neurosciences, obstetrics, cell biology, surgery, obstetrics gynecology, allergy, pediatrics, genetics heredity, dermatology, food science technology, gastroenterology hepatology, radiology nuclear medicine, medical imagining, integrative complementary medicine, biochemistry, molecular biology, geology, infectious diseases, physiology, research experimental medicine, reproductive biology, plant sciences, mycology, rehabilitation, otorhinolaryngology, anesthesiology, ophthalmology, engineering, marine freshwater biology, hematology, substance abuse, urology, nephrology, orthopedics, evolutionary biology, psychiatry, virology, veterinary sciences, agriculture, respiratory system, emergency medicine, legal medicine, science technology other topics, health care sciences, chemistry, developmental biology）を除いたもの。

図 2-1　Web of Science Core Collection の検索結果（3 項目）

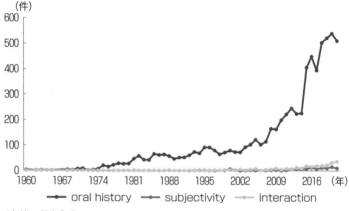

（出所）　筆者作成。

が出版されている。

　なお，リン・エイブラムスは，間主観性（intersubjectivity）について「こんにち，オーラルヒストリーの入門書では，インタビューにおける研究者の役割を反省し，インタビューの場における調査者の間主観性を明らかにするよう奨励するのが一般的である」（Abrams 2016: 74）と述べているが，「間主観性」をタイトル・アブストラクト・キーワードに含んだ論文は 2009 年が初出で，2020 年までに 10 本が発表されたのみである。論文に限れば，オーラルヒストリー研究の主たる関心が主観性や相互行為に移ったとは言いがたい。

　では，書籍に限定するとどうなるだろうか。Springer のデータベースによれば，1945 年から 2020 年までの間に出版された書籍あるいは章で「oral history」を用いたものは 1 万 3520 点刊行され，そのうち「subjectivity」をトピックに含むものは 1552 点ある。ただし，これらの約 9 割は 2001 年から 2020 年の間に刊行されている。[2]

Questia によれば，「oral history」を含む書籍（章は含まない）は 1945 年から 2020 年まで 8248 冊刊行され（2000 年までに刊行されたものは 2347 冊），そのなかで subjectivity を含むものは 198 冊（うち 2000 年までに刊行されたものは 44 冊），「interaction」を含むものは 406 冊（同 99 冊）だ。もっとも主観性（subjectivity）をトピックに含む書籍が多く記録されている Springer 社のデータベースでも，オーラルヒストリーの書籍あるいは章のうち，主観性という語を使用したものは 1 割をやや超える程度だとわかる。「転回」と呼ぶには，やや心許ない点数ではないだろうか。

2 「主観性」という問題の浮上

オーラルヒストリーへの批判

　オーラルヒストリー研究者たちは，しばしば自分たちが，文献を主な対象とする歴史学者から批判されてきたと述べる。清水唯一朗は「オーラル・ヒストリーが手法として立ち上がったのは，研究者が行うインタビューが恣意的である，自説補強のために誘導的になっているという批判に対して，より客観的な方法論が必要とされたことによる」（清水 2019: 44）と述べている。

　では，実際のところ，1970 年代にオーラルヒストリーのどの点が，どのように批判されたのだろうか。アリステア・トンプソンはバーバラ・タックマン[3]，イノック・パウエル[4]，ウィリアム・カトラ

2　1945 年から 2000 年に限ると，oral history 全体では 1176 本，oral history と subjectivity を含むものは 98 本である。

3　Barbara Tuchman（1912–1989）：歴史家・作家。ラドクリフ・カレッジで学士号を取得後，ジャーナリストとして働いたのち，作家に転じた。*The Guns*

一，パトリック・オファレル[6]の批判を引用している。この4名は，アラン・J. P. テイラー[7]と並び，オーラルヒストリーの方法論史でしばしば引用される。

　これらの批判をいくつかの類型に整理してみよう。1つ目は文書中心主義あるいは発話軽視主義とでも呼べるものだ。オファレルは話し言葉を「正確で，考え抜かれた書き言葉よりも，言語表現とし

　　of August（1962=1965，山室まりや訳『八月の砲声』）および *Stilwell and the American Experience in China: 1911-45*（1971=1996，杉辺利英訳『失敗したアメリカの中国政策——ビルマ戦線のスティルウェル将軍』）でピューリッツァー賞を受賞，*A Distant Mirror: The Calamitous 14th Century*（1978=2013，徳永守儀訳『遠い鏡——災厄の14世紀ヨーロッパ』）で全米図書賞を受賞。

4　Enoch Powel（1912-1998）：政治家・文献学者・詩人。1950年から74年までイギリス保守党政治家として活動し，1960年から63年まで保健大臣。1968年，イギリスへの移民流入を激しく非難し，人種関連法を提唱した「血の川の演説（Rivers of Blood Speech）」で知られる。主著に *A Lexicon to Herodotus*（1938），*One Nation: Conservative Political Centre*（1950），*The Common Market: Re-negotiate or Come Out*（1973）ほか。

5　William Cutler III: 歴史家。コーネル大学で博士号を取得後，テンプル大学に勤務。アメリカ教育史・都市史。主著に *Parents and Schools: The 150-Year Struggle for Control in American Education*（2000）。

6　Patrick O'Farrell（1933-2003）：歴史家。オーストラリア国立大学で博士号を取得後，ニューサウスウェールズ大学に勤務。労働史・カソリック史。主著に *Harry Holland: Militant Socialist*（1964），*The Catholic Church in Australia: A Short History 1788-1967*（1968），*The Irish in Australia*（1986）。

7　Alan John Percival Taylor（1906-1990）：歴史家。専門はヨーロッパ近現代史。オックスフォード大学卒業後，マンチェスター大学を経てオックスフォード大学に勤める。1956年にイギリス学士院会員に選出される。主著に *The Italian Problem in European Diplomacy: 1847-1849*（1934），*The Course of German History: A Survey of the Development of Germany since 1815*（1945=1992，井口省吾訳『近代ドイツの辿った道——ルターからヒトラーまで』），*The Habsburg Monarchy, 1809-1918: A History of the Austrian Empire and Austria-Hungary*（1948=1987，倉田稔訳『ハプスブルク帝国 1809-1918——オーストリア帝国とオーストリア＝ハンガリーの歴史』），*The Origins of the Second World War*（1961=1977，吉田輝夫訳『第二次世界大戦の起源』）。

てより緩やかで，考え抜かれていない」(O'Farrell 1979: 6) という。
タックマンはオーラルヒストリーを「サナダムシ (tapeworm) のごとき食欲を持つ怪物」たるテープレコーダーの生み出した「ぞっとするほど大量の，どうでもいいことの人工的産物」と批判した。オーラルヒストリーに金鉱に通じる鉱脈はほとんどなく，大半は不必要な情報だという批判だ (Tuchman 1972: 10)。

インタビュー中の相互行為も批判されている。カトラーは，オーラルヒストリーの「主な障害」として，調査対象者の忘れやすさや不誠実さ，調査者の勘違いや混乱によって生じるバイアスを問題視し (Cutler 1970: 1)，相互チェックできない内容が話されたり，実際には体験していないことが「まるであったかのように」話されたりする場合に注意を喚起している (Cutler 1970: 3-4)。

想起・回想に伴う問題点も指摘されている。オファレルは，過去についての口頭証言で得られるものは「その真実とは (それが本当であるときには) 何があったか，物事はどのようであったかについてではなく，過去がいかに回想されるかについての真実である点だ」と懸念を表明した (O'Farrell 1979: 4-5)。調査対象者の回想は，過去の体験を「現実を軽視し過大評価し，それを耐え忍んでやっていけるような，楽しくさえあるような，人生のなかで肯定的なものにしてしまう」(O'Farrell 1979: 7)。オファレルは，大恐慌のオーラルヒストリーについて「この贈り物のようにラッピングされたお話のどこに，涙や苦痛，徒労と荒廃と鬱憤，お先真っ暗で否定的にしかなれない，あの悲惨な，あんなにも多くの人々を苦しめた大恐慌があるのか」と批判する (O'Farrell 1979: 5)。

オーラルヒストリー研究者の政治的志向も批判されている。オファレルは，「明らかに [ポール・] トンプソンは，彼自身の政治的要求に見合う歴史を探し求め，それが存在すると信じている——オ

ーラルヒストリーだ」「社会主義者だろうが何だろうが，歴史学という学問分野の品位に真っ当な敬意を払う者なら誰にとっても，これは気がかりではないだろうか」（O'Farrell 1979: 5）と述べている。この指摘を「保守的な政治的信条を持つ伝統的な文献史学者」が「人々の歴史という政治運動を恐れ，記憶の「あてにならなさ」を弱点として攻撃の標的にした」（Tompson 2007: 53）ことの発露と見なすのは，やや単純化しすぎている恐れがある。オファレルはポール・トンプソンの「下層階級の，特権を持たない，敗者の」歴史を書こうという呼びかけを，普通であることそれ自体を賞賛に値すると見なす「平凡教（the cult of the ordinary）」とも呼び（O'Farrell 1979: 6），もしオーラルヒストリーの調査者が「自分たちとは異質なものの見方や価値観を持つ，面倒な人と話す手間をとらずに済」み（O'Farrell 1979: 5），「単に草の根から生まれたというだけで，その方法の産物は道徳的で本当だというのなら，訓練された歴史学者の創造的役割をなんだと思っているのか」（O'Farrell 1979: 7）と憤る。

　アリステア・トンプソンは，オーラルヒストリー方法論のパラダイム転換は「実証主義的批判——大部分は，政治的には保守的な信条を持つ伝統的な文献史学者——に応えたものだった」（Thompson 2007: 53）と描写するが，上記5名のうち，間違いなく「政治的には保守的な信条を持つ」といえるのはパウエルのみであり，伝統的な文献史学に立脚しているのは，テイラーとパウエルの2名だ。オーラルヒストリーの政治性を厳しく批判したオファレルは，20世紀前半のオーストラリア労働史を専門にしており，カトラーにいたってはコミュニティ教育のオーラルヒストリアンといっていい。自分たちの批判者を一絡げに「保守的」「伝統的」「文献史学」と呼ぶのは，控えめにいって，論敵を単純化しすぎている。

　他方，「オーラルヒストリアンによる記憶の使い方が甘いという

左翼からの批判」(Thompson 2012: 53)，すなわちエリック・ホブズボームによるオーラルヒストリー批判も検討しよう。ホブズボームは単にオーラルヒストリーを批判しているわけではない。むしろ，オーラルヒストリーの「問題は，そのような参照する史料がないときに，何を信じることができるかを見分ける方法の確立」(Hobsbawm 1997=2001: 296) にあると指摘している。

> 聞き取り史の方法論は，老人の記憶を録音したテープの信頼性の確認のために重要なだけではない。草の根の歴史の1つの重要な側面は，大きな出来事について，お偉方が普通の人に考えさせようとするのと違う内容で普通の人が記憶しているということ，あるいは歴史家が発生を確認しているのとは違う内容を普通の人が記憶しているということである。そして人々が記憶を作り話に変える場合にはその内容が作られる仕方も，重要な側面である。その原初の感情なり，作り話の形成なりを，私たちはどのようにして再構成できるだろうか。原初の感情を作り話から区別できるだろうか。これはつまらない問題ではない。
> (Hobsbawm 1997=2001: 296-297)

以上の批判をまとめると，1970年代から90年代にかけてオーラルヒストリーに向けられた批判は，文書中心主義に依拠したインタビューの軽視・問題視のほか，調査対象者の忘れやすさや不誠実さ，調査者の勘違いや混乱によって生じるバイアス，過去の出来事についてではなく想起・回想について調査している点といった，調査によって得られるデータの性質や特徴のほか，インタビュー対象者自身のもつバイアスを排除できないことや，歴史学の専門性を見出せない点，政治的な目的に歴史学を従属させている点といった，調査

者／研究者に生じやすい問題にまでわたっている。また，オーラルヒストリー研究者が反批判として提案した「主観性」に関係する問題は，「政治的には保守的な信条を持つ伝統的な文献史学者」だけでなく「左翼から」も，また労働史学者やオーラルヒストリアンからも指摘されていたことがわかる。すなわち，オーラルヒストリーという方法の問題点は，政治的信条や調査方法とはほぼ関係なく，調査計画やデータの特性，研究者の科学的誠実性にいたるまで，幅広く指摘されていた。

オーラルヒストリーからの回答

　このような指摘を，オーラルヒストリー研究者たちはどのように理解し，それらに回答しただろうか。アリステア・トンプソンは，オーラルヒストリーは，オーラルヒストリーが４つの方法論パラダイムを経験したと整理した論文で，第２のパラダイム（ポスト実証主義パラダイム）が生まれた背景を次のように述べている。

　　　第２のパラダイム転換は，部分的には，実証主義的批判──大部分は，政治的には保守的な信条を持つ伝統的な文献史学者──に応えたものだった。彼らは，人々の歴史という政治運動を恐れ，記憶の「あてにならなさ」を弱点として攻撃の標的にした。（……）1970 年代におけるオーラルヒストリーへの批判の中心は，記憶は身体的衰えや高齢者のノスタルジア，インタビュアーとインタビュイーの個人的なバイアス，集合的記憶や回顧上の見解（version）によって歪められているという主張だった。（Thompson 2007: 53）

　ドナルド・リッチーはテイラーがオーラルヒストリーを「年寄り

の戯言」と評したのを，次のように批判する。

　このような懐疑主義者たちは，口述の証言をノスタルジック
であてにならないものと見なし，目撃証言を主観的に過ぎると
言って信用しない。彼らは客観性——個人的なバイアスや偏見
から離れ，物事をありのままに見られるような——を求める。
歴史家たちが証拠を「客観的」だというとき，それはバイアス
がないだけでなく，その解釈が変わったとしても文言それ自体
は変化しない文書のように，不変であることも意味する。「主
観的」であるというのは，党派的で偏った視点で，時間に伴っ
て変化するがゆえにあてにならないという意味だ。(Ritchie
2014: 10)

　エイブラムスは，「多くの歴史学者や社会科学者たちは，オーラ
ルヒストリーは記憶に依存し，記憶はあてにならないと見なされる
ため，オーラルヒストリーは信頼されなかった」「歴史学的調査が
文献を主としていた時代，オーラルヒストリーは検証され価値があ
るとみなされる，主要なデータではなかった。客観的で社会科学的
な，厳密に検証可能な社会科学的方法ではなかったからだ」
(Abrams 2016: 5) と書いている。
　以上をまとめると，オーラルヒストリー研究者は，記憶の歪み
(「身体的衰え」「高齢者のノスタルジア」)，インタビューによっても
たらされるバイアス，集合的記憶や（複数回にわたる）回想の影響，イ
ンタビューデータの主観性という4点を批判されたと理解していた。
　そのため，彼らの回答はまず，記憶の歪みや集合的記憶・回想の
影響といった問題は，文献史料にも当てはまるという方向をとった。
1973年，英国オーラルヒストリー学会（Oral History Society）設立大

会で，ポール・トンプソンは「オーラルヒストリーにおける方法上の問題について（Problems of Method in Oral History）」という題目で報告した。この報告で，トンプソンは「インタビューはあくまで数多くある方法の1つに過ぎない」と前置きしたうえで，「歴史学者がこれまで使ってきた史料と比較すると，インタビューの問題点は実際のところそれほど違うわけではない」（Thompson 1972: 1）とまとめ，口述史料の問題として指摘された点の多くは，文献史料にも当てはまると指摘した。トンプソンは，新聞，書簡，回想録，王立委員会による報告書（統計データ）を挙げ，どれも史料作成者による記憶違いやバイアスを免れないと指摘し，「私が強調したいのは，2種類の史料があって，片方は個人的で価値判断やバイアスがかかりやすく，もう片方は堅実で純粋だなどというきっちりした二分法があるわけではないということだ。あるのはせいぜい連続体である。そして，いかなる史料も，何ものにも汚染されていない事実として扱うべきではない」（Thompson 1972: 4）とまとめる。

　ここでポール・トンプソンが回答している事柄はどれも，オーラルヒストリーの弱点として指摘されたものは口述史料だけに当てはまる問題というわけではないと回答している点で，語られた内容の事実性をめぐる「防衛的な反応」（Abrams 2016: 6）といえる。この時点で，トンプソンは口述史料の主観性を大きな利点として強調してはいなかった。

　しかし，以下でグリーリが述べるように，オーラルヒストリー研究者（の一部）は，1980年代には史料の主観性をオーラルヒストリーの利点として強調し始めた。

　　こんにち，このような批判はある種の歴史学的な興味をひくとはいえ，オーラルヒストリーの方向性をほとんど変えなかっ

た。その方向性とは明らかである。オーラルヒストリーはより分野横断的になり，国際的になり，主観性に焦点を当てていった。そして，記憶やイデオロギー，神話，意識，アイデンティティ，欲望といった，主観性に帰属されるものを理解するために，インタビューとそのインタビュー中の言語の可能性を使うことに，よりいっそうの関心を寄せていった。(Grele 2006: 65)

　2016 年の時点で，エイブラムスは主観性とは「オーラルヒストリーそのもの（what oral history is）」であると主張している（Abrams 2016: 22）。この変化について，エイブラムスは，オーラルヒストリー研究者たちは，語られた内容の事実性をめぐる「防衛的な反応」から，「ある種の復元方法とは対立する分析的実践」（Abrams 2016: 6）として，方法論（エイブラムス自身の言葉でいうと「理論〔theory〕」）を変化させたと指摘している。その際に分析的実践の対象として主観性と相互行為，なかでも主観性が選ばれたと考えられる。

「主観」の問題化

　オーラルヒストリーに向けられた批判とオーラルヒストリー研究者による反批判を比較すると，以下の 2 点がわかる。まず，オーラルヒストリー研究者は向けられた批判のすべてに回答したわけではなかった。インタビュー中の相互行為がもたらしうる「バイアス」という問題については，オーラルヒストリー研究者はそれほど回答しなかった。政治運動の手段としてオーラルヒストリーを使っているのではないかという批判についても，研究者の専門性はどこにあるのかという問題提起についても，オーラルヒストリーはある種の反知性主義的「平凡教」ではないかという批判についても，私はオーラルヒストリー研究者側からの回答を見つけられなかった。

次に，1970年代から80年代にかけて，主観性と相互行為とは，オーラルヒストリーの方法論のなかで主たるものではなかった。オーラルヒストリーが主観的であるという批判が含まれるのはオファレルの論文1本のみであり，しかもそのなかで主観性は1度しか言及されていない（「私たちはイメージと，選択的記憶，そして完全なる主観の積み重なった世界に連れていかれる」〔O'Farrell, 1979: 8〕）。

　そして，オーラルヒストリーインタビューで語られた情報が「主観的」であることは，いわゆるエリートを対象とする政治史や外交史においては，それほど問題にならなかった。正確にいえば，非エリートを対象とした社会史的オーラルヒストリーにおいて，「主観性」は問題にされ，また研究者がそれに答えなければならないと考えた。その理由は，調査対象者の社会的地位と調査者との関係にある。

　これまで見てきたとおり，インタビューを通じて得られたデータには，何についての，どこまで信頼できるデータなのか，疑義が提起されてきた。しかし，それに際して「主観性（subjectivity）」という用語は使われていなかった。つまり，この「主観性」という語は，批判とは別のところからもたらされたと考えるのが自然だ。この用語はどこからきて，なぜこれほど強調されるのだろうか。

3　「主観性」で意味されていたもの

「主観性」の用例

　そもそも，問題となっている「主観性（subjectivity）」という言葉で意味される事柄とは何なのだろうか。エイブラムスは，主観性を「精神（mind）を媒介して何かを定義したり解釈したりする性質」

（Abrams 2016: 22）と定義している。正直なところ，私は精神を媒介せずに何かを定義したり解釈したりする活動を想像できないため，エイブラムスがこの定義によって何を説明しているのかわからない。

　グリーリは「記憶やイデオロギー，神話，意識，アイデンティティ，欲望」が主観性に属するといい，またこれらは「主体（sub-jects）の歴史的構成，つまり意識が歴史を構築し，また意識が歴史に構築される過程」として，新左翼的関心を引きつけたと述べる（Grele 2006: 59）。なぜイデオロギーや神話が主観性に属するのだろうか。階級意識がそうであるように，意識は集合的なものでもありうるのではないか。それとも，グリーリは——あとでアレッサンドロ・ポルテッリ[8]の発言が示すように——集合的主観なるものを想定しているのだろうか。

　リッチーは「コミュニティや会社法人，大統領や政権といったより大きな調査課題に関するインタビュイーの体験と見聞」を主観性の中身に挙げている（Ritchie 1993: 120）。「体験と見聞」が主観性の中身であるなら，語り手の体験談はすべて主観的であり，オーラルヒストリーインタビューで話されることはすべて主観的だということになってしまわないだろうか。私には，これらの定義は「主観性」について何も説明していないように思われる。

　それでは，問うべきは，なぜ彼らはこのような定義によって「主

---

8 Alessandro Portelli（1942-）：アメリカ文学者。ローマ大学ラ・サピエンツァ校で法学・英語学の学位を取得後，シエナ大学を経てローマ大学ラ・サピエンツァ校勤務。活動家によるフォークロア研究集団 Circolo Gianni Bosio を1972年に設立。主著に *The Death of Luigi Trastulli and Other Stories: Form and Meaning in Oral History*（1991=2016，朴沙羅訳『オーラルヒストリーとは何か』水声社），*The Order Has Been Carried Out: History, Memory and Meaning of a Nazi Massacre in Rome*（2003），*They Say in Harlan County: An Oral History*（2010）ほか。

観性」を説明したと考えるのだろうか，ということのほうだろう。これらの定義は，インタビュー中に語り手個々人から得られる情報（語り手の体験，見聞，記憶，イデオロギー，神話，意識，アイデンティティ，欲望，「精神を媒介して何かを定義したり解釈したりする」こと）を「主観性」と呼んでいる。これはまさに，エイブラムスが主観性を「オーラルヒストリーそのもの（what oral history is）」（Abrams 2016: 22）だと主張していることに一致する。

　エイブラムスらは，オーラルヒストリーが扱うものをすべて「主観性」と呼ぶ。これは，オーラルヒストリーはデータの偏りを招くという批判（と見なしたもの）を受けて，オーラルヒストリーで得られる情報のすべてを「主観性」と呼ぶことで対抗しているからではないか。言い換えれば，オーラルヒストリー研究に向けられた批判に——しつこいようだが，それらの批判は決して「主観性」（だけ）を問題にしていたわけではなかったにもかかわらず——対抗するための旗印として，「主観性」という用語を選んだのではないだろうか。

「主観性」と a shared authority

　ショウプスは，ポルテッリの *The Death of Luigi Trastulli* (1991) と *The Battle of Valle Guilia* (1997)，マイケル・フリッシュの *A Shared Authority* (1990) を挙げ，これらの著作からショウプス自身が深く影響を受けたことを認めつつも「私はフリッシュとポルテッリの著作があまりに多くの文脈で，あまりにしばしば引き合いに出されるので，まさかこれが人々の読む唯一の理論ではあるまいな，と思うことがある。しかも，彼らの著作はあまりにしばしば誤読されたり，単純化されて応用されたりする」（強調は原文，Shopes 2014: 265）と疑義を呈する。

では，このあまりにしばしば引用され，かつ誤読されたり単純化されたりする著作において，主観性とは何を指しているのだろうか。フリッシュの「a shared authority」，ショウプスが「オーラルヒストリーのマントラ」（Shopes 2003: 103）と呼んだこのフレーズは「ヨーロッパではポルテッリやパッセリーニが，また北米ではフリッシュやグリーリが，客観性の可能性に疑問を持ち，インタビューの関係における主観性を称揚し始めた」「語り手との関係に非常に反省的なオーラルヒストリーインタビュアーたち」（Thompson 2007: 61）といった説明に見られるように，「主観性」「客観性」「反省性」という，オーラルヒストリー研究の方法論に頻出する用語とともに紹介されている。

　フリッシュ自身によれば，「shared authority」という概念は，インタビューと回想というオーラルヒストリー調査の状況と，その結果生まれた研究成果をどのように公開し共有すべきかという2つの問題に答えるためのものだった。

　　他方の極では，パブリック・ヒストリーの新たなかたちが，専門家による学術的権威に対してある種のゲリラ戦を仕掛けていた。コミュニティ史や普通の人々が撮影したビデオ，労働者劇場（labor theater）やオーラルヒストリーの応用事例は，人々を勇気づける展望を与えた——これらはどれも，特定のコミュニティーに何かを還元する試みや，人々自身の経験を探求したり解釈したりする著者性（authority）を内側から生み出す試みだった。しかし，このような試みは，伝統的でオフィシャルな歴史学が，限られた人物や出来事だけを重要視してきたため，長年にわたって見えにくくされたり，政治的内容や含意を理由に，学術的知識のなかではっきりと無視されたり，反論を受けたり

してきた。(Frisch 1990: xxi)

　現在，フリッシュのこの問題関心は，shared historical authority あ
るいは sharing authority と言い換えられ，博物館や歴史研究施設が，
世間一般の歴史解釈に対して開かれるべきであるという目標を指す
ことが多い（Adair et al. eds. 2011: 12）。しかし，フリッシュは sharing
authority と shared authority の2つの概念を区別し，後者はオーラル
ヒストリーやパブリックヒストリーにおける史料の産出プロセスに
内在的な性質に注意を喚起するためのものだと述べている。

　　「著者性を共有する（sharing authority）」という構成（construc-
　tion）は，私たちが「する」こと，すなわち，［調査者と調査対象
　者という］「私たち」がともに著者としての性格を持ち，私たち
　はそれを共有しなければならないと示唆している。それに対し
　て「共有された著者性（shared authority）」は，「である」こと，
　つまり，オーラルヒストリーやパブリックヒストリーにおいて，
　解釈するのは［調査者である］私たちだけではないという性質
　を指す。むしろ，解釈し意味を作り出す過程は定義上，インタ
　ビューの対話的性質の中に内在している。（……）したがって，
　私は「著者性を共有する」ことにそれほど重きを置かない。む
　しろ，本来の性質に注意を払い，尊重しようと呼びかけている
　のだ。私たちは，私たちが生み出している記録（documents）が，
　すでに著者性を共有していると気づく必要がある。対話的な側
　面がどれほど見えにくくとも，それによって定義上「著者であ
　ること（author-ship）」も，したがって解釈上の「著者性」も，
　共有されているのだから。（Frisch 2011: 127-8）

ここからわかるのは，「shared authority」という概念が，オーラル
ヒストリー調査における相互行為と回顧という現象についても述べ
ているということだ。フリッシュは「オーラルヒストリーは，重要
でおもしろいことがあまりに自明なため，人々からまともに扱われ
てこなかった」（Frisch 1990: 8）と指摘する。アラン・ネヴィンズの
始めたアメリカのオーラルヒストリー研究は，「アーカイヴに保存
し公開することを前提にし，新たな情報を与えることが期待される，
エリート主義的な性質であることを隠さなかった」（Frisch 1990: 8）
が，「いわゆる「下からの（bottom-up）」アプローチは，オーラルヒ
ストリーにまったく異なる洞察——たとえば，個別でユニークな行
為のなかに共通の体験を見出すこと——を与えようと試みたものの，
いまだにオーラルヒストリーの役割や性質についてなんら明確な意
義を生み出していない」（Frisch 1990: 8）と批判し，次のように述べる。

　　われわれの多くは，よく考えもせず，オーラルヒストリーは
　2つのうちどちらか，あるいは両方のことをすると思い込んで
　いる。1つ目は，オーラルヒストリーが歴史的な情報や洞察の
　源として機能し，これまでどおりのやり方で，歴史的な一般化
　や叙述（narratives）に使えるというものだ。（……）他方で，オ
　ーラルヒストリーは歴史の解釈とそれに随伴するエリート主義
　的な文脈に伴う危険をバイパスする方法として理解されうる。
　オーラルヒストリーは，直接的な経験という，どことなくより
　純粋なイメージとともに，過去とより直接にやりとりする方法
　をもたらしてくれるかのように見えるのだ。つまり，このよく
　知られている2つの選択肢は，「歴史学以上のもの（more his-
　tory）」か「歴史学の否定（no history）」のどちらかであるとまと
　められる」。（Frisch 1990: 9）

歴史家にとって，記憶とは常に難物だとされてきた。なぜなら，歴史家は個人的・集合的想起にとって決定的に重要である主観性ではなく，それを超えた客観性という概念にコミットするからだ。普通，記憶が証拠として扱われる場合，学術研究によって裏づけられたり，あるいはその代わりに，説明可能な証言を超えた印象主義的全体像を得たりするためのものだと考えられている。どちらの理解も，私がここで言おうとしている側面を無視している——歴史的記憶が生まれるプロセスはそれ自体が研究の対象だ。過去はどのように私たちの人生と関わりがあったりなかったりするのか，あるいは逆に歴史的記憶が生まれるプロセスから，私たちや歴史について何がわかるのかといったたくさんのことが言えるだろう。(Frisch 1990: 21)

　フリッシュの提唱した「a shared authority」という概念は，しばしばオーラルヒストリーの著者は誰であるのかという，著作権や著者性に関する問題を提起したといわれる。しかし，実際にはフリッシュのこの概念は，インタビュー過程とその結果できあがった作品の2つに関して，それらを読み，聞く人々に注意を喚起するものだったといえる。一方で，その概念はインタビュー中に，語り手と聞き手が意味を作り出す過程それ自体が，歴史的記憶という探究課題になることを指摘した。その意味で，フリッシュの関心は，ポルテッリが「主観的」と呼んだような，個人の記憶が，現在どのように回想されるのかという問題関心を，共有しているといえるだろう。

「主観性」とユークロニア

　では，主観性というこの概念について，ポルテッリは何を述べているだろうか。ポルテッリは，「歴史研究者にとって，ほかの史料

にないオーラルヒストリー独自の貴重な要素とは，話し手の主観である。もし幅広く，工夫して調査するなら，集団や階級を横断する主観が立ち現れるかもしれない。口述史料は人々が何をしたかだけでなく，何をしたかったのか，何をしていると思っていたのか，何をしたといま思っているのかについて私たちに教えてくれる」（Portelli 1991=2016: 93）と説明する。ここにおいて「話し手の主観（subjectivity）」とは，話し手（語り手・調査対象者）の過去に対する理解と，その変化の過程を指している。これは「彼らの頭の中で何が起こっていたのか，彼らは物事をどのように考えていたのか」（MARHO ed. 1983=1990: 272）を意味している。あるいは，他の史料と照合できない情報や，語り手が実際には体験していないことを「まるであったかのように」語る場合，すなわち「人々が記憶を作り話に変える」場合が言及されているときもある。

　ポルテッリの研究はしばしば，人々が「何をしたかったのか，何をしていると思っていたのか，何をしたと思っているのか」を示す「作り話」を扱っている。ポルテッリは，1970 年代にイタリア中部で共産党活動家のオーラルヒストリーを収集した際，彼らの多くがしばしば，実際には起こっていない「ユークロニア」と呼ばれる架空の出来事について語ることに注目し，それを分析した。ポルテッリはその分析のなかで「主観性」という用語をほとんど用いていないが，「それらの話の中では，歴史上何があったかではなく，何があり得たか，何が起こるべきだったかが活き活きと語られ，現実より可能性に焦点が当てられる」（Portelli 1991=2016: 153-4）としていることから，このユークロニアはポルテッリが「主観性」と呼ぶものの実例だと考えてかまわないだろう。

　ポルテッリの調査対象者たちは，しばしば第二次世界大戦直後のイタリア共産党の方針転換に関係する回想のなかで，実際には起こ

っていない出来事を詳しく語った。ある語り手は、いわゆる「サレルノの転換」をめぐって、自身がトリアッティと論争した体験を語った。しかし、そのような「対決は存在しない」（Portelli 1991=2016: 55）。同じように、トリアッティ（あるいはその関係者）と自分自身（あるいは自分の親しい人物）が、サレルノの転換をめぐって争ったという語りは複数みられる。

　ポルテッリは、このユークロニアが複数の役割を果たすと指摘する。まず、党員たちのユークロニアは、共産党の歴史的行動に対する失望感を表現する手段である。次に、語り手である共産党員たちは、革命への希望を失い、抑圧しなければならなかったが、同時に党の方針に従わなければならなかった。ユークロニアは、党の失敗だと感じたものを別のかたちで表現することで、現実と「あり得た世界」の夢とを調停させる。

　　話し手は党への忠誠心を強調しようとしているのだが、主観的な願望は客観的な理性の下で燻り、認められたくて声を上げる。党が正しかったという事実と、歴史がおかしくなったと感じずにいられないという事実を、どうやって調停すればいいのだろうか？（Portelli 1991=2016: 166）。

　最後に、ユークロニアは「複雑な歴史の道のりを1つの事件に、複雑な状況をイエスかノーかの板挟みに還元してしまう。それによ

9　イタリア共産党書記長パルミロ・トリアッティによるイタリア共産党の方針転換。1944 年、トリアッティは亡命先のソヴィエト連邦から帰国し、バドリオ政権で副首相に招かれた。トリアッティは帰国の直後にサレルノで会議を開き、社会主義は即座に実現されるべき政策課題ではなく、イタリア共産党は他の政党と協力し民主主義的共和国を作るべきだと宣言した。

ってユークロニアは，語り手の自尊心と過去の意味とを救い，同時に共産党が危機の中で実際に果たした役割や党の長期的アイデンティティ・文化・戦略といったものを評価しにくくさせ，全て単なる戦術の水準へ引き下げてしまう」が，「［イタリア共産党を］戦術的に批判すれば，彼ら［語り手たち］は不満を口にしつつ，［共産党の歴史的妥協が個々の古参の活動家たちに与えた］深い動揺の源を取り除くことができる」（Portelli 1991=2016: 172）。

　ポルテッリによるユークロニアの分析は，「客観的な理性の下で燻」る「主観的な願望」に着目することで，イタリア共産党の戦後の方針が，当時の党員たちにもたらした失望感や，その失望感をもたらした共産党の体制を検討できることを示している。その検討の過程において，ポルテッリは語り手たちすら厳しく批判する。イタリア共産党幹部たちは，指導者層として語り手である一般党員たちを説得しつつ，党の無謬性を語り，党員たちの革命への夢を燻らせることによって責任を免れ，党内での地位と経済的な安定を手に入れた。党員たちは不満を語りつつ，状況を単純化させることで深い絶望感から逃れようと試み，結果として共産党の性質や基本政策を変化させず温存した。イタリア共産党が戦後，政権を獲得できなかったのは，イタリアの置かれた国際的な政治状況や，イタリア共産党の戦術的問題だけではなく，このような党員と幹部との共犯関係にも起因していた。

　ポルテッリのいう「主観性」とは，多くの場合，このユークロニアを指している。オーラルヒストリー調査で得られるインタビューのなかで，他の情報との関連が見出せない話や，「人々が記憶を作り話に変える場合」，そのような話をすべて，嘘や虚偽として切り捨てていいわけではない。ポルテッリにユークロニアを滔々と語った調査対象者の1人は，インタビュー時に高齢で病床にあった。彼

の話には事実関係について複数の誤りが含まれており，しかも調査が進むにつれてその数は増えた。彼の話を「年寄りの戯言」とみなすのは，きわめて容易だっただろう。しかし，その男性の「作り話」は，彼の頭の中で何が起こっていたのか，彼が物事をどのように考えていたのかを如実に示しており，それらを分析することによって戦後イタリアの政治運動の一面を描き出すことができる。類似した「作り話」を語ったのはその調査対象者だけではなかったし，仮にもしその男性1人だけが「作り話」を語ったのだとしても，その「作り話」が語られる歴史的条件を再構成することは可能かもしれない。

　ポルテッリがこのような事例を通じて扱っているのは，イタリアやアメリカにおける政治闘争の敗北を導いた内在的要因だ。我々は，あるいは彼らは，なぜ負けたのか。誰に，あるいは何に，負けたのか。そのような関心を持って，敗北した闘争を回顧し，ありえたかもしれない勝利を夢に見るがゆえに，ありえない体験や照合できない話を語る人々の語る事柄を聞くとき，聞き手は自らの探究の対象であるところの歴史的事実なるものの範囲を拡大する必要に迫られる。なぜなら，語り手が話す事柄は，実現しなかったにもかかわらず，歴史の一部を生み出したのだから。この調査対象者が語るその出来事は，実際のところまったく存在しないか，日付や経緯や結果といった詳細情報が間違っている。では，なぜこの話がこの調査においてなされているのか，この話をすることでこの語り手は何を達成しているのか。そのような観点からユークロニアを見るなら，それは嘘や作り話ではなく，それを語ることで何かを成し遂げる有益な手段である。

　ポルテッリにおいて「主観性」とは，「実際のところ，この出来事は起こっていない」と示しつつ，そこに着目することで新たな知

見を見いだすことのできる情報を指し示す用語である。歴史的な出来事の事実性を明らかにしたうえで，実際には起こっていない出来事を語るその発言が，何を伝え，何を成し遂げようとしているのかを問うための概念である。

引用と広がり

　オーラルヒストリーにおける「主観性」の強調は，具体的な調査の置かれた，具体的な問題に答えるものから，「オーラルヒストリーそのもの」を意味する概念へと変化していった。この変化の原因と様態を詳述することは，私の力量をはるかに超える。しかし，その背景となりうるいくつかの要因を指摘することはできる。「主観」対「客観」の対立は，歴史学の方法論をめぐるいくつかの議論と切り離せない関係にある。

　1つは，歴史研究における調査者の位置づけと，歴史研究の専門性との関係である。リッチーは，「社会史家たちは，オーラルヒストリー研究者はインフォーマントが話すことを全て受け入れていると批判してきた。彼らは，より真実の『人々の歴史』は，主観的な個人の証言にではなく，統計分析やその他の客観的なデータに基づかなければならないと論じる。どちらも，歴史家は後知恵や徹底した調査によって，それを生き抜いた人々よりも過去の出来事をはっきりと認識できるという前提を共有している」（Ritchie 2014: 10）と批判する。この「歴史家」の考えとはいかなるものなのだろうか。それは，主観対客観という図式に，どのように関係しているのだろうか。

　ゲオルグ・イッガースは，第二次世界大戦後の歴史学が，「客観的な社会関係」と「意識」すなわち「人間が自分の状況をいかに体験しているか」という，2種類のマルクス主義的歴史観に影響され

てきたと述べる。そして，後者への注目が，下からの歴史を生み出した主要な発想だとする。そして，マルクス主義に影響を受けた歴史家たちのなかで，「客観的な社会関係」を重視する「体系的な社会科学」に，「意味の連環」と意識を重視する「特殊歴史的なるもの」に注目する歴史叙述が取って代わったと述べている。(Iggers 1993=1996: 84, 93)。

　イッガースが指摘するところの歴史叙述の変化は，ミクロ・ストリアのみならず，ジョー・グルディとデイヴィッド・アーミテージが「短期的歴史」と呼ぶものも駆動した。イッガースは「日常史やミクロ・ストリアの歴史家たち」の主要な関心は「歴史を人間化すること，ヒューマンなものにすること」だったが，その関心は「巨大な過程から比較的小さな空間の歴史に向けて歴史叙述の対象を拡大することを要求し，歴史の叙述をより巨大な過程の枠組みにおける具体的な人間や小集団の中の人間の体験の歴史へ広げていくことを意味した」と述べる (Iggers 1993=1996: 97)。

　グルディとアーミテージは，歴史学の文化論的転回は，反抗者を自認する若い歴史家たちにとって，「個人的な解放のようなもの」であり，「古き世代の歴史家たちに対する若い歴史家達の反乱は，レトリックにおいて，同じ 1960 年代末から 70 年代の若者達による反戦，自由言論，反人種主義の運動に似ていた」(Guldi and Armitage 2014=2017: 63)

　グルディとアーミテージが指摘するような，新左翼的反乱と歴史叙述との関係は，オーラルヒストリーにおいても指摘されている。以下でグリーリは，オーラルヒストリーの「転回」でしばしば指摘される主観性と相互行為への関心は，「新左翼の主観性／主体性 (subjectivity) への関心から生じた」と述べている。

インタビューの中で表現されている過去と，インタビューが行われている現在との関係は，どのような性質のものなのだろうか。インタビュアーとインタビュイーとのやりとりは，この関係をどう変化させ，あるいは決定するのだろうか。どうすれば，インタビュアーは過去に起こったことの単なる説明以上の，緻密で複雑な精神的再構築を理解できるのだろうか。これらの問いをめぐる議論はきわめて複雑で入り組んでいるが，手短かにいえば，これらの問題は新左翼の主観性／主体性への関心から生じてきた。イデオロギーや記憶，意識，神話など，インタビュアーとインタビュイーがインタビュー中に表現する精神生活上の主観的な領域だけではない。主体（subjects）の歴史的構成，つまり意識が歴史を構築し，また意識が歴史に構築される過程である。（Grele 2006: 59）

　エイブラムスは，オーラルヒストリー研究が注目する主観性／主体性を「個人の自己感覚の構成要素，その人の経験・知覚・言語・文化によって形成された個人のアイデンティティ」と定義し，その定義が「構造主義的解釈から，個人のエイジェンシーに力点を置くものへと移り変わった」（Abrams 2016: 55）と述べている。ここでいわれている構造主義的解釈が構造主義的マルクス主義だとは思われないが，「subjectivity」を単に「主観性」と訳すことによって見落としてしまう議論があることは留意しておきたい。
　客観／客体から主観／主体へ，長期的過去から短期的過去へという歴史叙述の変化は，歴史学の専門化に新たな方向性をもたらした。イヴァン・ジャブロンカは，18 世紀末から 19 世紀にかけて，碑銘学・古銭学・印章学といった歴史研究の技術が体系化されたのは偶然ではなく，歴史学は文学ではなく科学になることを，ジャンルと

して選択したからだと主張する（Jablonka 2014=2019）。

20世紀前半，マルクス主義的なものであれ，それに反発するものであれ，法則は歴史学の科学性を担保する役割を担った。しかし，この状況は1960年代から70年代において変化する。1つは長谷川貴彦が指摘する，アカデミズム内部での「科学的傾向」の強化を背景にした歴史社会学の成立と「歴史学における社会史研究パラダイムの確立」（長谷川 2016: 7）である。他方，グルディとアーミテージは，短期的過去の隆盛が歴史学の専門性を評価しやすくさせ，その結果として，歴史学を学んだ学生に大学・研究機関での職を得やすくさせたと指摘している（Guldi and Armitage 2014=2017: 63-6）。

第二次世界大戦後，歴史学はそれぞれの国で異なった方向を歩んだ。「フランスでは人間の意識下での構造，イギリスでは民衆の主体性が社会史の重要なメルクマール」だったのに対し，ドイツでは「社会の構造の歴史的変化こそが重要」だとされた（矢野 2006: 156）。アメリカでは1950年代から60年代前半を席巻していたコンセンサス学派に代わり，新左翼による修正主義史観が唱えられつつあった。[10]リン・ハントは，20世紀の歴史学にマルクス主義，近代化論，アナール学派，アイデンティティの政治という4つのパラダイムがあったこと，そして文化理論に基づく歴史学（文化論的転回）はそれらを批判してきたが，現在は活力を失いつつあることを指摘している（Hunt 2014）。

それぞれの国において，歴史における個人の主体性／主観性（subjectivity）という概念は，マルクス主義とその再解釈のなかで，過度なまでの意味を担わされた。あるときには革命を志す階級意識

10　歴史学における修正主義は，右派的なものにかぎらない。周縁的とされてきた集団や地域の歴史に焦点を当てることや，新たな史料や史料の読解によって既存の歴史認識を修正するものも含まれる（歴史学研究会編 2000）。

として，あるときには民主主義を積極的に担う熱意として，あるときには他の史料と整合性の取れない情報を一貫した理解のなかに組み入れる手段として。1980年代には，北米とヨーロッパで隆盛した物語論と，いわゆる言語論的転回は，歴史学という研究それ自体の成立可能性に疑義を呈した。そして現在，主観性は歴史における「主体」の問題として（長谷川 2016）歴史学の話題であり続けている。

　これらはどれも，戦後の歴史学が（すなわち，もはや国家の正当化の手段ではなくなった歴史学が，自らの学術的地位を正当化するために）科学的であろうとした運動や，歴史学における科学性とは何であるのかという問いに答えようとした苦闘の跡である。オーラルヒストリーにおける主観性（subjectivity）という語の意味は，このような文脈に置き戻して理解されるべきだろう。

4　結　論

　この章では，オーラルヒストリーの方法論における「転回」を検討した。しばしば，オーラルヒストリーの方法論は，1970年代から80年代にかけて転回したといわれてきた。その転回とは，オーラルヒストリー研究が「主観性（subjectivity）」と相互行為に注目するようになったというものだった。

　しかし，実際に出版されているオーラルヒストリーの論文や書籍で，主観性に注目していると思われるものは，多くとも全体の1割程度だと推定される。つまり，論じられているほどには，オーラルヒストリーは「転回」していない。

　では，話題となった1970年代から80年代にかけて，オーラルヒストリーの何がどのように批判されたのか，そこで主観性はどのて

いど話題になっていたのかを検討したところ，主観性は数ある批判点のなかの1つでしかなかった。主観性は批判されたことによって強調されたのではなく，オーラルヒストリー研究者が積極的にその価値を見出し喧伝したことによって「転回」の内実とされたといえる。

さらに，主観性という言葉が何を指すのか検討したところ，日常的な意味における「主観」とは異なる意味でも用いられていることがわかった。調査で得られる情報のすべてを「主観性」と呼ぶ場合もあるが，（調査者の知りえない）調査対象者の歴史理解とその変化，他の資料と照合できない情報や「作り話」が，「主観性」の内実だった。

しかし，調査された時点の時代状況に拘束された「主観性」の特殊な用法は，受容されるなかで，別の役割を与えられた。それは，歴史学者の立場や歴史学の専門性を問う用語になったり，新たな分野を歴史学というディシプリンのなかで確立していく運動の道具になったり，歴史学という学問の成立条件を疑う根拠になった。オーラルヒストリー研究の多くは「転回」したとは言いがたいにもかかわらず，「転回」なるものがあった，いまはその「転回」の後である，と言わなければならない理由は，歴史学とオーラルヒストリーの置かれた歴史的状況にある。

ところで，「転回」の内実として示されていたものは主観性以外にもう1つあった。調査過程における調査者と調査対象者とのやりとりである。これについて主に回答しようとしたのは，歴史学的というより社会学的な分析を行うオーラルヒストリー研究者（あるいは社会学者）たちだった。オーラルヒストリー調査における相互行為がなぜ，どのように「転回」の中心として注目され，それがどのような問題をもたらしたか——次章ではこの問題を検討する。

第 3 章

内容と方法

オーラルヒストリーと相互行為

1　社会学とオーラルヒストリー

インタビューという方法の問題化

　リン・エイブラムスは,「オーラルヒストリーは,歴史学の調査のなかで,研究者がインタビュイーと協力して自分自身のための史料を作り出す,ただ一つの分野である」(Abrams 2016: 24) と指摘している。インタビューを通じて,研究者が自分の史料を作り出す行為は,オーラルヒストリーという手法の特徴でもあり,また 1970年代から 80 年代にかけて,オーラルヒストリーが批判された際に論点の 1 つとなった。第 2 章で見たとおり,アリステア・トンプソンは「1970 年代におけるオーラルヒストリーへの批判の中心」は,記憶が「身体的衰えや高齢者のノスタルジア」「インタビュアーとインタビュイーとの個人的バイアス」「集合的記憶や回顧上の見解」の 3 つによって歪められているというものだった,とまとめている (Alistair Thompson 2007: 53)。

実際，アリステア・トンプソンが批判者として引用するウィリアム・カトラーやパトリック・オファレルは，オーラルヒストリーは調査対象者の選定において，またインタビュー調査を行う時点におけるインタビュアーとインタビュイーとのやりとりによって，回答に偏りをもたらす恐れがあるとして，次のように警告した。

　　インタビュアーは常に自身のバイアスを知り，可能な限りそれを隠すべきだ。偏見に満ちた発言，強い語調，時には単なる肯定すら，過去に関する回答者の説明を歪めうる。インタビュアーも自分自身のバイアスによる間違いにさらされる。なぜなら，もし自分自身の視点を十分にわかっていないのなら，自分だけの思想信条や前提に合うように，質問を切り詰めてしまうかもしれないからだ。(Cutler 1970: 3)

　　オーラル・ヒストリアンは創造的かつ自由に，異なる見解や価値観を持つ，骨の折れる人と話すことを避け，価値がないと思った質問や，自分には思いつかないような質問は，当然ながら無視することができる。なんとまあ人間的なことだろう。これほどまでの「創造性」は，文書化された史料を扱う歴史家には通常なら得られない。専門家としての誠実さ（そして，党派性や無能さを指摘されることへの健全な恐怖心）が，利用可能な史料を網羅しようとしたり，自分とは異なる立場からの表現に対処したりすることを，余儀なくさせるからだ。(O'Farrell 1979: 5)

　これらの批判からわかるとおり，オーラルヒストリーはデータの「主観性」だけでなく，「研究者がインタビュイーと協力して自分自身のための史料（sources）を作り出す」点もまた疑問視された。そ

の批判に答えるために，オーラルヒストリー研究者たちは，インタビューにおける調査者の立場性や，執筆過程における著者とは誰であるべきかを議論してきた。オーラルヒストリーの教科書や論集のなかには，ダニエル・ベルトーやケン・プラマー，ノーマン・デンジンといった社会学者がしばしば引用されるのは，インタビューという手法が導く相互行為という問題に，オーラルヒストリー研究者たちが答えようとしてきた結果でもあるだろう。

伝記的研究とオーラルヒストリー

　まず，社会学における伝記的研究（ライフヒストリー，ライフストーリー，バイオグラフィ，生活史研究，等々を合わせて，本書ではこのように呼ぶこととする）はどのようなものだと理解されているのだろうか。

　伝記的研究を扱ったレビュー論文や教科書などでは，社会学・社会調査における伝記的研究の歩みについて，ほぼ同じ事柄が書かれている。すなわち，1920 年代から 30 年代にかけて，アメリカはシカゴ大学で伝記的研究が隆盛し，ウィリアム・I. トマスとフロリアン・ズナニエツキによる『ヨーロッパとアメリカにおけるポーランド農民』やクリフォード・ショウによる『ジャック・ローラー』といったモノグラフが出版された。1940 年代以降，伝記的研究はいったん衰退したが，1970 年代後半になってふたたび採用されるようになり，その後は質的研究の重要な分野として発展してきた，というものだ（Breckner and Massari 2019: 4-5）。

　2022 年 10 月現在，SCOPUS で oral history/biography/life history が含まれる論文を，humanities/social sciences に分類される書籍・論文・章に限定して検索すると，5 万 5452 本が該当する。年代別に見ると，1970 年代は年間 50 本程度，80 年代には 70 本程度，80 年

代に100〜120本程度，90年代後半に200本台，2000年代に300本程度から2000本に増えたことがわかる。[1]第1章でも見たとおり，オーラルヒストリーは世界各地でいろいろな目的のもと，政治学，美術史，地方史，教育史など，さまざまな分野に取り入れられてきた。そして社会学では，オーラルヒストリーは質的社会調査の方法（あるいはそれに類似したもの）として取り入れられた。その背景には，主に1970年代以降，従来の社会調査の方法に対して，疑問が提起されてきたことが挙げられる。かつて支配的だった（とされた）「科学的」あるいは「実証主義的」方法に代わって，新たにどのような方法がありうるかと，英語圏でも日本においても，社会学者たちは議論した。そのなかで，オーラルヒストリーは社会調査の1つとして取り入れられた。取り入れられた理由の1つは，オーラルヒストリーがインタビュー調査という，社会調査の1つと共通の手法によっていたからだ。そして，オーラルヒストリー研究者たちが答えようとした「主観性」という課題は，社会調査においてはインタビューをどのように扱うかという問題として浮上した。その結果，社会調査，なかでも伝記／個人史（biography），生活史，ライフヒストリー，ライフストーリーと呼ばれる調査手法は，オーラルヒストリー研究における「主観性」の問題と，インタビュー過程におけるやりとり（相互行為）の問題を，ともに引き受けることになった。

　伝記的研究がどのような背景を持って，どのように発展してきたのかについては，地域ごとに違う。この章では，オーラルヒストリ

1　なお，humanities/social sciences ではなく sociology に限定すると，該当する論文・書籍・章の本数は9658本に減る（Web of Science では sociology/social issues/social science interdisciplinary で同じ語を検索した結果の合計が6136本）。この場合，1926年から58年までは1年間に1本，60年代には年間2本，70年代に年間2〜12本，80年代に8〜29本，90年代に30〜94本，2000年代に88〜444本，2010年代に506〜708本と次第に増加する。

ーと社会調査の関係，またインタビュー調査における過去の説明の位置づけについて，日本と欧米（英米仏）の議論をごく簡単に整理し，社会学者たちは，オーラルヒストリーあるいは伝記的研究において，どのように「語られた過去」と「過去を語るいま」との関係を述べてきたのかを検討する。そして，方法論をめぐる議論の前提となっている発想が，オーラルヒストリーの内容と方法を別のもの（対立するもの）とみなす点にあることを指摘する。

2　各国での議論

　『ジャック・ローラー』や『ポーランド農民の生活』がしばしば挙げられるように，社会学において，家族や親族集団，移民集団などを対象としたインタビュー調査は，第二次世界大戦以前から行われていた。社会学において，個人の体験談を収集する方法は，さまざまな用語で呼ばれている。伝記（個人史，biography），生活史，ライフヒストリー，ライフストーリーなどがそれに当たる。ダニエル・ベルトーとマーティン・コーリは，1984 年に刊行された論文のなかで，アメリカ，ポーランド，ドイツ，イタリア，スペイン，ブラジル，メキシコといった各国で，1970 年代後半から伝記（biography）研究が行われていると報告している（Bertaux and Kohli 1984）。このような研究者のネットワークを接続して，1984 年には，ベルトーが中心となって国際社会学会（International Sociological Association）に Research Committee38（Biography and Society）が設立された。RC38 は「個人の人生と，それを形づくり，またそれが貢献する社会構造や歴史的過程との関係，そして伝記的経験の個人的な説明（人生譚や自伝など）との間の関係について，理解を深めることを支

援すること，国内・地域・国際レベルでこの分野の会合を促し，社会学であろうと他の分野であろうとこの分野の発展に関する情報を発信し，この分野で働くすべての学者の間につながりを構築すること」(RC38) を目的に掲げている。

　伝記的研究は主にフランスとドイツで，それぞれやや異なる方針のもと発展してきた。またアメリカでは，社会学というよりも博物館学やオーラルヒストリーにおいて，インタビュー時の相互行為や著者性に関する議論が発展した。

イギリス——グラウンデッド・セオリー・アプローチからシンボリック相互作用論へ

　イギリスで初期のオーラルヒストリー研究を主導したポール・トンプソンは，調査時のインタビューがもたらしうるさまざまな問題についても回答している。その回答の1つは，社会調査，とくにサンプリングの方法とグラウンデッド・セオリー・アプローチを利用することによって，調査対象者の偏りやインタビューデータの恣意的解釈を防ぐことが可能だというものだ。英オーラルヒストリー学会 (Oral History Society) の設立大会で，ポール・トンプソンは次のように主張した。

　　いずれにせよ私は，場当たり的な方法よりは，ある種のサンプリング戦略を発展させる必要があると考える。グレーザーとストラウスが近年，刊行した『グラウンデッド・セオリー』(1967) で説明しているような「サンプリング理論」のような戦術的方法を。彼らは社会史家にとっても適切なアプローチを論じている。他にも，利用する価値のあるサンプリングの方法がある。たとえば，同じ家族の成員にインタビューするような，

パーソナルグループというアプローチもある。結婚したカップルにインタビューし，彼らの友人や近隣住民を「雪だるま式」に追いかける方法もある。そうすれば彼らの社会生活の図を描くことができるだろう。これはどちらかといえば人類学者の用いるテクニックだが，社会史家にもきわめて役に立つ。
(Thompson 1972: 31)

　この発言に続けて，ポール・トンプソンは「代表割当抽出法を用いれば，幅広いパターンを見出せる」(Thompson 1972: 38) と述べている。トンプソンがサンプリングおよびデータの分析に際して，グラウンデッド・セオリー・アプローチを提案した背景には，おそらく同時代に共同研究を行っていた，フランスの社会学者ベルトーの影響も見出せるだろう。トンプソンはその後，ベルトーらとともに，世代間の階層移動を個人史・家族史のインタビューから検討する，英仏国際共同研究を行っている (Bertaux and Thompson 1993; Bertaux and Thompson eds. 1997)。トンプソンとベルトーは，自分たちの関心が資本の世代間移動における家族の役割にあると宣言し (Bertaux and Thomson 1993: 1)，同時に，家族史オーラルヒストリーを行うにあたって，中国における改革・開放経済の導入とソビエト連邦の崩壊が重要な契機だったと述べる。なぜなら「この2つの全体主義体制が幾度も破壊しようと試みたのは，家族と記憶の2つだったことは特記すべきだ」からだ (Bertaux and Thompson 1993: 5)。
　テリー・ブリンクは，ベルトーが1981年に公刊した *Biography and Society* を評して，オーラルヒストリーと社会学とは，「オーラルヒストリーの研究者は，質的社会学（および人類学）の研究者にインタビューの実施方法についての指針を求めてきた」点，「インタビューは単なる歴史的出来事の回想ではなく，目撃者／参加者の

社会文化的文脈を反映した個人的な証言であるため，証言を適切に評価するためには，この文脈についての知識が不可欠である」点，そして「この種のオーラル・ヒストリーが社会階級や運動に関する追加情報を提供し得る」点の3点において関係していると指摘している（Brink 1984: 189）。オーラルヒストリー調査を行うにあたって，インタビュー対象者の選定，調査人数の決定，質問の設定といった調査計画と，実際のインタビューの場でどのように振る舞うかという2点に関して，オーラルヒストリーと社会調査，なかでも個々人の伝記（ライフヒストリー，ライフストーリー，生活史）を扱う社会調査は，お互いに影響を与えあってきたといえる。

　調査の場で行われる過去の回想と，過去に起こったと考えられること，そして調査対象者（回答者）と調査者との関係については，デンジンとプラマーが議論した。1990年，デンジンは *Symbolic Interaction* 誌上で "The Place of Postmodernism" という論文を発表した。デンジンは，プラマーが語り手の語ることを経験それ自体と同一視している点を問題視し「自らのテクスト解釈が，語った者（author）にとっての，そのテクストとテクストの意味に取って代わることを認めているが，彼は語った者の声を超えて，自らの声を特権化したままでいる」（Denzin 1990: 149）と批判する。デンジンは，過去の「オリジナル」な経験と，それを説明した発話とを別個のものとみなし，後者は調査者と調査対象者が調査の場で共同で構築したものであると論じた。

　これに対して，プラマーは「デンジンと私は同じような課題に取り組んでいる」（Plummer 1990: 159）としつつ，「ライフストーリー研究は，理想的には，生産者，説得者[2]，読者，生産物，文脈といった

2　調査者のこと。

ものを理解させるものになるだろう。これらすべては，私たちが立ち戻らねばならない「経験的世界」としての役割を果たしている。デンジンは，私がこれらを全て打ち棄てるのを望んでいるように思われる。しかし，そうしてしまうと，相互行為の核心をなす問題が，単純化されたり問題化されたりすることなく放置されてしまうだろう。」(Plummer 1990: 158-9) と回答した。すなわち，デンジンによる，過去のある時点における「オリジナル」な経験と，調査が行われた時点での発話とを別個のものとみなしうるという発想が「単純」だという指摘だ。このやりとりは，プラマーのこの回答によって収拾したと見られる。新田貴之が「デンジンがプラマー批判をすることによって，実はブルーマー批判を行っている」(新田 2007: 172-73) と評するように，デンジンにとって主な関心はハーバート・ブルーマーを対照しながら自らの研究方針を明らかにすることだったといえる。

フランスとドイツ──伝記的研究リバイバル

　この節のはじめに述べたとおり，ヨーロッパの社会学において伝記的研究を牽引した一人はフランスのダニエル・ベルトーだった。クロード・ドゥバルとサンドラン・ニクールが紹介しているように，伝記的研究は民俗学 (ethnologie) と人口学から影響を受け，ライフコース研究の一環として始まった (Dubar and Nicourd 2017: 17)。「ライフコース研究の主要な関心の 1 つは，人生の道筋で生じる出来事に対する，マクロな社会変動や社会文化的文脈の影響を問うことにある」(岩井 2006: 14)。ベルトーとともに伝記的研究のレビューを著したコーリがライフコース研究を専門としているのは偶然ではない (Kohli 2007)。ピエール・ブルデューのハビトゥスと界の概念も，また「人生の道筋 (trajectory)」を明らかにしようとするライフコース

研究と無縁ではないとドゥバルらは述べる（Dubar and Nicourd 2017: 29）。すなわち，たとえば「父方と母方が異なる社会階級の出身だった場合」「移民のように異なる 2 つの文化によって社会化される場合」「世代内・世代間で父方・母方のそれぞれが階層移動を果たす場合」といった複雑な事例において，伝記的研究はライフコースにおけるさまざまな転機を体験者から具体的かつ詳細に聞くことを可能にする。

　ベルトーの関心は，「社会構造関係」を明らかにすることにあった。そのため，ベルトーは分析にあたって，グラウンデッド・セオリー・アプローチに由来する「飽和」という語を用い，次のように述べている。

　　10 人程度インタビューしたあとから，パン屋になる条件は，社会関係の水準において，それほど変化しないように思われた。そのあとのインタビューは，細部において多様ではあるものの，すでに見出された条件を強化しただけだった。これこそ私たちが「飽和現象」で意味していることだ。（……）飽和というこの現象は，私たちのアプローチの認識論的な鍵を握っている。飽和がなければ，限られた事例から一般化することを正当化できない。逆に，一般化できると考えるのは，飽和という現象そのものが原因ではなく，特定のレベルの社会構造関係の効果として，繰り返し飽和が起こっていると解釈できるからだ。それは単なる発話の繰り返しや，ステレオタイプな意見の繰り返しではなく，実践や一連の行為，意識的な戦略（結婚の例を見よ）の繰り返しである。この人の人生にも，あの人の人生にも見られる繰り返しは，社会構造関係の水準における効率性の，見紛うことなき兆候である。（Bertaux and Bertaux-Wiame 1980: 208，強調原文）。

ベルトーが牽引した伝記的研究は，ドイツでさらに発展すること
となった[3]。ドイツ社会学会に「伝記調査（Biographieforschung）」のワ
ーキング・グループが設立されたのは 1979 年で，1986 年には独立
したセクションとなった。また，ドイツのマックス・プランク人間
発達研究所には 1981 年以来，旧西ドイツからドイツ再統一後まで
の期間に収集された約 1 万 4000 人のライフヒストリーが収集され
ており，「ライフコース研究の枠組みによって，20 世紀後半のドイ
ツ社会の変動を研究できるデータ」（岩井 2006: 18）だといえる。
　しかし，ドイツの伝記的研究はまず，データ収集時に「スパイや
犯罪捜査に近い」方法が取られていると批判され（Apenvitz and In-
owlocki 2000=2005: 8），次にいくつ事例を集めれば意味があるのか，
どうすれば知見を一般化できるのかが問題になった（Apenvitz and In-
owlocki 2000=2005: 9）。社会変動が個人によっていかに経験されるの
かを明らかにすることを当初の目的としていた（Breckner and Massari
2019: 5-6）が，次第に「社会構築主義や新たに勃興しつつあった物
語論（Recoeur 1984; Bruner 1987; Kohler Riessman 2008; Stanley and Temple

---

3　他方，ドイツの民俗学では，オーラルヒストリーと伝記的研究プロジェク
トとアーカイブ化が進められてきた。第 1 章で述べたとおり，ドイツ民俗学
は歴史学とともに被追放者の生活史・個人史を村落単位で収集してきた。森
明子によれば，ベルリン・フンボルト大学で 2002〜3 年の冬学期に開講され
た基礎ゼミナールの共通シラバスには「伝記インタビューとオーラルヒスト
リー」という学習項目が設定され，文献にケン・プラマーによる *Documents
of Life: An Introduction to the Problems and Literature of a Humanistic Method* が
挙げられている（森 2009: 414）。アルプレヒト・レーマンは 80〜130 人から
「人生史」を収集し，「日常の語り（Alltägliches Erzählen）」を通じて「意識
分析」を行っている。法橋量によれば，レーマンは都市化と近代化によって，
口承文学の伝統的なジャンルに含まれない新たな語りが発生していると指摘
し，新しい語りを「日常の語り」として対象化した（法橋 2018: 15-16）。ま
た口承文芸研究を語り研究（Erzählforschung）と同じものであるとみなして
現代社会を扱っているとも指摘されている（西崎 2020: 5）。

2008; Andrews et al. 2013) に基づいた概念を取り入れ，構造的思考を強めた。人生譚やその他の伝記的記録は，そのまとめられた表現（articulation）と独立した人生の複写物だとは考えられなくなった。その代わり，人生について話したり語ったりすることは，実際に伝記的形式が生まれる領域だと考えられるようになった」（Breckner and Massari 2019: 7）。

　ドイツに伝記的研究を移入した人物として知られるのはマーティン・コーリだが，ドイツにおける伝記的研究の発展に寄与した人物として挙げられるのは，フリッツ・シュッツェとガブリエレ・ローゼンタールである。シュッツェは「伝記的過程構造（biographical process structures）」（Schütze 2008: 188-202）や「軌跡（trajectory）」（Riemann and Schütze 1991）といった概念によって伝記を記述する方法を提唱した。その狙いは「過去・現在・未来への見方が，個人の人生について伝えるなかで相互にどのように関係しているのかを理解し再構成するとともに，個人の人生に起きたことを詳しく話すなかで変化することを突き止められるように」（Breckner and Massari 2019: 7-8）することだった。さらに，ローゼンタールはナチス親衛隊参加者やユダヤ人虐殺サバイバーの生活史を通じて，「生きられた人生」と「語られた人生」との関連を分析してきた（Rosenthal 1993: 2）。ローゼンタールは個人の伝記的語りを分析する詳細な一連の質問リストを提示し（Rosenthal 2004=2005: 30-38），「なぜこの人はこの発言をこのような方法で述べたのか？」「語り手は何を提示しているのか？何が語られていないのか？」「この語りの主題は何か？」（Rosenthal 2004=2005: 45）といった問いから，語り手が人生の特定の時点におけるインタビューで，実際に体験した事柄のなかから何を取捨選択しどのように答えたかを明らかにしようとした。さらに，ローゼンタールは「個人の経験と集合的枠組みの関係を再構成し，一般的知

見を作ることを目指す」（Rosenthal 2004=2005: 53）と述べる。

　20世紀末に入ると，自伝的回想と歴史的な事実との関係について，RC38のなかで議論が起こった。小林多寿子は，この際の議論がベルトーのいう「リアリスト」対「アンチリアリスト」という対立図式の背景にあると指摘している（小林 2003: 222）。1996年末，ベルギーの社会学者ティエリ・コチュトはRC38のニュースレターに短いエッセイを寄稿した。そのエッセイで，コチュトは「現在の状況に応じて，過去の歴史の意味は変化する。現在の時点で本当であることは，未来においても，少なくとも主体が予想する未来においても，同じように本当だろう。結果的に，ライフストーリーが提示しているのは現在，あるいは予想された未来についての歴史であり，必ずしも過去の歴史とは限らない」（Kochuyt 1996=2005: 126）と述べ，伝記的回想の語りと過去の出来事との関係に疑義を呈した。これに対して，ベルトーは長い反論を寄せ，その後も書籍や論文のなかで批判を続けた。ベルトーによれば，アンチリアリストの立場に身を置く研究者は，「自伝やライフストーリーインタビューは興味深いテクストあるいは談話の産物だが，それらはインタビュイーの現在の考えや価値観，世界観，当然とみなしている前提，自己同一性の感覚，さらにはその文化における語りのパターンやインタビューの状況それ自体についての情報しか教えてくれないと主張する」（Bertaux 2003: 47）。

　この論争は，シュッツェやローゼンタールが答えようとした，「いくつの事例を調査すれば十分なのか」という問題にも飛び火した。ベルトーは，コチュトに反論した際に「単独のライフストーリーは心理学者やナラティヴィストや社会言語学者の好みかもしれないが，社会学的価値はない」（Bertaux 1996=2005: 129）と述べたが，それに対してローゼンタールらは，ベルトーが「一事例＝心理学的，

複数事例＝社会学的」という「社会とは何かについてあまりにも単純な図式」(Fischer-Rosenthal and Rosenthal 1997=2005: 151) を提示していると批判した。この対立は平行線のまま終わった。その理由は，ベルトーが「繰り返し」，すなわち類似した語りを多く集めることによって，特定の集団の「存在領域 (milieu)」や「社会構造関係」を明らかにすることに関心があるのに対して，ローゼンタールらが「語られたライフストーリー」と「経験されたライフヒストリー」との比較による「社会とライフヒストリーとの関係」(Rosenthal 2004=2005: 53) に関心があることによる，伝記的研究を通じて何を明らかにするのかという問題関心の違いによるものではなかっただろうか。

アメリカ──伝記的研究の草創と停滞

先に述べたとおり，シカゴ学派の隆盛以後，現在にいたるまで，アメリカ社会学で伝記的研究は主流の調査方法だとはいえない[4]。

ハワード・ベッカーは，伝記的研究がアメリカ社会学において衰退した原因として，大きく3つの点を指摘している。1点目は社会学が社会心理学から分離していく際に，「人 (person) の生活や経験の中に現れる要因よりも『構造的』変数や機能分析に焦点を当てた」(Becker 1970: 72) ことである。2点目は，それに関連して，「社会学者は抽象的な理論の形成に関心を持つようになり，特定の組織やコミュニティの全体像を詳細に説明することには関心を持たなく

---

4 ダラード (Dollard 1935)，ポランスキー (Polansky 1941)，オルポート (Allport 1942=2017) といった心理学者たちは，個人的ドキュメントや生活史 (life history) を心理学的研究に利用する方法論について議論した。これらの検討のなかには『ポーランド農民の生活』や，それに対するハーバート・ブルーマーによる批評 (Blumer 1939) も含まれている。

なった。社会学者は，研究対象とされた人々に最も適切な（relevant）カテゴリーではなく，社会学者自身の理論による抽象的カテゴリーによって定式化されたデータ（data formulated in the abstract categories of their own theories）を求めるようになっていった。そして，ライフヒストリーは前者の課題には適していたが，後者の課題にすぐに使えるようには見えなかった」（Becker 1970: 72）ことだ。

　他方，ポール・ルーケンとスザンネ・ヴォーハンは，「1970 年代には，社会学におけるオーラルヒストリーは主観的なものを明らかにすることと固く結びついていた。アメリカのマルクス主義者と同様，社会構造に焦点を当てる社会学者は主観性に関わる技法を避けがちであった」（Luken and Vaughan 1999: 420）と指摘しつつ，「歴史社会学はオーラル・ヒストリーの技法にほとんど影響を与えていない。また，歴史社会学の分野では，ライフヒストリーの技術を利用していない」（Luken and Vaughan 1999: 420）と批判する。さらに，ベッカーと同様「研究対象とされた人々に最も適切なカテゴリー」と「社会学者自身の理論による抽象的カテゴリー」との関係をめぐって，「オーラルヒストリーを用いる社会学者は，歴史的瞬間に対象者を位置づけたり，史料を用いて対象者を文脈化したりしている場合があるものの，対象者が歴史の作り手，語り手，書き手として書かれているわけではない」（Luken and Vaughan 1999: 420）と，当時の歴史社会学の業績を批判する。

　イヴォー・グッドソンは，20 世紀後半におけるアメリカ社会学の歴史的展開に伝記的研究を位置づけ，次のように述べる。

　　社会学のおおよそ半世紀にわたる展開は，ライフヒストリー法に多くの示唆を与えてくれる。まず，社会学者が社会科学的に一般化可能な事実を追究し，抽象理論の発展を真剣に追究し

始めたため，ライフヒストリー研究には重大な方法論的欠陥があると見なされるようになった。さらに，ライフヒストリー研究はしばしば，単に「物語を語る」だけのものに見えたため，学術的・科学的研究としてのライフヒストリー研究の地位が一般的に低いことと相まって，方法論上の懸念はさらに高まった。逆説的だが，社会学の経験的モデルに対する対抗策が発達したときでさえ，それらは相互行為論やエスノメソドロジーという，どちらも個人史や社会的背景より状況や出来事（occasion）を強調するものだった。さらに，これらの新たな手法もまた，自分たち自身の地位を獲得しなければならなかったため，ライフヒストリー法はその点でも魅力的ではなかった。(Goodson 2001: 136)

　ここでグッドソンは2つのことを指摘している。まず，伝記的研究は「統計的手法」と比較して「社会科学的に一般化可能な事実」を発展させるのに不適切な方法だと考えられた。別の言い方をすると「社会学が特定のコミュニティ，制度，組織の詳細な説明を提供することに大きな関心を寄せていたとき，そのような［方法論上の］弱点は明らかに重要ではなかった」(Goodson 2001: 134)。次に，のちに質的研究が発展した際にも「人間の行動を理解するための基礎として，伝記よりも状況に重きが置かれるようになった」(Goodson 2001: 132)。すなわち，アメリカにおけるシンボリック相互作用論とエスノメソドロジーの発展は，伝記的研究を抑制する結果をもたらした。

日　本

　①生活史研究の成立と展開　日本においては，中野卓（1977）によ

るライフヒストリー研究（生活史研究）が，個人の口頭による人生の回顧を意識的に対象にした，伝記的研究の嚆矢だといえる。日本の社会調査史において，中野は福武直，島崎稔らの農村研究と並んで，「民俗学や農業経済学を基礎とした研究者たちによる，質的な研究法を用いた農村社会のモノグラフ（主に質的な研究法による報告書）」という「戦前からの伝統を引き継いだ研究」と位置づけられる（大谷ほか編 2011: 11）。中野自身の回想によれば，中野は『商家同族団の研究』や能登漁村での調査を通じ「一時代の社会構造とその社会変動を，その中心となった一個人の，ライフ・ヒストリーを中心に取り上げる社会学的調査研究が，可能であり，また必要であると考えるに至」った（中野 1995: 4）。

　中野の生活史研究，あるいはライフ・ヒストリー研究は，大門正克のいう「語る歴史，聞く歴史」とも不可分だ。大門は，戦前の日本における「語る歴史，書く歴史」には 2 つの潮流があったと指摘している。1 つは速記を用いる「政治の記録」であり，もう 1 つは民俗学をはじめとする「聞き書きによって語り方や場面を含めて叙述するもの」である（大門 2017: 37）。鹿野政直を引きながら，大門は柳田國男の民俗学を「近代史の中で忘れられようとした人々とその歴史に光を当てるものであり，近代化，中央からの文化の一方的流入に対する批判であって，「無告の民の苦しみを歴史の闇からひきだす」ものであった（鹿野政直『近代日本の民間学』1983 年）」（大門 2017: 26）と整理している。また，江頭説子（2007）は「日本におけるオーラル・ヒストリーの歴史」を政治史・生活史・労働運動史の 3 つに分類する。政治史としては明治文化研究会（1920 年代），憲政史編纂会（1940 年），木戸日記研究会・内政史研究会（1960 年代半ば），戦後政策回顧研究会（1995 年）を挙げる一方，生活史として中野に言及している（江頭 2007: 24-5）。

以上の内容は以下の3点にまとめられる。まず，中野によるライフ・ヒストリー研究は農村を調査対象とした社会調査から生まれた。次に，農村社会学は民俗学を基礎としている。そして，民俗学と政治史研究は日本におけるオーラルヒストリー研究の2つの源流とみなされている。

　桜井厚は中野が手法として確立したライフヒストリー研究に，対話的構築アプローチという視点を導入した。管見の限り，桜井は自身の著作のなかで対話的構築主義，あるいは対話的構築アプローチを明確には定義していないが，「インタビューにおける〈ストーリー領域〉と〈物語世界〉の相互関係を重視」（桜井 2002: 175）し，「〈いま―ここ〉を語り手とインタビュアーの双方の「主体」が生きることである，という視点」が「対話的構築主義アプローチにおいては基本的なこと」（桜井 2002: 31）だとまとめられる。さらに，その結果得られるライフストーリーは「口述の語りそのものの記述を意味するだけでなく，調査者を調査の重要な対象であると位置づけているところが特徴」（桜井 2002: 9）である。

　中野卓が「私はライフストーリーが文学ではなくライフヒストリーとされる時，編者たる研究者は「真偽」，つまり「歴史的事実と見なしうる信憑性」の有無に注意を払う必要があると考えている」（中野 1995: 115-6）と述べ，谷富夫が「ライフヒストリーの資料的価値は，あくまでも社会的存在としての個人の歴史を記述することにあるということを，ライフヒストリーを扱う社会学徒は片時も忘れてはならない」（谷 2008: 28）と述べるように，生活史あるいはライフヒストリー研究は，社会変動やそれに伴う生活基盤の変化を明らかにする手段として成立してきた。そこにおいては，ライフヒストリー（生活史）研究も，政治史研究も（おそらく労働史研究も），インタビューという調査方法は「より多くの歴史（more history）」を手に

入れる方法だったといえる。

これに対して，対話的構築主義はインタビュー調査の場で語られたことが歴史的な事実であるか否かを問わない。なぜなら，「語りは過去の出来事や語り手の経験したことというより，インタビューの場で語り手とインタビュアーの両方の関心から構築された対話混合体に他ならない」（桜井 2002: 30）し，そこでは「「歴史的真実」を確証するために調査研究を行うのではなく，何よりも語り手の経験や見方を探求する」（桜井 2002: 140）からである。橋本みゆきはその方法の独自性を「実際の調査過程を明らかにすることにより（桜井 2002: 39）語られた事実関係の真偽を留保したまま，解釈の根拠や結論の妥当性を読者に問うことができる」（橋本 2010: 56）と述べ，山田富秋は「インタビューのエスノグラフィーこそが，私たちの新しい探求課題になる」（山田 2005: 42）がゆえに，「私たちは回答者から得られた回答について，その背後にあると想定される客観的な社会構造や歴史的事実と照らして真偽をチェックしたりする必要はないと考える」（山田 2005: 3）と主張する。

さらに，対話的構築主義は差別されたマイノリティを対象とすることが多いが，マイノリティ集団で支配的な語りについて，桜井は「語りがモデル・ストーリーに回収されれば，調査者は「ひとつの現実」を確証できたことに安ど感を覚えるかも知れない。だが，モデル・ストーリーの存在によって沈黙を余儀なくされ，無視された語りの断片があることに，私たちは敏感でなければならない」（桜井 2002: 258）と注意を喚起する。桜井によれば，その理由は桜井が関わってきた部落差別に関する調査研究に起因している。

私は長く被差別部落の人々のライフストーリーに耳を傾けてきたが，それは差別的で支配的な文化に対抗したり，違和感を

示したりするだけではなく，彼／彼女らのコミュニティの解放理念からも相対的に自立した彼／彼女らの語りを生み出す文化運動なのだ，という思いを強くしている。「何のための調査か」という調査対象者自身からの問いかけは，調査対象者を研究の客体としてしか見てこなかった実証主義アプローチでは，ほとんど顧慮に値しなかった問いであったが，新しいライフストーリー研究では語り手主体から直接投げ掛けられる疑問であり，しばしばインタビューの過程でインタビュアーが真摯に受け止め，また自ら問いかけなければならない課題となりうるのである。(桜井 2002: 24)

　以上をまとめれば，対話的構築主義の特徴は，インタビュー現場における相互行為の強調，語りの事実性からの距離，そして「語りの内容のパターンを重視する立場」(鶴田・小宮 2017: 22) からの距離という3点にまとめられる。なお，のちに桜井は語りの事実性に関する主張をかなり弱め「語りが事実を反映するのか，はたまた語りが事実 (現実) を作るのか，と言った語りの真偽に関する二分法に対して，私の立場はどちらでもない，あるいはどちらでもある，ということになる」(桜井 2012: 2) と述べるにいたる。桜井が展開するさまざまな抽象的概念を駆使した議論[5]は，私の乏しい学識を遥

5　以下に例を挙げておく。「人々は過去の出来事を〈体験〉し，その〈経験〉を保持しながら，その〈経験〉を元に過去の出来事を〈語る〉と考えるのである。つまり，〈体験〉〈経験〉〈語り〉には，何らかの関係性が想定されているのである。その一方で，インタビューにおける語りが，語り手とインタビュアーの相互行為を通して構成される共同制作の産物である，という考え方が，私の基本的な立場でもある。経験をもとにして何らかの語りが産出されるとするなら，語りがインタビューの相互行為で共同制作されることと矛盾するのではないか，という疑問が考えられる。これについては〈語り〉は相互の〈主体〉の経験をもとにした創発特性を持つアマルガム (融合) と考

かに超えるものであるため，ここで検討することはできない。したがって，ここでは桜井がインタビュー現場における相互行為に注目する重要性を強調した結果として，語りの事実性を留保しているという構造を確認しておきたい。

②対話的構築主義への批判　北田暁大によれば，対話的構築主義的ライフストーリーアプローチは，政治的構築主義の「「当事者による構築」というよりは「分析者による構築」により多くの注意を払い，歴史記述という行為や歴史家の立場性（positionality）を鋭く問題の俎上に乗せる」（北田 2018: 65）。対話的構築主義が批判されたのは，まさにこの「分析者による構築」により多くの注意を払う方針と，それによって事実性から距離をおく点だった。

　岸政彦は「ストーリーというものは存在しない。少なくとも，一部の社会学者が考えてきたような意味での，私たちと世界とを隔てるものとしての，あるいは，私たちと世界とを媒介するものとしてのストーリーなるものは，存在しない」（岸 2018: 23）と書き，桜井の提唱するライフストーリーという概念を批判する。岸によれば「もちろん事実なるものは，社会的に構築されるものである（社会的に構築されるもの以外に，他に何があるだろう）」，しかし，桜井が閉

えているのである。その意味で語りは相互行為をとおして構成されるのである（……）語りが事実を反映するのか，はたまた語りが事実（現実）を作るのか，と言った語りの真偽に関する二分法に対して，私の立場はどちらでもない，あるいはどちらでもある，ということになる。あくまでもライフストーリーは語り手と聞き手の相互行為によって産出されるけれども，両者の経験が基礎になっているのであり，語りの形式だけが語りを産出するわけではない。また，個人の記憶（経験）は集合的記憶によって全面的に決定されるわけでもなく，ライフストーリーの語り手と聞き手は，共に歴史を作り出す能動的な主体であるという観点を保持している。語りは確かに「今，ここ」での相互行為において構成されるが，その語りの中に過去から現在に至る累積された経験のメッセージが込められていることも認めているのである」。（桜井 2012: 22-23）

ざしたのは「まさにこの事実を構築する手段だったのだ。私たち自身の事実を。つまり，私たちが書くための回路を，閉ざしてしまった」（岸 2018: 109）。

たしかに，事実関係の真偽を留保する方針は，いくつかの論点を見落としている。そのうちの1つは，事実関係が調査対象者の関心を引く問題だった場合，調査者はどうするのかという問題だ。ケン・プラマーがアニタ・ヒルとクラレンス・トーマスのセクシュアル・ハラスメント事件について「真実が全く存在しないというのではない。ストーリーの真実は，それ自体，社会的に組織され，文脈に結びついた論争事項なのだ」（Plummer 1995=1998: 364-5）と述べるとおり，何が真実なのかは，研究者にとって問題となる以前に，その事件に関わった人々にとって問題であるかもしれない。このような場合，事実性を判断することによって，調査者が自動的に語りの「外側」に立つとは言い切れない。なぜなら，望むと望まざるとにかかわらず，研究者が「社会的に組織され，文脈に結びついた論争事項」に参加してしまう可能性が高いからだ。

オファレルが批判したように，ポール・トンプソンはオーラルヒストリー研究を社会主義運動の1つだと主張した。ロナルド・グリーリは，オーラルヒストリー研究の「主観」への関心は新左翼的なものだと自認した。非エリートを対象としたオーラルヒストリーは，「歴史家が発生を確認しているのとは違う内容を普通の人が記憶しているということ」を探求し，歴史的事実は何かというより，何が歴史的事実であるべきかをめぐる論争をしかけてきた。「私たちは「歴史的真実」を確証するために調査研究を行うのではなく，何よりも語り手の経験や見方を探求する」（桜井 2002: 140）という文は，語り手の経験や見方は歴史的真実ではない場合があると前提している。もし，「下からの」オーラルヒストリーの歴史を「学術上の体

制，特に当時は支配的だった「上からの歴史」に挑戦しようと試みた歴史学者や，周縁化された集団の経験を探求するための方法として階級分析の復活を願っていた人々は，自らの手で書いた記録や自らの語った声をそれほど多く残していない歴史的行為者を表舞台に登場させ得る方法を歓迎した」(Sangster 2013: 2) と理解しているのなら，対話的構築主義は「近代史の中で忘れられようとした人々とその歴史」の探究から積極的に降りている。

対話的構築主義の特徴の 1 つは，語り手の語る事柄が歴史的に事実であるか否かについての判断を留保する点にある。これは「〈ストーリー〉が〈ヒストリー〉を構築していると認識できるのは体験を共有できないインタビュアーの側なのである」という「過去と現在の時間の非対称」(桜井 2012: 142) に注意を払った結果でもあるだろう。しかし，それならばなぜ，差別を受けた人々から生活史を聞く必要があるだろう。差別を受けた人々は，通常，その体験の真偽を留保されると想定して差別体験を語るわけではないだろう。語り手は聞き手が「実際のインタビューにおける「経験的語り」では，人々は過去の「事実」を物語世界を通して語っていると〈信じている〉」(桜井 2012: 142) などと書くとは想定していまい。たとえば，差別体験を聞く際に，そのように留意することが倫理的であるとは想像しにくい。

3 「科学的」なるものへの問い

第 2 節の情報は私の限られた，また偏った知識でしかない。しかし，それらの情報からいくつか，イギリス，フランス，ドイツ，アメリカにおける伝記的研究に共通する論点を指摘できる。すなわち，

伝記的研究は社会調査における既存の手法，とくに「科学的」なそれらへのアンチテーゼとして発展してきたこと，そして，そのため伝記的研究は「科学的」あるいは「実証主義的」であることとの複雑な関係を持たざるを得なかったことの2点である。その複雑な関係は，主として調査における代表性をどのように担保するかという点に集約できる。

伝記的研究の位置づけ

　ここまで見てきたとおり，フランス・ドイツ・アメリカ・日本における伝記的研究は，それぞれの研究者によって，それぞれの国で，それぞれ異なった先行研究と対比されながら発展してきた。

　ベッカーの指摘が当たっているなら，社会学が「特定の組織やコミュニティの全体像を詳細に説明する」ことに関心を持っていたとき，伝記的研究は「研究対象とされた人々に最も適切な（relevant）カテゴリー」をもたらす方法として隆盛した。しかし，社会学者が「抽象的な理論の形成に関心を持つように」なり，「社会学者自身の理論による抽象的カテゴリーによって定式化されたデータを求めるようになっていった」とき，伝記的研究はその要求に答えるものではなくなった。グッドソンによれば，抽象的な理論の形成は，社会学が大学における学問分野として成立していった過程と不可分である。アメリカにおいて伝記的研究とシンボリック相互作用論やエスノメソドロジーとは，社会学内部における地位をめぐって競合関係にあった。そして，伝記的研究が用いられなくなっていったのは，それらのいずれにも劣っているとみなされたからだった。

　他方，ベルトーが具体的に述べているとおり，フランスにおける伝記的研究の端緒はライフコース研究と民俗学にあり，そこから「アルチュセールのフランス・マルクス主義，ピエール・ブルデュ

ーの構造主義社会学（クロード・レヴィ＝ストロースの思想とソシュール、ヤコブソンとチョムスキーの言語学から着想を得た），アメリカのタルコット・パーソンズの構造機能主義，あるいは質問紙調査（サーベイ）に基づく北米の経験社会学」の四者とは異なる対象を，調査・研究の対象にしようという試みだった。

> アルチュセールのフランス・マルクス主義，ピエール・ブルデューの構造主義社会学（クロード・レヴィ＝ストロースの思想とソシュール，ヤコブソンとチョムスキーの言語学から着想を得た），アメリカのタルコット・パーソンズの構造機能主義，あるいは質問紙調査（サーベイ）に基づく北米の経験社会学，これらの考えすべては，所与の社会のメンバー個々のパーソナリティと呼ばれうるものを忘れ去ろうと努めていた。私はついにそれがなぜであるかがわかった。つまり，彼らの共通の考えは科学的な言説を生み出すことにあった。そしてそこにたどり着くためには，実際パーソナリティの差異を取り除かなければならなかった。(Bertaux 2003: 15)

具体的にこの四者とは，アラン・トゥレーヌによる社会運動研究，レイモン・ブードンの市民社会論研究，ミシェル・クロジェの官僚制研究，そして発言のなかですでに挙げられているブルデューの構造主義社会学だといえる。なぜなら，ベルトーは後年，日本における講演会で自らの立場をブードン，トゥレーヌ，ブルデュー，クロジェと対比して述べているからだ。

> それは 1970 年代初めでしたが，その頃のフランスの社会学というのはちょうど再構築の真っただなかでした。2 回の戦争

を経験して，社会学者がもう消えてしまったということで，第二次世界大戦の後，デュルケームの後継者などもいなくなってしまい，社会学者がいないという状況でした。そこで3人の若い社会学者が出てきまして，École Normale Supérieure だったのですが，そこから出てきました。その人たちはピエール・ブルデュー，レイモン・ブードン，アラン・トゥレーヌ，そしてクロジェなどでしたけれども，そのときの社会学というのは自分たちの縄張り争いという感じで，領土を分かち合うというような状況でした。日本の封建時代の大名のようなもので，お互いにいつも戦い合っていて，自分の領土を広げようとしているという状況でした。(Bertaux 2011: 44)

　私はピエール・ブルデューとか，レイモン・ブードン，トゥレーヌ，クロジェという人たちがやったすばらしい研究に背を向けているわけではありません。彼らのことを私も非常に尊敬しています。マルクスやウェーバーほどではないにしても，尊敬はしています。ピエール・ブルデューから学んだのは彼の構造主義的な考え方で，これも一つの重要な考え方であると思います。また，レイモン・ブードンから学んだのは，またその逆で，個人の行為 (action) についてでした。トゥレーヌからは新しい形の社会運動 (movement) について学びましたし，クロジェからは権力の関係 (power relationship) について学びました。これらはすべて社会を分析するにあたって大事なものです。そこで，私はこれらをすべて組み合わせることにしました。フィールドワーク，つまりエスノグラフィック的なアプローチが重要であると。当時のフランスの社会学者はソシオグラフィをあまり発達させてはいなかった。しかしいい記述 (description) あ

るいは分析的記述が必要であると私は考えました。(Bertaux 2011: 46)

　こうしたベルトーの発言からわかるのは，ベルトーは既存の社会調査，あるいはその当時のフランスで主流とされていた社会学者たちに対して，批判的というよりは自らを差異化する方法に，「エスノグラフィック的なアプローチ」あるいは「ソシオグラフィ」として伝記的研究を選んだことだ。つまり，ベルトーは「科学的」な社会調査や「実証主義的」な見方に対して敵対的だったり批判的だったりしたわけではない。それは，ベルトー自身が自らのアプローチを「断固として客観主義的」(Bertaux 2003: 33) だと述べていることからも明らかだ。

　「質的」調査を行う社会学者はしばしば，自分たちの方法が「量的」調査を行う社会学者から軽視されていると表明してきた。ベルトーとコーリは「社会学の短い歴史を通じて，質問紙調査は認識論的な水準で「科学者」と密接に結びつき，社会学の「解釈的」概念に対抗させられてきた」(Bertaux and Kohli 1984: 216) と指摘している。社会学は「解釈的」とみなされるがゆえに「科学的」ではないが，多くの場合に量的分析を伴う質問紙調査は，その例外だという指摘だ。ヴァレリー・ヤウは「社会学者・社会科学者の多くは，今日でもなお，確実な証拠を得るための唯一の手段は量的調査だという考えを捨てていない。(……) 彼らは，質的調査に内在する主観性を不快に感じ，可能な限りそれを取り除こうと努力する」(Yow 2005: 4) と書き，オーラルヒストリーに対する批判を，社会調査における質的・量的調査の対立と関連させている。ポール・トンプソンとジョアンナ・ボーナットは，「残念ながら，1970 年代，[エスノグラフィや生活史研究は]測定可能な点を持たないため，特に社会学

者にとって，学術的な調査方法論として信用されていなかった」（Thompson and Bornat 2017: 114）と述べている。

　数量データを扱わない伝記的研究が，量的調査と同じ意味で「科学的」となるのは不可能だ。そのため，日本であれフランスであれ，生活史研究は科学性を求めて，さまざまな方法をとった。ポール・トンプソンが代表割り当てサンプリング法を採用し，ベルトーがグラウンデッド・セオリー・アプローチの「飽和」概念に頼ったのはその例である。

　対照的に，対話的構築主義は，明確に既存の「科学的」あるいは「実証主義的」研究を批判する。ここで桜井が「科学的」あるいは「実証主義的」と呼ぶ対象は，具体的に特定できる。すなわち，質問紙を用いた大規模な量的調査および／あるいは，差別問題の実態調査である。桜井は，部落差別に関する「実証主義的パースペクティヴ」に基づく「典型的な量的調査」研究を次のように批判する。

　　　実証主義的パースペクティヴのもとでは，調査者と被調査者関係は権力の非対称性で特徴づけられる。典型的な量的調査のインタビューでは，質問／回答が役割として固定的にわりあてられているだけではなく，インタビュアーが調査の意味構造を一方的に統制していることに，権力の非対称性が最もよく表れている。すなわち，トピック，出来事の定義，回答や評価のカテゴリーがインタビュアーによって導入，枠づけられ，明確にされ，しかも回答の適否までが決められる。しかも回答や発見したことの意味を決定するのも調査者で，回答者は自分の言葉や意味を解釈されても何のコメントも出来ない。ミシュラーによれば，こうしたやり方は，世界を〈名づける〉権利を回答者から奪うものであり，極限すれば，個人誌的根幹と回答者の個

人的社会的な意味の網目の文脈的な基礎づけをなくすることで
「降格儀礼」（ガーフィンケル）や「アイデンティティ剥奪過程」
（ゴフマン）に似ている，という。（桜井 2002: 283）

　量的調査に対するこの批判は，「質的調査」対「量的調査」とい
う，社会調査の短い歴史のなかで，もはや伝統的となった話題かも
しれない。この相互補完的二分類を確立したのは，福武直の『社会
調査』であるといっていいだろう。この二分法は，佐藤健二が指摘
するとおり，「量的もしくは統計的と総称される調査が，サンプリ
ングや質問紙設計，コーディングと集計といった，順序だった技法
によって想像されるのに対して，質的もしくは事例的と名ざされる
実践は説明が未分化」（佐藤 1996: 9）であるという不均衡を抱えて
いた。この非対称において「調査対象者との自由な会話を通してデ
ータを蒐集する聴取調査」は「調査の進め方が調査者の主観的判断
に大きく依存する。そして，調査者の判断を左右する要素として経
験と勘が強調される」（原・海野 1984: 10）がゆえに，「ややもすると
調査者の一人合点に陥りやすく，注意が必要」（原・海野 1984: 151）
と，科学性に欠けるものとみなされた。
　しかし，佐藤健二（1996）の指摘するとおり，この「科学的」手
法への傾斜は，戦前の「思弁的」方法から「科学的」方法としての
社会調査へという歴史的潮流のなかにあった。「われわれの政治体
制が民主化し社会構造が民主的に革命されるにしたがって，社会学
の計量的方法の必要性もますます高くなりうるであろう」（川島
1947: 39）という言明に表れているように，歴史学のみならず，社
会学もまた「科学的」になることによって，日本の民主化に貢献せ
んとした。

あえて仮説にわたる解釈に踏み込むならば，上述の民主化と調査という社会実践とが融合しあい，アメリカン・サイエンスとしての世論調査の導入がからまりあう状況下で，福武『社会調査』の方法説明が形成された。そのさい新来の「科学」である一連の世論調査技術のマニュアル的体系性に対して，旧来の農村社会学的な踏査実践をはじめとして，それ以外のさまざまな方法を，ひっくるめて意味づけ位置づける必要のために動員されたのが「事例的方法＝非統計的方法」という記号ではなかったか。その名づけは，外側からの大網を掛けた救済であったがゆえに，その成り立ちにおいてすでに非対称的であった。
（佐藤 1996: 11）

　社会調査において「科学的」，あるいは「アメリカ的」であることが重視された現象は，日本でのみ起こっていたのでもなかった。ローゼンタールらは戦後ドイツの社会学における質的調査と量的調査の不均衡を指摘し，その理由について「いわゆる第三帝国に関係しています。ドイツの社会学者の多くは，アルフレッド・シュッツを含めて，1930 年代に国外に移住しました。戦後，ドイツ社会学の出発点は，アドルノとホルクハイマーによるフランクフルト学派を除けば，タルコット・パーソンズと量的調査法でした」（Rosenthal et al. 2019: 157）と述べ，さらに社会心理学と社会学との関係に言及している。
　このように見ていくと，伝記的研究と同時代における既存の社会調査あるいは主流とされていた社会学（社会学者たち）との関係に，共通する要素を指摘できる。それは，いわゆる「科学的」，あるいは「抽象的」とされた社会調査の方法からの距離である。アメリカにおいて伝記的研究が衰退したのは，社会学者が「抽象的な理論の

形成」に関心を持った時期だった。フランスにおいて伝記的研究は，「科学的な言説を生み出す」ために「パーソナリティの差異を取り除かなければならなかった」他の社会調査と，自らを差異化した。日本において，対話的構築主義は「実証主義的」な量的調査が，調査者と調査対象者との不均衡な関係のうえに成り立っていると批判した。

　しかし，この「科学的」社会調査への批判か，少なくとも意識的な差異化によって成立した伝記的研究は，自らが批判対象としていた既存の「科学的」社会調査が対応してきた課題に，異なった回答を与えなければならなくなった。すなわち，調査対象者の代表性と，語られた過去の出来事と過去を語る現在との関係という2つの課題である。

代表性・人数・類型化と一般化

　いわゆる「科学的」社会調査は，調査対象者の代表性をどのように確保するか，そのためにどの程度の人数に対して調査をしなければならないかという問題に対して，統計学的な議論と知見を重ねてきた。その調査を批判した伝記的研究は，自らはどのような集団あるいは個人を，どの程度の人数と時間にわたって調査するのかという基準を，あらためて作り直さなければならなくなった。

　その工夫の1つは，計量調査のサンプリングの方法と，グラウンデッド・セオリー・アプローチを利用することだった。かつてベルトーはパン屋の調査で「飽和プロセスを確認」するのに「すくなくとも30人のライフストーリーをとる時間がかかり，60人以上集めた」（Bertaux 1997=2002: 214）と述べた。また，ベルトーは「社会学者は，望むか否かにかかわらず，一般的な範囲の結論に向けて考察するようになる知的な原動力を持っている」（Bertaux 2003: 58）と主

張し，インタビューデータに現れる「繰り返し」を通じて「仮説を確認し，調査者によって洗練されたモデル，つまり一般性の価値を持つモデルの飽和にいたる」（Bertaux 2003: 57）と述べる。桜井はこれを「特定の社会的現実を，多数の語り手のライフストーリーを通して確定することができる，と仮定している」（桜井 2002: 26）と言い換えている。

　また，谷富夫は「ライフヒストリー法が強みを発揮するのは，仮説の検証よりも，むしろ索出である」（谷 2008: 31）と主張し，「ライフヒストリー法の適用を仮説の索出過程に限定すれば，これらの［ライフヒストリー法が事例の代表性，目的適合性，データの信頼性，解釈の妥当性の4基準に関して量的調査に劣るという］批判は回避できる。例えば，「代表性」に関していえば，確かに索出された仮説が現実に現れる確率を推定する統計的段階においては，事例（サンプル）の代表制は絶対に確保されていなければならない。しかし，その目的がより信憑性の高い仮説の構成にある段階では，できるだけたくさんの要因を顕現させる事例にあたる方が望ましい。事例の代表制よりも典型性が要求されるのである」（谷 2008: 31-32）と述べる。

　青木秀男は「人間は，彼・彼女が生きる時代と社会にかたどられた，状況関連的なコンテキストの中でしか生きることができない」（青木 2008: 122），「収集されたデータから一般化の方向で命題を引き出すためには，データの整理と解釈のための仮説（的アイデア）が必要になる」（青木 2008: 123）という2つの理由から「対象者サンプルやデータの代表性は，一定の仮説のもと，どこまでデータを分析・解釈し，説明できるか，にかかっている。データの読み込みの広がりと深さの度合いである。故に，調査のサンプルが多いか少ないかは，代表性を確定する「絶対唯一の」尺度とはならない」（青

木 2008: 124）と結論する。

　ただし青木は，生活史法が「個性記述を通して，彼・彼女に体現された時代と社会のありようを読み取る。さらに，生活史の個性は，類似の境遇にあった他人のそれと比較されることによって，いっそう明確になる。ゆえに当然にも，聞き取りの事例は，多いほどよい。比較は，生活史の類型化につながる」（青木 2008: 125）と続ける。谷と青木は，事例の代表性というよりも，多くの事例を集めることによって比較と類型化を可能にし，量的調査によって検討可能な仮説を作ることに照準することで，伝記的研究と「科学性」の問題を調停している。伝記的研究であっても，ベルトー（やポール・トンプソン）のように自らの方法を「断固として客観主義的」であると見なす場合，伝記的研究と「科学的」方法とは対立関係に陥らない。[6]

　これに対して，ローゼンタールらは伝記的研究にあたってインタビュー対象者の人数は問題ではないと主張する。ベルトーに対する「一事例＝心理学的，複数事例＝社会学的」という「社会とは何かについてあまりにも単純な図式」（Fischer-Rosenthal and Rosenthal 1997=2005: 151）という批判からも，ローゼンタールらが調査対象者の数

6　本章注 3 で言及したレーマンは，多数のインタビュイーから生活史を収集したうえで，インタビュー同士の共通部分すなわち同じような／似たような体験を「語りの準線」と呼び，その「語りの準線」から語り手たちの置かれた時代状況，職業，性別，年齢や世代，メディア資料の影響といった「日常文化」を描くことを目的としている。すなわち「レーマンは多数のインタビューを集めた後，その共通部分を抽出して文献資料などと照らし合わせて（“ハンブルク労働者の人生史”や“ドイツ人の森”などの）テーマの全体像を作り上げた上で，時系列やテーマ別に再構成して読者に提示する。そこではレーマンが再構成した集合表象としての日常文化が（調査，分析を終えて記述を行う時点では）既に前提にあり，その表象を示す資料としては語りも文献資料も等価なものとして提示される」（西崎 2020: 12）。西崎博道が指摘するように，多数にインタビューし共通部分を取り出す点では，レーマンの調査方法は対話的構築主義と対照的だといえる。

を重視していないことがわかる。しかし，ローゼンタールは事例から得られた知見の一般化を志向していないわけではない。なぜなら，ローゼンタールは伝記的研究が「個人の経験と集合的枠組みの関係を再構成し，一般的知見を作ることを目指す」（Rosenthal 2004=2005: 53）と述べ，「伝記的事例の再構成は，最終的に類型構成に至る。個別事例の再構成に基づき，私たちは数ではなく理論的な一般化を目指す。ここでは，一事例からの一般化と，複数事例の対照的な比較に基づいた一般化が必要だ」（Rosenthal 2004=2005: 53）と主張するからだ。

さらに桜井は，一方で量的調査では「〈統計的サンプリング〉」（桜井 2002: 26）が，他方でベルトーに代表される解釈的客観主義的パースペクティヴに基づく伝記的研究では「〈理論的サンプリング〉」（桜井 2002: 26）が採用されると述べているものの，対話的構築主義においてどのようにサンプリングが行われ，代表性が確保されるかについては述べていない。その代わり，桜井は「だが目を向けるべきなのは，ライフストーリーの生成に直接関わるインタビューの場ではないだろうか」（桜井 2002: 29）と述べる。

ここから，ベルトーもローゼンタールも，あるいは谷や青木も，伝記的研究の最終的な目標が，一般化可能な知見を導くことである点については一致していることがわかる。その違いは以下のようにまとめられる。ベルトー，谷，青木が「語りのパターン」を重視し，なるべく多くの伝記的インタビューを通じて類型化や一般化を行うこと，あるいは量的調査によって検証されるべき仮説を提唱することを目指すのに対し，ローゼンタールと桜井は語りのパターンを収集することにそれほど多くの関心を抱いていない。しかし，ローゼンタールは類型構成や一般的知見を得ることを目標にするのに対して，管見の限り，桜井はそれらに関心を持っていると明示的には述

べていない。

科学的なものへの批判と調査者の立場性

　リン・エイブラムスは，オーラルヒストリー研究者が「自分たちのデータの代表性を懸念し，科学的サンプリング方法を奨励し，代表的サンプリングによってインタビュイーを決定するべく大変な努力をしていた」ことを「疑似科学的趣向がオーラルヒストリー研究者の仕事に浸透していった」（Abrams 2016: 5）と批判する。

　桜井による「実証主義的パースペクティヴ」と量的調査への批判は，同時代の思潮のなかにあった。さらに，桜井のこの批判は，かつて行われていた差別の実態調査への批判とも重なっている。

> 　これまで，被差別部落の実態調査と言われるものは，全国規模でも地域ごとでも数多くなされてきた。そのほとんどは数量的な把握を中心とした方法によっている。（……）ところが，これらの方法はいずれも部落に生きる一人一人の個人，またその生活世界の多様性にはほとんど関心を示さない。調査をする側は，地区が部落かどうか，対象者が部落住民かどうかに常に関心を払っているからである。このため，調査研究者は，ややもすると部落住民だからひどい差別を経験し，惨めで悲惨な生活を送ってきたに違いないと思い込み，それに合う事実や経験を探り出し，「惨めで悲惨な部落民像」を作り出そうとする。その一方で，差別問題に目覚め，解放運動の担い手となる「誇りを持った部落民像」が強調されたりする。（桜井 2002: 42-43）

　岸政彦は，対話的構築主義の3つ目の特徴，すなわち語りの内容のパターン（類似性）を重視する立場からの距離について「桜井厚

の「翻訳の禁止」は，「他者への配慮」という倫理に基づいていることがわかる」（岸 2018: 108）と指摘する。「もはや，研究者の声が客観的で，調査対象とされた人びとの声よりも聞くに値する特権的な地位をもつと考えることはできないのである」（桜井 2003: 458）と書くように，対話的構築主義は調査場面における調査者の権力性を問い，調査者に対してその権力性を記述の対象に含めるべきであるとする倫理的要請を課している。それは，桜井が批判した「被差別部落の実態調査」と違う調査方法を見出そうとした結果だったといえよう。

「科学的」あるいは「実証主義的」であることと，調査者の権力性とは，対話的構築主義において不可分の関係にある。マイノリティは，マイノリティであるがゆえに，量的調査の対象にされにくい。差別を解消するためには多くの人々が差別に苦しんでいることを示す必要があるだろうし，マイノリティ集団内部に対して運動を持続させるためには，差別にもかかわらず自らの出自を肯定的に捉えるメッセージを発するモデル像を示す必要がある。その際に求められるのは，多様な個別の体験よりも，「惨めで悲惨な部落民像」か「誇りを持った部落民像」だろう。かくして，実際は多様であるはずの差別体験や生活実態は，無視されたり，無理やりに解釈されたりする。桜井が対話的構築主義において問題視しようとしたのは，調査によって差別の多様な実態が見えにくくなることであり，彼が「事実性を問わない」方針によって（彼なりに）救おうとしたのは，「差別されたことありません」という言明に見られるような，反差別運動に関わる聞き手を困惑させるような発言ではなかったか。岸が指摘するように，桜井は「語り手の合理性を保持することで差別がなかったとも言わないし，差別の存在を保持するために語り手の合理性を否定することもしない」（岸 2018: 89）。

調査者の位置づけに注目する方法は，第2章でみた主観性の理解と関係している。主観性に注目することから間主観性が言及され，間主観性に注目することによってインタビュー場面が反省の対象にされるのだ。エイブラムスは「オーラルヒストリーの文脈において，間主観性とはインタビュイーとインタビュアーとの関係，あるいは，別の言い方をすれば，インタビュー現場において，参加者たちが共通の物語を生み出すべく協働する対人関係のダイナミクスを指す」（Abrams 2016: 55）と定義し，この図式をわかりやすく示している。

　　　［調査対象者の］主観性（subjectivity）の探求は，歴史家自身の主体的立場（subjective position）に気づくところから始まる。そのためには，歴史家は自分自身が中立的でない場面を発見しなければならない。これは調査者としての自分自身に自己反省的であること，つまり，調査プロセスにおける自分自身の現れを能動的に認め，それを反省する作業を含む。（Abrams 2016: 56）

　人々がやりとりできているのであれば，「主観」にのみ注目するわけにはいかない。話者がお互いに主観的であるにもかかわらずインタビューが成立していると考えるならば，インタビューが成立する条件として間主観性を見出さねばならない。では，オーラルヒストリー調査において，主観性だけでなく間主観性をも取り出したいなら，何に注目すればよいだろうか。インタビューのやりとりを取り出せばいい。このようにして，「主観性」への注目とインタビュー状況への注目は，同じような「転回」を導く。
　対話的構築主義的アプローチは，「主観性」・「間主観性」・立場性という3点に関心を持つ調査者に対して，一貫した方法論を提供し

ている。まず，インタビューによって得られる情報は「それぞれの価値観や動機によって意味構成された，きわめて主観的なリアリティ」（桜井 2002: 39）である。「現実は経験の how と what の連関によって，解釈実践を通じて構成されている」（Holstein and Gubrium 1995: 16）のだから，その分析にあたって「研究者の声が客観的で，調査対象とされた人びとの声よりも聞くに値する特権的な地位をもつと考えることはできない」（桜井 2002）。したがって，研究者は「体験の外側」から「最後にその事実性を決める」（桜井 2002）べきではない。その代わり，「私たちが明らかにすべきことは，インタビューアーと回答者の相互行為の詳細そのものであることになるだろう」（山田 2005: 42）。もしインタビュー中に 2 つの主観あるいは主体が衝突するなら，その要因はもしかすると，特権的な地位にある研究者が，調査対象者に対して持つ権力性に，自ら気づいていないからかもしれない。「歴史家は自分自身が中立的でない場面を発見しなければならない。これは調査者としての自分自身に自己反省的であること，つまり，調査プロセスにおける自分自身の現れを能動的に認め，それを反省する作業を含む」（Abrams 2016: 56）のだから。

　ところで，桜井はかつて，以下のように私を評したことがある。

　　桜井：彼女［朴沙羅］が言う事実というのは，語りの外側にあるものです。それは体験とも違う。体験の外側にあるものです。したがって，最後にその事実性を決めるのは研究者だという考えがあります。これは私の言いかたでは実証主義や解釈的客観主義の考え方に通じるもので，歴史学のオーソドックスな考え方です。（……）出来事の事実性がどうであるかを押さえることは，少なくとも人々が生きている生活世界のリアリティを押さえることを基本的な捉え方としているライフストーリー的な

スタンスとは少し異なるのではないかと思います。（桜井・西倉
　　2017: 78）

　この批評の当否はさておき，ここで興味深いのは，研究者の位置
づけ，あるいは立場性に関する評価が「出来事の事実性がどうであ
るかを押さえる」ことと結びついている点だ。インタビュー現場に
おける相互行為への注目の強調，語りの事実性からの距離，そして
多様（あるいは周縁的）な語りへの注目による一般化の批判という3
点は，互いにどのように関連しているのだろうか。
　桜井は，量的調査や部落差別の実態調査が採用したような「科学
的」あるいは「実証主義的」アプローチが，調査者を調査対象者よ
り客観的で特権的なものとみなしていると批判し，インタビュー調
査における語り手と聞き手とのやりとりと，語りから導かれる「一
人一人の個人，またその生活世界の多様性」を調査の課題に据えて
いる。すなわち，対話的構築主義は倫理的にまず調査者（聞き手，
研究者）が調査対象者（語り手）に対して客観的で特権的な地位にあ
ることを否定し，出来事の事実性を押さえることを探究課題から外
す。そして，その特権性を批判する1つの方法として，「語りは過
去の出来事や語り手の経験したことというより，インタビューの場
で語り手とインタビュアーの両方の関心から構築された対話混合
体」であることに注意を向ける。
　ここで指摘しておかなければならないのは，この3つのすべてを
一度に受け入れなければならない必然はないということだ。語り手
が聞き手より特権的で客観的であってはならないという倫理的要請
を受け入れ（この特権的・客観的とは何を意味しているのか私にはわから
ないが），インタビュー時にどのように過去が回顧されるかという
点に関心があったとしても，出来事の事実性を確認する努力を怠る

必要はない。また，出来事の事実性を問わないからといって，過去が回想される状況への関心を失う必要もなければ，調査の倫理性が担保されるわけでもない。

第2章で見たように，オーラルヒストリー研究において「主観性」がその旗印に選ばれた理由は，それまでの歴史叙述で主流と見なされてきた「科学的」歴史叙述とは異なるものを描こうとする試みのなかで，その用語が選ばれたからだった。ベルトーが述べるように，伝記的研究はマルクス主義，構造主義的社会学，構造機能主義，量的調査が「科学的」であろうとしたために描かなかったものを，調査の対象にした。(「下からの」) オーラルヒストリーも社会調査 (伝記的研究) も，その底流には「科学的」なるものへの批判がある。

内容と方法の分離

第2節で挙げた伝記的研究の方法論には，さらにもう1つ，共通する課題があった。過去の出来事とそれを語る現在 (調査時点) との関係だ。すでに見たとおり，デンジンとプラマーは，主に過去の「オリジナル」な経験と，それを説明した発話とを別個のものと見なしうるか否かをめぐって論争した。ベルトーとコチュト，ローゼンタールは，「リアリスト対アンチ・リアリスト」という構図によって，あるいは「過去それ自体」があるか否かをめぐって論争した。

オーラルヒストリーは，1970年代から90年代にかけて，左右の「伝統的な」歴史学者から批判された (とオーラルヒストリー研究者は認識した)。オーラルヒストリーの方法論は，その批判に応えるかたちで発展してきた。なかでも，その論点としてオーラルヒストリー研究者が強調したのは，まず史料の「主観性」——人々が自分たちの経験をどう意味づけ，それは時間が経つにつれてどう変化したか

──だった。

> オーラルヒストリーはさまざまなものを生み出すことができる。まず明らかなのは，他の史料からは得られないような情報を与えてくれることだ。わかりやすい話だ。特に伝統的な史料では無視されていたり，社会のマジョリティからは周縁化されていたりすると，普通のデータを集める方法では記録されにくい。だから，オーラルヒストリーはより多くの歴史（more history）を与えてくれる。オーラルヒストリーはまた違う種類の歴史を見せてくれる。つまり，人々が自分たちの経験をどう意味づけ，それは時間が経つにつれてどう変化したかを表現する方法なのだ。だから，オーラルヒストリーはまた違った種類の歴史でもある。(Vaněk 2013: 107)

次に，調査場面における相互行為が「バイアス」を導くという批判に対して，公人を対象とするオーラルヒストリー研究者は，語り手の発言の矛盾をつき，「定型の語りを破ることができる」（清水 2009: 12）専門的知識を持つ聞き手による介入の意義を強調した。また，社会調査においては，語られた個人史とそれを生み出した社会的現実（歴史的事件，階層・階級，性，民族関係等々）との関係が問題になり，調査場面における相互行為こそ積極的に調査の対象とすべきだという提案がなされた（と，『アクティヴ・インタビュー』〔Holstein and Gubrium 1995〕の引用者たちは理解した）。このどちらの対応についても，オーラルヒストリーの方法論には，語られる内容（whats）と，語られる方法・状況（hows）とを切り離す発想を見いだせる。

伝記的研究を行う社会学者のなかにも，同じように調査で得られ

る情報を，過去に関する内容（what）と調査現場の状況（how）の 2
つに分けて論じるものがある。たとえば，プラマーは「物語（stor-
ies）は私たちを話される内容へといざなう一方，語り（narratives）
はいかにして物語が述べられるかを教えてくれる」（Plummer 2019）
と述べ，話される内容と方法とを別個のものと見なしたうえで，語
られ方の分析を重要な探究課題に据える。キャサリン・リースマン
は「物語ること（storytelling）」とナラティヴ分析を通じて，調査が
行われる歴史的・社会的文脈を明らかにでき，調査者は「なぜこの
話がこのように語られるのか」に注目するようになると述べる
（Riessmann 2003: 333）。

　桜井は，オーラルヒストリーや伝記的研究の調査場面を複数の位
相に分類している。ここでは，明確に「語られること」を「what」
に，「語り方」を「how」に，それぞれ対応させている。ここでも，過
去の記述と現在の状況とは別個のものであることが前提されている。

> 　ライフストーリー研究とは，調査者と語り手とがライフスト
> ーリーを聞く―語ると言うインタビューの相互行為過程を通し
> てライフストーリーの構築に参与し，それによって語り手の生
> 活世界や社会現象を理解，解釈して報告書や論文にまとめるこ
> とである。その場合，ライフストーリーが調査者である聞き手
> と被調査者としての語り手との対話という相互行為によって産
> 出されるという認識が特に重要である，と私は考えている。や
> やもすると調査対象者の語りだけに関心が向けられがちになる
> が，調査者自身がライフストーリー構築の一端を担っていると
> いう視点が必要なのである。……「語られること」が，インタ
> ビューという相互行為をもとにした「語る」行為と分かち難く
> 結びついているのである。（桜井 2008b: 190）

この説明は、「語られること」と「語ること」が分離できるという認識に基づいている。しかし、桜井自身がすぐに続けて「ライフストーリーはインタビューの場という「現在」において構築されたものである。そう考えると、すぐに疑問が湧いてくるはずだ。果たして語られるライフストーリーは、過去のリアリティを正しく伝えているのだろうか」（桜井 2008b: 190）と疑問を呈しているように、また谷富夫が「対話が構築するストーリー——ここから導出される1つの論点に、「ストーリーは観念的構築物<ruby>構築物<rt>フィクション</rt></ruby>なのか？」という問題がある」（谷 2008: 15）と指摘するように、「語られること」と「語ること」とを別のものとみなすことによって、「過去のリアリティ」や「ストーリーは観念的構築物なのか？」という問題が浮上する。

　オーラルヒストリーの方法論は、しばしばデータの「主観性」という「内容」と、相互行為という「方法」を別々に論じる。しかし、この分離は、オーラルヒストリーに向けられたそもそもの批判に対応しているわけではない。第2章で見たとおり、1970年代から80年代、オーラルヒストリーに向けられた批判は、オーラルヒストリーという「研究者が自身の史料を作り出す」方法全体への疑義であり、内容と方法とは分離されず、一括りに批判されていた。

　では、なぜこの両者は別々に論じられたのだろうか。私見では、オーラルヒストリーにおいて、内容と方法とが別個のものとして議論されがちなのは、その議論が、文献史学とは異なるオーラルヒストリーに独自の方法論を確立しようと試みたからではないかと考える。

　オーラルヒストリーは、既存の歴史学——「文献至上主義」で「権威主義的」で「政治史中心」であるとオーラルヒストリー研究者が考えた学問——と自らを差異化するなかで、その方法論を発展させてきた。オーラルヒストリーは「主観性」を扱うと論じたポル

テッリの初期の論文が「オーラルヒストリーの独自性（What Makes Oral History Particular）」と題されているのは象徴的だ。[7]

ポルテッリは，「もしオーラルヒストリーで文書館の史料と同じことをしたいなら，文書館の史料の方が正確だ」とはっきり述べる。そのうえで，オーラルヒストリーの独自性は「記憶の歴史，意味の歴史，主観性の歴史」を構成することだと主張する。

> 大事なのは，もしオーラルヒストリーで文書館の史料と同じことをしたいなら，文書館の史料のほうが正確だということです。もちろんいつも，というわけではないですが。（……）しかし少なくとも，データという点においてはより正確だと言えます。大事なのは，オーラル史料は違う仕事をしてくれるということです。オーラル史料を主に用いると，調査の目的は事件を正確に事細かに再現することよりも，記憶の歴史，意味の歴史，主観性の歴史を構成することのほうになるのです。
> （Veněck 2013: 127）

---

7 なお，この独自性の主張は非エリートを対象としたオーラルヒストリー研究に限られる可能性がある。御厨にとって，公人のオーラルヒストリーを得る意義は明確だ。「当事者の話を聞くしか残された手段」がないからである。「それではなぜ，彼らの証言を今，得る必要があるのでしょうか。今日決定的とも言えるのは，この10年間で資料状況が激変したからです。（……）例えば立法作業では，最初の原案から，役所の内外であれこれ議論を積み重ねて修正されて行く様子が一綴りになっているものが全部保存されていました。そしてある段階でそれが公開される世になれば，そこに書き込まれていることから，立法プロセスの変化が分かりました。（……）電子データの非常に危ないところは，プロセスが残らない点です。そういう状況の中で，われわれは研究を進めなければならない。すると，最初の原案から最終の決定案までのあいだを埋めるには，当事者の話を聞くしか残された手段はありません」（御厨 2007: 4-5）。

エイブラムスは,「オーラルヒストリーは過去についての事実を発見するもう一つの方法であるだけではない」「オーラルヒストリーは書かれた資料とは似ていない」「オーラルヒストリーは生きて,呼吸する人々とコミュニケーションを取る。歴史学の他の方法でこんなことをするものはない」(Abrams 2016: 18) と,オーラルヒストリーの独自性を繰り返し主張する。

　しかし,エイブラムスと同様の主張をする研究者ばかりではない。清水透は「「語り」に内在する様々な問題も,「語り手」を文字史料の「書き手」あるいは「文書」に置き換え,「聞き手」を文字史料の「読み手」に置き換えてみれば,そのかなりの部分が文書を読み解く際に要求される史料批判の作業にも共通する基本的な問題である」(清水 2010: 34),「オーラル・ヒストリーに内包されている制約の多くも,実は文献史学が本来的に抱えている制約なのである」(清水 2010: 35) と指摘する。また,ドナルド・リッチーはミロスラフ・ヴェネクによるインタビューのなかで「書かれた史料に対してそうであるのと全く同じように,口述史料に対しても疑いの目を向けるべきだ」(Veněck 2013: 138) と述べている。ロナルド・グリーリは,オーラルヒストリーのインタビューで彼がやっていることは「彼ら[調査対象者]に歴史研究者になるよう求めているのであり,それはまさに,歴史意識に直に触れることなのです」(Veněck 2013: 73) と述べる。しかし,史料が書かれたものであれ話されたものであれ,その製作者の知識や認識にある種の「偏り」があり,なんらかの選択を経て史料が残されるという点は同じだ。書かれた史料では書き手の「歴史意識」に触れることができない,などということがあるだろうか。

　しかし,研究者や史料の「主観性」に着目するのは,何もオーラルヒストリー研究者に限られているわけではない。仲松優子の述べ

るように，「主観的な語りや記憶もまた，歴史研究にどのように取り入れることが可能なのかという問題」や「これまでは「真」ではなく「偽」と判断されてきた史料には，その生成過程に光をあてることによって，史料に関係する人々の利害や権力関係，駆け引きというものを浮かび上がらせ，その点に社会の現実をみることが可能とする考え方」の起源を，言語論的転回にではなく古文書学に求められるのなら（仲松 2015: 44），オーラルヒストリー研究が独自の方法論だとみなしていたものは，文献史料の「実証主義的」考え方のなかに，すでにあったということになる。

オーラルヒストリーの方法論は，既存の歴史学に対抗しようとして発展し，そのなかでオーラルヒストリーの独自性を内容（what）の「主観性」と方法（how）の相互行為に置いた。この内容と方法との分離は，オーラルヒストリーだけでなく，社会調査の方法論においても共通している。そしてまた，この両者を別のものと見なすのも，方法論を形成する過程で生まれた副産物だった。

内容と方法との分離は，オーラルヒストリーと伝記的研究を行う質的社会調査の双方にとって，「科学的」とされた他の歴史学的・社会学的方法に対抗し，自らの独自性を主張した結果だったといえる。結果として得られた方法論は，もしかしたらそもそも，文献史学の方法論のなかに見出せたものだったかもしれない。あるいは，その方法論を額面通りに実行することは，社会調査として困難であるかもしれない。しかし，そのような方法論が唱えられたのは，必然ではなかったにせよ，荒唐無稽だったわけでもなかった。

語られた過去という内容と，過去を語る現在の方法とを分離することは，代表性や人数，パターンや繰り返しを重視する方針と，どのように関係しているのだろうか。ごく大雑把にいえば，代表性や典型性，調査対象者の人数やインタビュー内容のパターンを重視す

ると，語られた内容に，より分析の焦点が当てられる。

　逆に，代表性や繰り返しのパターンを重視せず，また過去の出来事の事実性から距離を置く場合，現在において過去を語る方法を重視しがちになる。同じ事柄が繰り返し語られるか否かに注目するのは，語られた内容により注目するのと同じことだ。そして，パターンの繰り返しを得ようと思うのであれば，一定以上の人数にインタビューを行う必要がある。パターンの繰り返しを得ようとするのは，それによって「一般性の価値を持つモデル」を構成しようとするからだ。

　他方，パターンの繰り返しからも，また語られた事柄の歴史的事実性からも距離を置くのであれば，検討すべき課題は現在のインタビューの場における「いかに語られたか」に限定されるだろう。そして，類型や一般性の価値を持つモデル，あるいは過去の出来事の代わりに，インタビューの場における研究者の立場性が主たる探究の課題になる。

　この節の冒頭で述べたとおり，伝記的研究は同時代の，あるいは先行する社会調査方法の「科学的」側面から距離をとり，あるいは批判することによって成立した。そのため，伝記的研究は「科学的」社会調査がある程度は解決してきた方法論上の諸問題に，独自に答えなければならなかった。その問題とは，調査対象者の選定とデータの分析の2つの段階にわたる。量的調査や抽象的理論化から距離を取りつつ，それらと協調したり独自の科学性を追求しようとしたりした社会学者たちは，代表性や典型性，語られる事柄の繰り返しや歴史的事件との関係を重視し，一般化可能な知見を求めた。それに対して，科学的，あるいは「実証主義的」方法を批判した対話的構築主義は，繰り返しのパターンからも語られた事柄の事実性からも距離をおき，その代わり研究者の立場性を分析の対象に加え

た。これらはすべて，社会調査は何をどうすれば科学的たりうるのかという問題に，社会学者が答えようとしてきた過程だといえるだろう。

4　結　論

ところで，代表性や典型性を重視し，語られた内容に注目して一般化可能な知見を導くことと，代表性も典型性も顧慮せず，語る方法に注目して研究者の立場性を問うこと以外に，伝記的研究の方法はないのだろうか。実際には，調査や研究の段階で，社会学者たちは代表性や典型性の問題や，過去の出来事との関係を，部分的に解決しているのではないだろうか。

代表性の実際的・限定的解決

代表性の問題は，調査者だけでなく，調査対象者にとってもまた問題となる。伝記的研究に携わる社会学者は，インタビューを行うときに「私などにその話を聞いてどうするのだ」と質問されたことはないだろうか。あるいは，個人的な体験談を聞こうとしてインタビューしたはずなのに，回答者が歴史的事件の概要について，歴史学的用語や社会学的概念を用いて語り出し，なんとか個人的な話をしてもらえないかと骨を折ったことはないだろうか。「私などに話を聞いてどうするのだ」という質問は，調査対象者が，自分は調査課題を明らかにするために代表的な（あるいは典型的な）事例を提供できない，と述べているに等しい。そして，個人的体験ではなく，書籍や新聞などから得た語句・概念によって歴史的事件の概要を説明するとき，調査対象者は限定的な自らの体験ではなく，より代表

的（典型的）知識を聞き手に提供している。インタビュー対象者から「私などにその話を聞いてどうするのだ」と質問されたとき，他ならぬその人にインタビューしたいのであれば，なんらかの方法でこのハードルを越えてもらわなければならない。そして，これまで数多くの伝記的インタビューが行われているということは，インタビューを実際に行うときには，社会学者たちは限定的に，この代表性の問題を解決しているはずだ。

　私は10年ほど前，在日コリアン1世に渡航体験をインタビューしていた。その際にしばしば言われたのが，「韓国の歴史について聞きたいなら私ではだめだ」「昔のことは知らない」という発言だった。また，高齢の女性にインタビューしようとすると，「私は学校に行っていないからわからない」と断られ，「お父さんならその話について，私より知っている」と調査対象者の配偶者を紹介されたこともある。この際，私は具体的な渡航プロセスや体験（外国人登録証を入手する，闇市で食品を売買するなど）の例を挙げ，それらについて話してほしいと依頼した。結果として語り手の幼少期から現在にいたるまでの伝記的インタビューになる場合も多くあったが，それらの渡航プロセスや体験のみを語ってもらった場合もあった。

　「私なんかに話を聞いてどうするのか」「韓国の歴史について知りたいなら私ではだめだ」という発言は，語り手が抽象的概念を用いて体験を説明できないことや，自分の体験を歴史的／政治的／社会的事件のなかに位置づけて説明できないことを意味している。それに対して「闇米ってどこで，どうやって買うんですか？」という質問は，体験の具体的な説明を得るための質問であり，体験者にとってその体験はなんだったのかを知るための質問だ。このような質問をすることで私が知りたかったのは，多くの場合においてすでに調査者が知っているような，歴史的事件や抽象的概念を用いた歴史叙

述ではなく，「その出来事を実際に体験した人々にとって，その出来事とはなんだったのか」ということだった。

　その出来事を体験した人々にとって，あえて言う必要もないほど当たり前のことがある。それらは多くの場合，記録されず，残らないから，私たちはそのようなものがあることすら知ることができない。しかし，あえて残すほどでもない（と思われている）かつての「当たり前」——いまになっては知る術のない，異なる知識・規範・論理の連関——こそ，それを体験した人々から教えてもらわなければ，調査者は知る術を持たない。

　社会学者は，伝記的研究において，実際には代表性の問題を限定的に解決している。そうでなければ，多くの伝記的研究は行えないだろう。その解決は，「この人々から見てこの事態は何であるか」を教えてもらうことによってもたらされる。「この人々から見てこの事態は何であるか」，あるいは「この人々は何を体験したのか」という質問をすることで，調査者はいまや知ることの難しくなった，いまとは異なる知識・規範・論理の連関を明らかにしようと試みる。その連関は，一般化可能ではないにもかかわらず，かつて人々のやりとりを可能にしていた社会そのものではないだろうか。

過去の想起と「相互行為としてのインタビュー」

　内容と方法とを分離する方法論は，興味深い調査課題を取りこぼしてしまう可能性がある。もし内容に注目して方法論を検討するなら，それは文書史料を中心とする歴史研究の方法論とほとんど変わるところがない。先ほど見たとおり，オーラルヒストリーの方法論が，文献史学のそれときわめて異なるか否かは，論争の余地がある。また「実証主義的」と呼ばれる歴史学の方法が，言語論的転回に相当するものをすでにそのなかに持っていたとする言明が現れること

からも，両者の方法論がそれほど異ならないと推測できる。オーラルヒストリーの方法論が文献史学と同じものであるなら，独自の方法論をわざわざ検討する必要は大きくない。

　他方，調査場面の相互行為分析をしたいのであれば，調査対象に過去の体験を想起する際のやりとりを選ぶ必然は薄い。過去についてなんらかの証言がなされる状況には必ず聞き手がいることや，オーラルヒストリーを収集する状況に調査者が関与しているのは，あえて構築という語を用いずとも明白である。オーラルヒストリーが語られ，聞かれる状況において，その過去の事柄の内容が構築される点を強調し，結果として語られた内容の歴史的な価値が検討されないのなら，それは何よりオーラルヒストリーという学問の核心を損なってしまう可能性がある。

　理論を一連の先行研究として引用するだけで，それらを実際のインタビューと意味のあるやり方で接続するのに無理があり，しかも文章をかなり読み進めるまでそのインタビューが出てこないような論文が，あまりに多すぎる。そのような論文で，理論はオーラルヒストリーの枠組みを作るが，オーラルヒストリーを詳細に分析するために使われてはいない。背伸びしている例も見たことがある。インタビューと多少つながってはいても，理論の負荷をかけすぎると，大量にオーラルヒストリーを収集しているわけでもない——鶏の足の上に象の体を乗せるような——オーラルヒストリー研究者の大半にとって荷が重い。もっとお利口な論考もよく見かける。概念がインタビューに奉仕するのではなく，インタビューが概念に奉仕するために——ある種の証拠として——置かれているような論考だ。そこで失われているのは，私たちの仕事の核心である，オーラルヒストリー

の中心性である。(Shopes 2014: 263-264)

　リンダ・ショウプスはこのように述べ，主観性と相互行為の分析に力を注ぐ「理論的」オーラルヒストリーに警鐘を鳴らす。と同時に，ショウプスは実はその「理論」の源泉である作品が2冊あるいは3冊程度しかないこと，しかもそれらの書籍がしばしば適切に引用されていないことも指摘している (Shopes 2014: 264-266)。

　もし，オーラルヒストリー研究や伝記的研究が，インタビューに関して「過去の出来事について述べた内容 (whats)」と「それを現在述べている方法 (hows)」とを分離し，内容を主観性に，方法を相互行為あるいは間主観性に結びつけて分析するのであれば，それは whats によって部分的に描写される過去の事実を前提していることを意味する。しかし，それこそまさに「歴史学のオーソドックスな考え方」ではないだろうか。

　内容と方法とを分離することが，そもそもの批判に回答した結果でもなく，方法論上の必然でもなく，どちらに注力しても問題が生じてしまう。しかも，先ほど見てきたとおり，「過去のリアリティ」や「ストーリーは観念的構築物 (フィクション) なのか？」という問題は，内容と方法を分離することによって，はじめて難問として成立する。それなら，内容と方法の分離，あるいは「「事実を聞く」ことと「語り方を聞く」こと」(岸 2016: 173) を別のものとみなす方針を変更するのが妥当である。つまり，内容 (whats) と方法 (hows) の2つがあって，それらが並立しているのではない。その2つは同じものである。過去と現在の2つがあり，それらは分離できるのではない。過去は現在を成り立たせる条件であり，現在は想起を通じて過去を再構成する。そのように考えれば，内容と方法とを分離するのではない，別の問いが立てられる。

過去の人々がなんらかの事柄を事実であると示したものは，いかにしてそのようなものとして成立し，どのような経緯で今日まで残ったのだろうか。その過程はそれ自体が，歴史学的な検討課題ではないだろうか。この問いを扱った歴史学的研究は，すでに数多く見いだすことができる。

　先に私は，調査研究における「倫理的要請を受け入れ，インタビュー時にどのように過去が回顧されるかという点に関心があったとしても，出来事の事実性を確認する努力を怠る必要はない」と書いた。別の言い方をすれば，「調査者を調査の重要な対象であると位置づけ」，人々は過去をどのように語るのかという問題は，実は，対話的構築主義においてはまだ不十分だ。鶴田幸恵と小宮友根が指摘するように，調査者と調査対象者は，インタビューにおいて，意味をもったやりとりを行っている。「「相互行為としてのインタビュー」という視点は，もっと文字通りに理解されることで，方法論の議論となりうる」（鶴田・小宮 2007: 28）。

　　　別の言い方をすれば，インタビューのその時点で，調査者は被調査者の語りを，既に一定の意味をもったものとして聞いている，ということである。あたりまえと思われるかもしれないが，これは根本的なことである。なぜなら，語りの事実性を問うたり，似たような語りを集めたり，そこからモデルを作ったり，といったようなことはすべて，既にその語りが理解できて初めて可能な作業であるからだ。事実性やパターンに対して，語りの理解は論理的に先行しているのである。したがって，そうした一つ一つの語りが，いかにしてまさにそのように理解しうる語りであるのか，ということは，記述されるべき独自の課題となる。（鶴田・小宮 2007: 29，強調原文）

誰かが過去を語るときに，私たちはなぜ，特定の状況におけるその発言が，過去について語ったものであると理解できるのかということは，記述されるべき独自の課題となる。そして，この課題は，調査者が過去の出来事の事実性を問わない方針を導くものではない。なぜなら，調査者はある発言を聞いた時点で，その発言が過去の事実について語ったものであるかないかについて，理解してしまっているからだ（理解できない場合にはじめて，調査者は会話のなかでその発言が何であるかを確認したり，あとで別の情報に依拠してその発言を解釈したりする）。「事実性やパターンに対して，語りの理解は論理的に先行している」とはそういう意味だ。

　アレッサンドロ・ポルテッリは，人々が過去を回顧するその記憶をもまた歴史叙述の対象にできると指摘した。マイケル・フリッシュは，オーラルヒストリーが「歴史学以上のもの」あるいは「歴史学の否定」に資する手段としてではなく，人々が過去を回顧するその過程自体を研究する対象にできると主張した。私たちは過去の回想を語り，聞くとき，いったい何をしているのだろうか。過去の回想を聞くときに，あるときはその回想を事実だと思い，あるときはそれを疑うのは，いかにして可能なのだろうか。この問題は，歴史学にとって重要な問題でありながら，歴史学それ自体によっては答えられない問題ではないだろうか。

　この問題を扱ったものとして，マイケル・リンチとディヴィッド・ボーゲンの研究（Lynch and Bogen 1996）がある。リンチとボーゲンは，イラン・コントラ事件に関する両院合同調査委員会の主催した公聴会において，オリヴァー・ノースやジョン・ポインデクスターらの証言が，質問者や聴衆に検討される様を詳細に記述した。リンチとボーゲンは，証言を聞く人々が証言以外に，その話される具体的な事柄についての知識がないにもかかわらず，証人の地位や

職務の内容，それに伴う責任を考慮に入れることで，証人が信頼できるかどうか判定していると指摘する（Lynch and Bogen 1996: 180-92）。「その状況に置かれれば（関連するカテゴリに属する人なら）『誰でも』思い出すはず／べき事柄を思い出す責任を負う」（Lynch and Bogen 1996: 200）がゆえに，質問者も聴衆も，証人の頭の中を覗くことなどできないにもかかわらず，「覚えていない」という言明すら集合的に審理しうる。

　リンチとボーゲンの指摘から明らかなのは，聞き手がある証言を「正しい」あるいは「間違っている」とみなすとき，聞き手は日常的な推論を常に働かせているということだけではない。証言の内容と証言がなされる状況とを別個のものとみなしてしまうと，私たちは歴史と記憶との関係について，重要な事柄を見落とす可能性があるということもまた，この指摘から明らかだ。

　この章では，オーラルヒストリーの方法論上で「転回」と呼ばれたもののうち，相互行為について検討した。オーラルヒストリー研究と，質的方法を用いて伝記的研究を行う社会調査とは，しばしば対象の点でも話題の点でも関心が重なる。

　その方法論はしばしば，過去の体験について語られた内容と，それを調査時点において回想した際の状況とが，どのような関係にあるのかをめぐって紛糾した。コミュニケーション概念の変化を背景に，また量的調査の「科学性」に異を唱えて，調査対象者を単なる「回答の容器」と見なす発想に対して，調査における「whatの問い」だけでなく「howの問い」も立てられるべきだと主張された。この主張は，またしても，おそらくは提唱者自身の想定を超えて引用され，「語られた出来事について真偽を判断すべきではない」という「アンチ・リアリスト的」方法論の基盤となった。

　しかし，内容と方法とを分離するのは，そもそもオーラルヒスト

リーに向けられた批判に回答した結果でもなければ、方法論上の必然でもなかった。そのうえ、内容（whats）と方法（hows）とのどちらに注力しても問題が残る。内容の「主観性」を扱うのであれば、それはオーラルヒストリーの特徴というよりは「実証主義的」な歴史学の方法論である。相互行為という方法にのみ注力するのであれば、オーラルヒストリー研究はその核心を失う。

　では、むしろ「主観性」と相互行為とを額面どおり受け取って、調査の対象としてみてはどうだろうか。史料の「主観性」はいかにして成り立つのだろうか。人々はいかにして相互行為を通じて過去を構築するのだろうか。

　史料の産出プロセスを歴史叙述に含めることは可能であり、人々が過去の出来事を事実として理解するプロセスは社会学的探求の課題である。そして後者は最終的に、ある歴史の一時点において人々が過去について行った共同作業についての歴史叙述になる（リンチとボーゲンの研究は、レーガン政権下アメリカ合衆国の歴史叙述でもありうるだろう）。続く第4章・第5章では、このような方法論に基づいた研究事例を示そうと思う。

第 4 章

事実がわからないとき

過去の記述と社会調査

1 相互行為と回想における「主観性」の問題

「実証主義」対「構築主義」

ここまでの章でみられたように，オーラルヒストリーの方法論ではしばしば，二項対立的な議論が展開されてきた。たとえば，第 2 章冒頭でも述べたようにリンダ・ショウプスは，オーラルヒストリーにはインタビューをいかなるものとみなすかについて，2 つの見方があると論ずる。

　　インタビューをアーカイヴ的な資料として，つまり歴史の記録により多くの情報を与えるものや，正確さを評価すべきものとして理解する方法から，インタビューをナラティヴ的な構築物として，つまり記憶や主観性やアイデンティティに関わって解釈されなければならないものとして理解する方法へと変化してきたというのが，オーラルヒストリーの知的な展開に対する

151

典型的な捉え方だ。別の言い方をすると，ドキュメントとしてのオーラルヒストリーから，テクストとしてのオーラルヒストリーへという見方だ。(Shopes 2014: 258)

また，以下の引用箇所で倉石一郎はオーラルヒストリー研究と伝記的研究にみられる「対立図式」を列挙している。

> ライフヒストリー（生活史）vs ライフストーリー，事実の実在性 vs 構築性，実証主義 vs 構築主義といった対立図式において，後者よりも前者の立場，即ち事実の実在性を重んじ，実証主義の立場からライフヒストリー（生活史）研究を行うスタンスを指す。両者を別つ違いは，社会調査の場でインタビューなどを通して聞き取る他者の語りを，「事実」との強い結びつきにおいてとらえようとする実証主義・生活史と，「事実」から相対的に独立した語りの自立性に軸足を置く構築主義・ライフストーリー研究の立場との違いである。(倉石 2017: 101)

この倉石の提示する対立図式は，はたして正確だろうか。あるいは，オーラルヒストリーの方法論を「事実の実在性 vs 構築性，実証主義 vs 構築主義といった対立図式」によって理解することは，はたしてオーラルヒストリーの方法論で論じられてきたことを把握するのに役立つだろうか。桜井厚は「出来事の事実性がどうであるかを押さえることは，少なくとも人々が生きている生活世界のリアリティを押さえることを基本的な捉え方としているライフストーリー的なスタンスとは少し異なる」(桜井・西倉 2017: 78) と主張する。「少し異なる」とは，何と何についての，どの程度の違いを指すのか明示されていないが，控え目にいってもこの文では「出来事の事

実性がどうであるか」と「生活世界のリアリティ」とは別個の問題とされており，かつ「ライフストーリー的なスタンス」においては後者を押さえることが基本的な捉え方だと説明されている。しかし，第2章・第3章で見てきたように，この両者をともに検討の課題にすることが，少なくとも20世紀後半以後のオーラルヒストリー研究史だったはずだ。

曖昧な用語の使用がもたらすもの

　本書はここまで，オーラルヒストリー研究や伝記的研究の方法論をレビューし，過去に起こった出来事の回想を収集するインタビュー調査の特徴として挙げられてきたものを検討してきた。そして，どのような研究が自らをオーラルヒストリー研究と名乗ってきたのか（第1章），オーラルヒストリアンたちはこれまで，誰からのどのような批判を気にして，それにどのように答えてきたのか（第2章），社会調査（伝記的研究）はオーラルヒストリー研究における「主観性」の問題と，インタビュー過程におけるやりとり（相互行為）の問題について何を論じてきたのか（第3章）を調べてきた。

　そこで明らかになってきたことの1つは，オーラルヒストリーの方法論が「主観対客観」や「事実性対リアリティ」「実証対構築」といった二項対立に陥り，「語られている過去に起こった出来事」と「過去に起こった出来事について語る現在」の2つが分離されてしまっているのではないかということだった。

　この二項対立をもたらす原因の1つは，オーラルヒストリーと伝記的研究の方法論に関する概念，なかでも「主観性」に起因する。第2章で論じたように，「主観性」という語は，インタビュー対象者が過去に起こった出来事を思い出し説明することのすべてについて用いられてしまっている。主観性とは「オーラルヒストリーその

もの（what oral history is）」（Abrams 2016: 22）だというリン・エイブラムスの主張は、「主観性」という言葉がオーラルヒストリー研究の方法論において、非常に多くの対象を指すために使われていることを表している。「記憶やイデオロギー、神話、意識、アイデンティティ、欲望」や、「コミュニティや会社法人、大統領や政権といったより大きな調査課題に関するインタビュイーの体験と見聞」まで「主観性」に含めるのであれば、たしかにオーラルヒストリーで得られる情報はすべて「主観性」だということになるだろうが、はたしてそこまで拡張された概念によって、インタビューデータが適切に分析できるかどうかは、はなはだ疑問だ。エイブラムスが挙げる「階級、ジェンダー、年齢、エスニシティやそのほか調査者との関係に影響を与えるような変数」（Abrams 2016: 74）を「主観性」とは呼びえない。

「リアリティ」という語も「主観性」と同様に、かなり多くの対象を説明する際に用いられている。「それぞれの価値観や動機によって意味構成された、きわめて主観的なリアリティ」（桜井 2002: 39）という文の「リアリティ」は「果たして語られるライフストーリーは、過去のリアリティを正しく伝えているのだろうか」（桜井 2008b: 190）という文の「リアリティ」と意味が異なっている。前者が時と場合を問わない「リアリティ」なるものの性質について述べたものであるのに対して、後者は「話題となっている出来事が過去に起こったその時点において、語り手がその出来事はこのようであると認識したり理解したりしていたこと」を指している。また先ほど見たように、「人々が生きている生活世界のリアリティ」（桜井・西倉 2017: 78）は、「事実性を押さえること」と対立関係にあるか少なくとも別個であり、かつ「事実性を押さえること」より優先されるべきものを指している。

「主観性」も「リアリティ」も，調査の際にインタビューのなか
で用いられている言葉ではない。分析の際に調査者あるいは論文や
書籍の書き手が，調査データを分析する際に使用する用語だ。そし
て，その用語はインタビューで得られた情報が他の情報と食い違っ
たり，1回目と2回目のインタビューで違うことが話されたりとい
った，分析の際に調査者が出くわすなんらかの問題を総称している。
あるいは，「主観性」と呼ぶべきでない事柄（「階級，ジェンダー，年
齢，エスニシティやそのほか調査者との関係に影響を与えるような変数」）
をも「主観性」に含めている。このように考えると，オーラルヒス
トリー研究あるいは伝記的研究における「主観性」と「リアリテ
ィ」は，それこそが重要なものであるといわれておきながら，その
概念を使うことによって，調査すべき事柄を調査できなくなったり，
分析できるはずの事柄を分析しないままに放置したりする手段にな
っているおそれがある。
　「主観性」と「リアリティ」の使われ方をこのように問題視する
のは，ある言葉が人口に膾炙するうちに，使い方が人によって多少
変わったり，たとえばポルテッリが1991年に用いたような，「主
観」以外に呼びようのないものに対して用いるのとは異なって用い
られるようになったりするありふれた現象に，わざわざ目くじらを
立てているのかもしれない。しかし，オーラルヒストリーや伝記的
研究の方法論が「客観対主観」「事実性対リアリティ」「実証主義対
構築主義」といった二項対立から抜け出せずにいるのを危惧するの
であれば，調査者はこのような――実際に調査者が行っていること
を表現できていなかったり，その概念を使うことによって研究対象
を適切に記述できなくなったりするような――言葉を使わずに，自
分たちが行っていることを説明しなければいけない。

「扱いに困る」話

　そうはいっても，実際にインタビュー調査をするとき，調査対象者が記憶違いや勘違いをしたり，あるいは意図的に体験したことや知っていたことを隠したり，嘘をついたりすることはありうる。あるいは，語り手の持つ知識や前提，規範が聞き手のそれらとまったく異なっているため，やりとりが成立しなかったり，どちらかあるいは両方が不快な体験をしたりすることもある。「主観性」や「リアリティ」という言葉で説明しようとした対象は，本来そのような，調査者が調査中に出会う対処しなければならない具体的な問題だったはずだ。調査中にそのような状況（「なんだか話が噛み合わないぞ」「いやいや，それは違うでしょう」「この人はいま，何かを隠しているのでは？」等々）に陥ったり，論文を書こうとして自らの勘違いや相手の記憶違いや意図的な虚偽などに気がついたりしたとき，調査者はつい，語り手の記憶違いや意図的な虚偽を「主観性」といったり，自分とまったく異なる知識や前提や規範の束を「リアリティ」と呼んだり，噛み合わないやりとりから「権力性」を見出し，それを調査の主たる探究課題に据えたくなったりするかもしれない。しかし，もしそのようなときに「主観性」も「リアリティ」も「権力性」も用いないほうが建設的な議論ができる可能性に目を向けるなら，いったい調査者は何をどう書けばいいのだろうか。

　インタビュー調査やオーラルヒストリー研究，伝記的研究を扱う調査者は，このような記憶違いや勘違い，うまく噛み合わないやりとりといったものと向き合わなければならない回数が，文書や数量データを扱う調査よりも多い可能性がある。第2章で見たように，

1　ただし，当然ながら統計的データを扱う際にも，インタビュー調査は行われており，調査票の回答が何を意味しているのかについて調査者は多くの場合，集団で検討している。これについては，渡邊大輔による2012年8月27

オーラルヒストリー研究で批判された点の1つは，そのような回想データの意義だった。それは批判のすべてではなかったのだが，その批判に応えるために，オーラルヒストリー研究や伝記的研究の方法論は「主観性」と「リアリティ」を強調してきたといえる。だとすれば，過去の出来事をインタビューする調査と「裏取り」のできない話や他の資料・史料と矛盾する話との関係について，より踏み込んだ考察が必要だ。インタビュー対象者が少なすぎたり，その話があまりにインタビュー中に重要な意味を持っていたりして「裏取り」のできない話や他の資料・史料と矛盾する話を無視できないにもかかわらず，そのような話を分析し始めると，本来の調査設計とは異なる課題で新たに調査・検討しなければならないような「扱いに困る話」に出会うときがある。そのような「扱いに困る話」を具体的にどのように調べ，その結果何が起こるかを例示することは，オーラルヒストリー研究や伝記的研究に従事する人々にとって何かの参考になるだろう。

　本章では，ある事件について，インタビュー対象者がすでにその事件について知られていることとまったく異なる話をした場合を挙げる。私はそのインタビューをしてから10年以上，その話はもしかしたら調査対象者の単なる記憶違いか，あるいはインタビュー時の勢いで話されたほら話かもしれないと疑いながら，そうとは言い

<hr />

日の報告「質問紙調査プロセスとチーム——量的調査における信頼性の担保とその問題点」（人文学・社会科学における質的研究と量的研究の連携の可能性第3回研究会）から大きな示唆を受けた。

2　なお，本章は私が2008年から2009年にかけて行ったインタビュー調査と，それに関連した文献調査に基づいている。私はすでにこの調査結果を使って論文を発表しているが（朴沙羅，2010，「〈事実〉をつくる——吹田事件と言説の政治」『ソシオロジ』54 (3): 189-204），今回この章を書くにあたって，当時予算と私の知識が足りず入手できなかった資料を複数用いている。

切れないと思い続けている。おそらくオーラルヒストリーや伝記的研究に携わる調査者は，調査場面においてそのような話を聞いた体験があるのではないだろうか。もしそのような「扱いに困る話」を「主観性」という言葉で片付けないのであれば，それらはいったい何なのか，それを真面目に検討すると何がわかるのかについて，この章で私は一例を示したい。

　なお，注記すると私は，そのような「扱いに困る話」に出会うことがオーラルヒストリー研究や伝記的研究の醍醐味であるとは考えない。私がこの章で書きたいのは次のようなことだ。オーラルヒストリー研究や伝記的研究において，調査者はインタビュアーとして積極的に「扱いに困る話」を作り出す場に関与しているが，そのような話を調べた実例が乏しい。もし調査者が実際にそのような事例に出会ったときにどうしたらいいかの判断がつかず，「主観性」「リアリティ」等々と呼んでその話の意味を調べることをやめてしまうのだとしたら，その理由はしばしば研究者が間違った用語，つまりインタビューのトランスクリプトのなかにない述語や概念によって，対象を呼ぶことから生じている。だから，本章で書く私の一例は，「扱いに困る話」に付き合ったらどうなるかという，論文であまり書かれることがなく，もしかしたら大学の授業などでもあまり話されないかもしれない，ある種の失敗談だ。

　「この人はいったい，何の話をしているのだろう？」という疑問を解くため，私は調査対象者が私に説明した事件について調べた。そして，結果として私の疑問は解けるどころか，より深まった気すらする。しかし，歴史を調べる仕事は，ある出来事の記述が事実かどうかを判定することだけを意味するのではない。判定できなくとも調べられることはあり，調べ続ければわかることはある。その結果わかることは，もし調査対象者の話を「主観性」や「リアリテ

ィ」と呼んで，それ以上その話が何を意味しているのか調べるのを止めてしまっていたなら，おそらくわからないままだったことだ。過去に起きた出来事について調べているとき，通常，事実はこのようであると確立できるのが望ましい。他方で，研究者たちが確立できたと考えていたはずの事柄が事実でなかったと判明する場合もあれば，いくら調べてもわからない場合もあるだろう。しかし，そのような場合でも研究が進まないわけではない。ある事柄が事実でなかったと判明したり，事実がわからないまま調査を続けたりするなかで，他の事実がわかることもある。そのような変化は研究の進展を意味するはずだ。

2 Just one witness?

「主観的」な話との出会い

　以下の節では，「裏」が取れなかったり，他の資料と矛盾していたりして，そのデータを適切に分析するためには本来の調査計画と異なる別の問いを立て，別の論文を書かなければならないような「扱いに困る話」の例として，私の伯父が語った「吹田事件」の体験談を挙げる。

　私は2008年から2009年にかけて，父方の伯父の生活史を記録していた。私は当時，在日コリアン1世の移住体験を記録する目的で，自分の親族に生活史インタビューを行っており，伯父へのインタビューはその一環だった。インタビューを行った目的は，当初は父方親族の生活史を利用して卒業論文を執筆することだったが，私は途中でそれを諦め，修士論文で生活史を扱うことにした。そして，修士論文では父方親族の生活史を扱ったものの，本章で取り上げる

「吹田事件」の体験談は取り上げなかった。

　「吹田事件」についての伯父の体験談を聞いたときには，私はそれを修士論文のなかで使うつもりだった。しかし次第に，伯父の体験談を分析するためには，修士論文で立てた問いとは別の問いが必要だと確信した。彼の話には記憶違いが含まれていたかもしれず，まったくの虚偽であることも否定できず，しかしもしかすると彼が体験したことをなんらの勘違いも記憶違いもなく話していたのかもしれなかった。当時，私がこの3つの可能性のなかで逡巡した理由は，伯父が体験した「吹田事件」なるものの性質に起因する。伯父の体験談を分析する作業は，1952年6月に起こった「吹田事件」と呼ばれる出来事が，その当時に，またその後に，誰によってどのように描写されてきたのか整理する作業を必要とした。これから書くのは，そのような作業の過程である。

　伯父は10人兄弟姉妹の3番目として1938年に現在の大韓民国済州特別自治道朝天面新村里で生まれ，2011年に大阪府大阪市で没した。伯父は生後まもなく大阪府布施市（当時）へ移住し，1945年に家族とともに新村里に戻ったものの，1948年4月に勃発した「済州四・三事件」に巻き込まれて生命の危機を感じ，1949年の秋ごろ，再び一家で大阪へ移住した。

　1952年6月，当時中学3年生だった伯父は吹田事件に参加した。伯父の説明によれば，当時生徒会役員だった伯父は，中学校の教員に引率され，同じく役員をしていた生徒たちとともに中学校に集合し，電車でどこかの駅まで移動した。どこの駅かはわからないが，伯父たちは下車後に「労働者」らしき人々と集合した。その時点で総勢200名程度になり，移動中にあった住宅2軒に放火した。さらに伯父たちはその「労働者」たちとともに関西大学千里山キャンパスのグラウンドに集合し，グラウンドで夜を明かしてから，翌朝早

く関西大学から吹田駅までデモ行進に参加した。デモ行進の際に，伯父はトラックに乗っていた警察官が火炎瓶の投擲を受けたのを目撃している。デモ隊が吹田駅に入場したところ，すでに警察は吹田駅を包囲しており，デモ隊の入場を待って駅に突入した。その際，警察官が2度発砲し，参加者の若い男性が負傷した。しかし，伯父は同級生たちとともに，混み合う通勤列車に乗り込んで吹田駅を脱出し，大阪駅を経由して無事に帰宅した。

伯父：ほんだらね，関西大学の講堂でね，講堂いうんか，あの……グラウンドでね，みんなてんでに連絡とって，戦争反対の生徒からどっかの組合から何からね，ある晩に，わし日にちは忘れとるけど，前の晩にそこで集まる。その，キャンプファイヤー。ばーっと火燃やしてね，演説する何かする，そのグラウンドで催しするようなっとったわけ。その晩，うちらのメンバーみんな5時に集まって，どこかの組合いうんか，労働者の，合流するようになっとったわけや。

朴：グラウンドに？

伯父：違う。グラウンドに集まる前に。合流したんが，夜の8時か9時ごろやねん。合流したんは200〜300人になる。それから，そこ[関西大学]まで行くまでに，どんなことしたか言うたら，豊中，吹田近辺の金持ちの，昔からの資本主義の。それを，こんなん差別や，格差や言うて，お前らみたいなやつは潰さなあかんと。で，ワッショイワッショイしてやな，デモして，それで，火炎瓶投げたり燃やしてもたり。朝鮮戦争に加担してる日本の金持ちは，そういうな金もうけとると。いうことで潰しに行った。まあ倉庫とか，そういうなん潰しにいったやつもおるか知らんけど。

朴：分かれて行ったんですね。

伯父：分かれて行った。わしらは2箇所か3箇所，そういうこととして。それやりもって［それをやりながら］，関西大学のグラウンドに行ったわけや。夜中の12時か1時ごろやねん。それから，火燃やして，気勢上げてるわけや。電気ない時やけど，あれでみな見えるんや。それで，朝まで連続してやって，太陽で，薄明るくなってんね。それから大体解散しようかいうことで，吹田駅までデモしたわけや。大阪の，こっち帰ってこ思ったら吹田駅しかないわけや。で，吹田駅へ団体でダーっと来とったやんか。ずらーっと，ものすご長い列や。700〜800人か，1000人くらい集まってる。4人ぐらいの隊列でズラーっと，吹田駅の方へ歩いて，デモして行っとるわけや。したら，警察の車両が，大きなトラックや。そこに，皆こう，乗ってるわけや。

朴：トラックに警察官が？

伯父：機動隊みたいなんがね。で，その乗ってるときに，火炎瓶投げてもたわけや。わしらの方の人間が，そのトラックに。それがバーンと破裂して，わしらの目の前で。服に火ついて。そこで離れたら，今やったら考えられんけども，みな掴んでいってまいおるから，警察が離れたら，皆に半殺しされるから，しがみついて。あんだけトラックに乗っとるのに。燃えもって，消しもって，逃げていきおったわけや。警察が。

朴：トラックに乗ってるのに？

伯父：バーンと投げたら燃えるやん。燃えた，せやけどそれで消したり止めたりしたら皆に殴られるから。もうトラック止めたらうわーっと行ってまいおるから。しがみついて，そんな具合にして逃げとる姿。せやけど，今度は，皆あないにされてるから警察も黙っとけへんやん。今度はそういうとこの偉いさん，

摑もと思て，警察が吹田の駅を包囲したわけや。わしらそれ知らんかってん。それから，乗るときに，電車動かすな言うて問題が起きたわけや。ピストル2，3発発射さして，そこでもめあって。それでね，ピストルで，うちの普通の市民，市民じゃない，まあそういう

朴：来てはる人？

伯父：あの時に，1発か2発当たってん。死にはしてない。けど負傷してん。そん時でも，団体の時は強いで。バラバラなると，警察引っ張られて大変やから。ほな，わしらのグループは，大阪駅行ったらバラバラなって，サッと，人紛れに入ってまおと，そういう計画。他の人らは知らんで。わしら十何人はそういう話し合い出来とるわけや。大阪駅までは皆と一緒に，降りた途端に皆バラバラなってまおうと。で，うちへ帰ろうと。逮捕されると思ってなかったし，されへんかった。逮捕された人おるんかな？

朴：ようけおりますけど，無罪なった人も多かったです。

伯父：そうやろ。あの時，わしらのグループのなかで，わしが先頭。先生の言うこと聞いて，皆に指導もやっとった。せやけどわしは中学生や。わしみたいなん引っ張って行かれへん。まだ少年。これという悪いこと何もしてないやん。

朴：デモに参加しただけですよね。

（2007年10月7日，インタビュー）

　この話を聞いた時点で，私は伯父の語った内容に何の疑問も抱いていなかった。当時の私には「吹田事件」という事件があったらしいこと，それは在日朝鮮人が朝鮮戦争に反対して吹田駅前までデモ行進をした事件だったこと，という程度の知識しかなかったからだ。

しかし後日，私は伯父のいう「吹田事件」の概要に疑問を抱いた。彼のインタビューを関連づけようと，大学図書館で吹田事件の起こった日（1952 年 6 月 25 日）の新聞を調べたところ，その日の『朝日新聞』大阪版（夕刊）には，「朝鮮動乱記念日　デモ隊　警官と衝突」と見出しがあり，次のように書かれていた。

　　朝鮮動乱 2 周年記念日の 25 日の前夜から当日にかけて国警[3]本部で朝鮮人の行動について警戒していたが，大阪地方ではデモ隊と警察官が衝突，合計 79 名が逮捕された。大阪府学連主催の「伊丹基地粉砕，反戦，独立の夕」は 24 日夜大会終了後夜が更けるとともに二手に分かれてデモ隊が山を降りて各方面に分散出没，夜が開けるまで姿なきデモ隊を追って国警大坂管区本部，同府本部，大阪警視庁，地元市署などの警官□［判読不能］名が動き，ついに 25 日朝吹田駅で衝突したが，結局大部分のデモ隊は逃走，25 日朝 10 時現在判明しただけでも警官隊に重軽傷 42 人（うち 32 人は吹田市内で）デモ隊側 11 人（逮捕されたものだけ）を出した。逮捕されたものは吹田市署関係 23人，大阪警視庁関係 42 人，計 65 人＝25 日午後 2 時現在＝にのぼった。（1952 年 6 月 25 日，『朝日新聞』大阪版夕刊，p. 2）

3　国家地方警察。1948 年 1 月から 1954 年 6 月まで旧警察法に基づいて設置されていた。国家公安委員会の権限に属する事項に関する事務を処理することを目的とし（第 11 条），自治体警察の設置された区域を除く区域に設置されることになっていた（第 27 条）が，実際には国家地方警察本部（現在の警察庁）が全国の都道府県国家地方警察本部の指揮権，国家非常事態の際の警察統合権，警察教養施設管理権，通信施設管理権を握っており，自治体警察に対して優位な立場にあったうえ，自治体警察に対してストライキの状況や日本共産党の動向・治安状況などの報告を求めていた。

読み進めると，『朝日新聞』の説明する「吹田事件」は次のようなものだった。

　　「反戦の夕」を終った学生，朝鮮人ら約 380 人が，既報のように阪急石橋駅から臨時電車を出させて 25 日午前 3 時 5 分大阪へ出発したとの報に大阪阪急梅田駅では警視庁から機動隊一個中隊を出動させて駅を取り囲み，別に曽根崎署から 100 名が構内をかためて待ち構えたが，午前 3 時 20 分ごろ服部駅でデモ隊全員が下車，行方をくらましましたので，電車は十三駅で取り消しとなり，警察隊は完全に肩透かしを食った。このため大阪管区警察学校から警官 200 名がトラック 4 台で付近にある関西配電小曽根変電所の防衛に駆けつけたが，デモ隊の姿は 1 人も見えなかった。間も無く午前 4 時 10 分ごろデモ隊の一部とみられる約 20 名の朝鮮人らしいのが吹田市に現れ，豊津駐在所を襲い，窓ガラスを壊し火炎瓶 1 本を投げ込んで逃げたが，不発に終わった。25 日午前 5 時 50 分ごろ，国警大阪管区警察学校と吹田市署の警官 200 名が新京阪国道[4]沿いの吹田市岸部山で約 500 人のデモ隊と出食わし，警察側から「円満に解散するよう」申し入れたがものわかれとなり，デモ隊は竹槍を先頭に太鼓を叩きながら新京阪国道を横断して午前 6 時半吹田操車場構内へなだれ込んだ。（……）このころからようやく小競り合いや衝突が起こり，7 時 10 分茨木市市職員を乗せた出動者 1 台が付近の小路町でデモ隊に包囲され，硫酸や火炎瓶を投げつけら

4　この「新京阪国道」とは現在，京阪国道と通称される道路（国道 1 号のうち京都・大阪間）ではない。法務研修所編（1954）p. 16 の折り込み地図から判断するに，この記事で「新京阪国道」と呼ばれるものは現在の大阪府道 14 号線と一致している。

れて警官 12 名が火傷を負い，中村巡査部長と小野巡査はピストルを奪われた。またデモ隊の移動に連れて 7 時半ごろ警察不在中の岸部，東片山，片山の 3 派出所が次々に襲われ，窓ガラス，電話機が破壊された。こうして新京阪国道の無届けデモを強行したデモ隊の約 300 名は午前 8 時，吹田駅西方ガードで警官隊約 200 名に会いそのまま吹田駅へ殺到，檻から同駅に停車した米原初大阪行き 911 通勤列車の 7，8 両目に無賃で乗り満員の乗客の中に潜り込んだので，警官隊が列車内に踏み込んだ。それを撃退しようとデモ隊は持っていた火炎瓶をいっせいに投げつけ，警官隊から奪ったピストルを 1 発発射したのをきっかけに警官隊もピストル数発を発射，応酬した。

（1952 年 6 月 25 日，『朝日新聞』大阪版夕刊，p. 2）

　上述のような「吹田事件」の筋は，伯父が私に語った「吹田事件」とは大部分で異なり，一部で共通していた。異なっていた部分は，集合場所と事件の経過である。伯父は自分たちが関西大学に集合したと語る。その他の資料は，デモ参加者は「豊中市待兼山阪大北校グランド」（法務研修所編 1954: 1），現在の大阪大学豊中キャンパスのグラウンドに集合したと述べている。関西大学千里山キャンパスは吹田市にあるが，大阪大学豊中キャンパスのグラウンドからは約 7 キロ離れている。伯父たちは中学校に集合したあと，電車で移動し，住宅 2 軒に放火したあと，他の参加者とともに関西大学に集合し，吹田駅までデモ行進する。他の資料では，デモ参加者が大阪大学豊中キャンパスに集合するまでの経過はまったく明らかにされておらず，大阪大学豊中キャンパスのグラウンドに集合したあと，二手に分かれて国鉄吹田駅付近まで移動したあと合流し，吹田駅までデモ行進したと書く。

図 4-1 「吹田事件」の舞台

①刀根山ハウス（待兼山）	②大阪大学豊中キャンパス　③豊中送信所（警察予備隊）
④笹川良一方（小野原）	⑤須佐之男命神社　⑥関西大学千里山キャンパス
⑦石橋阪大前駅	⑧伊丹飛行場（現大阪国際空港）　⑨服部駅（現服部天神駅）
⑩豊津駐在所	⑪吹田操車場　⑫吹田駅

（注）　山越部隊の足跡は①〜⑤，⑥は伯父の証言，⑦〜⑫は人民電車部隊および山越
部隊と合流後の動きに対応している。地図の欄外に東へ5kmほどで小松正義方，さ
らに北東へ5kmほど進むと枚方工廠がある。また，欄外の南で淀川を渡れば梅田駅，
付近に曽根崎警察署がある。

（出所）　GoogleMapを元に作成。

ほぼすべての情報について一致しているのは，伯父たちがデモ隊
に合流してからの描写だ。「トラック」に乗った機動隊員の1名に
対してデモ参加者が火炎瓶を投げ，機動隊員が火傷を負い「トラッ
ク」が撤退したこと，デモ隊が吹田駅に入ったとき，すでに吹田駅
は警察官と機動隊員によって包囲されていたこと，警察官が2度発
砲し，デモに参加していた大学生が負傷したこと，デモ参加者が吹
田駅に到着した通勤電車に乗り込んで乗客に紛れたため，警察官は
参加者の大半を逮捕できなかったこと──これらの情報について，
伯父の説明は参加者や警察，あるいは裁判所による資料の説明と一
致した。

差異の検討

　このとき私は，調査が失敗したとは思わなかった。ただ，何かお
かしなことが起きているとは思った。おかしなこととは，当然なが
ら，伯父の回想と他の資料との差異と一致の両方を指す。単に伯父
の話が他の資料の説明する「吹田事件」と同じであれば，伯父の体
験談はその事件の描写と整合的であり，私はなんの疑問も感じなか
っただろう。単に伯父の話がまったく異なるだけであれば，私はお
そらく，伯父の記憶違いの可能性を考えただろう。しかし，伯父の
体験談は一致している箇所もあればそうでない箇所もあり，それは
伯父の話す「吹田事件」の前半と後半で違っていた。

　この差異と一致をどう理解すればいいだろうか。その時点で，私
にはいくつか検討すべき事柄があった。まず，伯父が私に話した内
容のなかに，彼自身ではない人の体験談が混入した可能性だ。伯父
は調査時点で総連や民団といった民族組織，とくに前者との関係は
薄かった。なかでも吹田事件については，同じ体験をした中学校の
同級生たちと連絡が途絶えていることもあり，誰かと吹田事件につ

いて会話したり，他の人の体験談を聞きに行ったりしたというのも想像しがたい状況だった。そして，彼が話す「吹田事件」と，他の資料から確認できる「吹田事件」との齟齬は，他人の体験談の混入によって埋められる程度を超えていた。

　では，伯父が私に嘘をついて，あえて自分が体験したものとは違う「吹田事件」を私に話している可能性についてはどうだろうか。この可能性を想定したとき最初に脳裏に浮かんだのは，この体験談は伯父にとってわざわざ嘘をつくような性質の話ではないということだった。私が彼から生活史を聞き取るに当たって，伯父は自分の成功体験を大げさに話したり，失敗体験をあまり話さなかったりすることがあった。たとえば，家庭人としての自己評価や事業の成功具合については，おそらく私が実際よりも良い印象を抱くように話している可能性があった。しかし，6 月 25 日に伯父たちが集合した場所が大阪大学だったにもかかわらず，インタビュー時には集合場所を関西大学だったと話したとして，私は伯父に対して印象を変えるだろうか。伯父が参加した吹田事件の筋について，伯父が私に嘘をついたとして，彼はそこから得るものが少ない。伯父がそこで獅子奮迅の働きをしたとか，悲劇の主人公になったという話でもない。

　私たちは「裏取り」のできない話をすべて「嘘」と呼ぶわけではないのだ。なんらかの（しばしば話し手自身にとって都合の悪いことを隠したり，話し手自身を実際よりも良く見せたりしようという）意図のもとで，何かが正確でないことを知っているにもかかわらず，正確でない情報を伝えるようなとき，私たちはその話し手が「嘘をついている」と言う。何かを嘘と呼ぶためには，それが発せられるとき，なんらかの意図なり動機なりが明らかである必要がある。伯父が私に吹田事件について話をしたとき，彼にはその話について嘘をつく

意図も動機も見出せなかった。そして，誰かが過去の体験談を話すとき通常そうであるように，インタビューにおいても，過去に語り手が行ったことを聞き手が疑うのであれば，それ相応の理由が必要だ。

　では，勘違いしている可能性についてはどうか。これは否定できない。たとえば「大阪大学」（「はんだい」）と「関西大学」（「かんだい」）を混同していたり，出来事の経過の前後関係を誤って記憶していたりする可能性だ。しかし，伯父はインタビュー時点で70歳になったところで，記憶に関する問題を抱えてはいなかった。生活史インタビューの際は長時間にわたってよどみなく話し，私の質問にも的確に回答していた。また，伯父が別の体験（出身村で警察官に包囲された体験）を話したとき，伯父が語った内容は，他の調査者によって記録された体験談（藤永・伊地知ほか 2001）と，細部までほぼ同じものだった。インタビュー時点で60年前になっていた体験について，細部まで詳しく想起して語れる人物が，それより後（おおよそ55年前）に起こった体験について，これほど大きく「ずれた」記憶を持つものだろうか。私は，その可能性は低いと考えた。

　そこでまず私は，伯父と同じときに彼の話す「吹田事件」に参加した中学校の同級生や教員に連絡を取れないかと考えた。伯父たちのとった行動が他の資料に書かれていないのなら，同じ行動をとった人に話を聞くのが早い。もしその人の話と伯父の話に齟齬があるなら，伯父の記憶違いや勘違いの可能性が高まるか，少なくとも新しい他の何かがわかるだろう，と私は思った。しかし，伯父が中学卒業後に連絡を取っていたそれらの人々は，教員を含め，1970年代に朝鮮民主主義人民共和国への集団移住事業によって日本を離れており，それ以後，伯父は連絡を取っていないと言った。

　次に私は，「吹田事件」に現場で参加した人よりも，大須事件や

東京・血のメーデーという他の事件と，「吹田事件」との関係を知っている人，すなわち日本共産党の武力革命路線を知っていて，話してくれる日本共産党員にインタビューできないかと考えた。私が伯父にインタビューをしたとき，すでに「吹田事件」に関わった人々へのインタビューを豊富に掲載した西村秀樹の書籍（2004[=2019]）や，当事者による詳細な記録（脇田 2004）が出版されていた。そのため私はそこに掲載されている人々に私が再度インタビューを依頼したところで，「もうその話はしたから」と断られるのではないかと思った。また実際，西村（2004）で取材を受けている人の 1 人にインタビューを依頼したところ，質問事項を挙げた時点で「その話はできない」と断られた。それで私は，できれば「吹田事件」に現場で参加した人よりも，なるべく「吹田事件」の全貌を知っている人か，「吹田事件」と同時期に起こった他の行動との関連を知っていたりする人がいるなら，その人に話を聞きたいと考えた。後述するように，そのような人々は，1955 年以降に日本共産党の活動から退いた可能性がある。そのため私は，1950 年代に政治運動におそらく関わったことがあり（本人は共産党との関係を否定していたが，その娘は自分の家に「細胞の人」が長期間滞在していたことがあると記憶しているため），共産党員と関係のあった H さん（男性，インタビュー当時 80 歳）に連絡を取った。H さんは大須事件に関わった元共産党員の M さん（男性，インタビュー当時 80 代）を紹介してくれたが，M さんは自分は吹田事件については知らない，朝鮮の人がそんなに活躍し協力してくれたなんて感動的だ，ところであなたはどこでそのような情報を得たのか，と，逆に私に吹田事件について質問をした（2007 年 12 月）。

　伯父の体験談をそのまま信用していいものかどうか，私には確信が持てなかった。彼の話は，いわゆる（本書のこれまでの箇所でさん

ざん使われてきた不適切な表現を用いるならば）「主観的」な語りのように思われた。しかし，吹田事件について書かれた他の著作を読むと，伯父が勘違いしているだけではないのではないかとも思われた。

3 「吹田事件」と「吹田・枚方事件」

先に私は，伯父の体験談が勘違いなのか，それとも本当に体験したことを話しているのか判断がつかなかったと書き，そして「当時，私がこの 3 つの可能性のなかで逡巡した理由は，伯父が体験した『吹田事件』なるものの性質に起因する」と書いた。伯父の話に関連する他の情報はないかと調べるうちに，私は「吹田事件」と呼ばれている事件自体がかなり複雑であることにようやく気がついた。それは，次に述べるように，1952 年 6 月 25 日の未明に起こった事件を「吹田事件」という名称で呼ぶべきなのか否かという問題でもあった。より正確にいうと，「吹田事件」とは何か，何が「吹田事件」に含まれるべき出来事なのかという問いに答える作業が「吹田事件」なる過去に起こったはずの出来事への評価や説明になってしまうことに気がつく過程でもあった。

もう 1 つの事件

M さんに電話をかけたとき，私が考えていたのは，もし伯父とまったく同じ行動をとった人たちに会えないのであれば，「吹田事件」を含む 6.25 闘争の主催者である日本共産党の，現場にいた人ではなく計画を立案した人々のなかに，「吹田事件」の全貌を知っている人がいるのではないかということだった。そして，他の時期の，しかし関連しているはずの行動だった大須事件に関わった人な

ら，同時期の日本共産党にとっての吹田事件の意味や細部の計画を知っているのではないかということだった。しかしその期待は外れた。その時点で私は，もし日本共産党の関係者のなかで，1950年代前半の日本共産党にとって「吹田事件」がどのような意義を持ち，誰とどのような協力によって「吹田事件」が成立したかを知っている人がいるとしても，その人々はすでに他界しているか，生きていても私には（あるいは誰にも）話さないだろうと考えた。そこで，私は「吹田事件」の全貌を，あるいは「吹田事件」と呼ぶことのできる活動を，できるだけ多く，また詳細に集めていると予想できる集団が作った資料を調べようと思った。つまり，警察と検察である。

検察側が入手した共産党による「大阪民族対策部六・二五闘争報告」（1952年7月5日）によれば，6.25闘争は「米帝の朝鮮侵略とこれに対する朝鮮人民の英雄的な戦いを日本人民にアッピールし，反戦と日本民族の解放の自覚をさらに強化させる」ことや「共同の敵米帝を朝鮮と日本から追い出すための両人民の統一行動を自覚させる」（法務研修所編 1954: 101）ことなどを目的としており，その行動は「基地粉砕の大キャンプ・ファイアー」及び伊丹飛行場・米軍ハウス・国鉄吹田操車場へのデモで構成される集会，すなわち吹田事件と，「待兼山に呼応」した「遊撃隊による軍事攻撃」，すなわち牧方事件（法務研修所編 1954: 101）の2つで構成される。そして，後者の牧方事件はさらに牧方工廠爆破未遂事件と小松正義宅襲撃事件とに分けることができる。

1952年6月24日早朝，牧方工廠内の水圧ポンプ6台中2台にダイナマイト時限爆弾がしかけられた。2日後の6月26日午後，警

<hr />

5 牧方工廠の運営元は株式会社小松製作所。創業者の竹内明太郎は吉田茂の実兄にあたる。当初はトラックやブルドーザーの製造が計画されていたが，朝鮮戦争勃発後は砲弾製造の軍需工場として再編成されようとしていた。

備員がその時限爆弾を発見した。その時点では，この事件は枚方工廠爆破未遂事件という単独の事件として考えられていた。しかし2カ月後，別の事件で逮捕された容疑者を取り調べ中にこの事件について供述を得，再び工場内を点検したところ，時限爆弾が発見された隣の水圧ポンプが爆破され，ポンプ上部が腐食していたことがわかった。以上が枚方工廠爆破未遂事件の概要である。この事件は「吹田事件」と比較するとはるかに小規模で，ほぼ失敗に終わった。その失敗のゆえに，検察はこの事件が日本共産党にとって中心的な「軍事作戦」であるとは認識していなかった。

この事件がそれほど注目されなかった理由の1つは，「吹田事件」の取り調べに多くの人員が割かれていたことだった。そしてさらにもうひとつ，同じ枚方市内で起こった別の事件がより重大視されていたからでもあった。すなわち，小松正義宅襲撃事件である。先ほど挙げた『朝日新聞』大阪版夕刊では，同じ紙面で「枚方でも発砲」と題して，この小松正義宅襲撃事件についても報道している。

　　25日午前2時45分ごろ枚方市伊加賀，運送業栄組社長小松正義氏（43）方の玄関へ火炎瓶2本が投げ込まれフスマなどを焼いた。また同家のガレージにも火炎瓶2本が投げ込まれ，乗用車のエンジンを焦がした。（略）さらに付近の通称観照堂の山中に潜んでいた学生，朝鮮人など約4，50名を発見，追い出しにかかったところ，火炎瓶2本を投げつけ，カマをつけた竹槍をかざして警官10名と渡り合い，警官隊も威嚇射撃を行い，同市堤町，自由労務者石束一郎（23）ほか学生，朝鮮人など10名（うち女1名）を逮捕，逮捕の際，同市署谷利夫巡査（26）は石で前額部に1週間，隅田正敏巡査（23）は竹槍で右足に2週間の傷を負った。（1952年6月25日，『朝日新聞』大阪版夕刊，p. 2）

この小松正義宅の火災事件にもまた，不明な点が数多くある。まず，この小松正義という人物は，地元で枚方工廠の誘致に尽力した人物として知られていたうえ，「小松」という姓から小松製作所社長，あるいは重要な関係者とも見られていた。しかし実際のところ，彼は株式会社栄組という運送会社の社長にすぎず，工廠爆破計画に関わった脇田憲一は，彼が「標的にされるほどの代表的人物であったのかどうかは疑わしい」と述べている（脇田 2005: 131）。彼の自宅を襲撃したことも，誰の指示に基づいていつ決定されたのか明らかにされなかった。さらに，誰が何本の火炎瓶を投入し，どこでどのように燃えたのかについてすら，警察側が具体的なことを何も残しておらず，小松正義とその家人は警察が到着する以前に自分たちの家屋をすべて清掃してしまっているため，物証の把握も不十分に終わっている。

　以上をまとめると，示威行動としての吹田事件には軍事行動としての枚方事件が対として計画されており，それは枚方工廠の爆破と小松正義宅の襲撃によって成り立っていたことがわかる。しかし，枚方工廠の爆破は失敗に終わり，小松正義宅の襲撃は行われたが，その被害実態すら十分に把握されなかった。

未発あるいは失敗に終わった行動

　そもそも，のちに「吹田事件」と呼ばれることになった大阪府学連が主催した集会の名前は「伊丹基地粉砕，反戦・独立の夕」だった。この名称から，この集会は伊丹にあった米軍基地を撤去させるための示威行動だったことがわかる。日本共産党はそもそも，刀根山駐留軍ハウスと伊丹飛行場への武力攻撃を計画しており，かつそれを宣伝もしていた。そのため 24 日夜から 28 日早朝にかけて，大阪府警・国家警察はともに上の 2 カ所に警備の重点を置いており，

待兼山集会自体にはそれほど警戒していなかったと考えられている。そのうえ、大阪民族対策部および日本共産党は6月25日前後には大阪府内の10カ所で記念集会やデモを行って警察の人員を分割させていた。これらから、「吹田事件」それ自体が刀根山駐留軍ハウスと伊丹飛行場への武力攻撃計画を実行するための陽動作戦として位置づけられていた可能性があり、かつ事件を成功させるためにさらに複数の作戦を同時に行っていたということがわかる。

そのなかの1つに、「吹田事件」に関連して6月25日未明に笹川良一（元国粋大衆党総裁）宅・中野新太郎（国鉄労働組合吹田支部吹田工場分解執行委員長）宅が、吹田事件参加者のうちいわゆる「山越部隊」によって襲撃されていたことが挙げられる。山越部隊は笹川良一宅に対して棍棒・竹槍等で入口の木戸・障子戸・窓ガラス等を破壊し、石などを投げ込んだ。中野新太郎宅に対しては障子を竹槍・棍棒などで破壊し、煉瓦や石などを投げ込んだ（法務研修所編 1954: 7）。さらにこの「6.25闘争」の一環として、高槻北方で軍需列車を襲撃する計画、放出駅から関西線・竜華操車場に侵入し軍需列車を襲撃する計画、神戸港から米軍物資を積んだ小型船が淀川支流の神崎川から国鉄・宮原操車場に入るのを神崎川鉄橋から攻撃する計画なども立てられていたことが指摘されている（西村 2004: 241）。

しかし、これらの計画はいずれも実行されないままに終わっており、なぜ実行されなかったのかということは現時点で明らかにされていない。脇田健一は、このような未発あるいは失敗に終わった行動を含めた「大阪6・25闘争」を「実質的には武装闘争として組織された大阪6・25闘争は、参加者の意識において、行動において『武装』しながら、非暴力闘争で勝利した」（脇田 2004: 457）と総括している。

明らかにされていない事柄が数多くあることがわかってくると、

もしかすると伯父の体験は，完全な記憶違いや与太話ではなかったのかもしれないと私には思われてきた。もし，彼の体験がこのような無数の，未発あるいは失敗に終わったり，適切に「吹田事件」のなかに位置づけられなかったりしたさまざまな行動の1つであるならば。

　こうなると，私は別のことを問わなければならなかった。すなわち，なぜ，もしかしたら伯父たちの行動も含まれたかもしれない，1952年6月25日に起こったこれらのさまざまな活動は，「吹田事件」と見なされなかったのだろうか。1つの可能性は，これらの未発あるいは失敗に終わったさまざまな行動あるいは作戦は，主たる関係者である日本共産党・在日朝鮮人組織・警察・地方自治体にとって大きな意味を持たなかった——言い換えれば，どの関係者にとっても「吹田事件」として適切な位置を持たなかった——からではないかというものだ。

「集合意思」の有無あるいは軍事行動の特性

　西村秀樹は，「吹田事件」の首謀者あるいは重要人物とみなされてきた人々が，実はお互いの活動どころか，他の集団の存在すら知らない場合があったことを明らかにしている。たとえば，警察・検察から朝鮮人の首謀者とみなされた夫徳秀は，西村に「参加者の間で「待兼山集会で終わらずに，吹田操車場までいって朝鮮戦争への武器や弾薬の輸送に反対する意思表示をそれぞれするんだ」という，事前の意思統一があったわけですか」と質問され，「私らにはないですね」「組織の人たちには計画があるわけですわ。当時の日本共産党には，その中に民族対策部いうのがあった。そこに大物がおって，その下に今度は大衆団体の議長とか委員長とか支部長とかがおるわけですわね。だから，私にはわからんわけですわ」「一方でゲ

リラ活動の別働隊が横でなにをしとるかは，まるっきり私にはわからんのです。それぞれ小グループに分かれて。お前のグループはこうしなさい。お前のとこはこうしなさい，お前は最後，お前のとこは先頭，と言うて，いつの間にか集会終わったらその流れになっとるのですわ。だから私には電車乗った組（いわゆる人民電車部隊）もわからんわけですよ」（西村 2019: 196）と答え，日本人側の首魁と目されていた三帰省吾のことも集会当日になるまで知らなかったと述べている。

さらに，6.25集会を主催した大阪府学連幹部で，電車部隊を率いていたと考えられていた上田 理 は，「なに，石橋駅で「お前，交渉に行ってこい」と言われたんで，交渉にいっただけですよ。大阪府学連の幹部でしたから」（西村 2019: 238）「石橋駅からどこへいくかも知らなんだ。知らないから，石橋から梅田へ行けって言うて，交渉したな」「そや，服部駅で降りると言われた時は，ちょっとびっくりしたね」（西村 2019: 239）と答えている。上田は吹田駅で弟の上田 等 に出会うが，そのときまでお互いがこの闘争に参加していることを知らなかった。西村は上田の役割を「大阪府学連の幹部はオモテの集会を切り回す役目であり，府下の各大学へ学生を動員する手配や当日の集会の司会進行をした。石橋駅での交渉役は，あくまで，その時にオーダーされたことで，吹田操車場へ行くこと，ましてや，いわゆる人民電車に乗った集会参加者を途中の服部駅で降ろしてデモに参加させることなど，思いもよらなかったという」（西村 2019: 240）と分析している。

検察はこの事態を「六・二五記念日闘争の具体的戦術の最大眼目は吹田操車場に対する軍臨列車の進行を阻害することにあったにかかわらず，このことは待兼山集会の最後まで参加者に示されることなく，幹部の間においてすら秘密とされており，待兼山集会の宣伝

の裏面に秘められたままになっていた」（法務研修所編 1954: 149）と認識している。しかし実際のところ、「最大眼目」が軍臨列車の進行を阻害することだったということはできない。事件全体を見たときに、吹田事件が「示威行動」であることは日本共産党自身によって明らかにされているうえ、誰によって「吹田事件」と「枚方事件」が企画されたのか、すべてを知っている主催者がいたのかどうか、いたとすれば誰だったのかといった疑問がいまだ明らかにされていないため、そもそも「具体的戦術の最大眼目」それ自体が明らかにできないからだ。

　ところで、軍事行動において参加者がお互いの活動を知らないのは合理的であり、通常のことでもある。他の参加者や活動について知らないのであれば、逮捕された場合でも自分たちについて以外のことを話せない。逮捕されなかった場合にはその体験、あるいは誰がどのような指示を彼らに伝えていたのかなどといった事柄は一切秘密のままにおかれる[6]。そして、逮捕された参加者が互いの活動を知らなかったことは、その後に吹田事件における集合意思の有無が裁判で争われたとき、重要な役割を果たした。

裁判闘争で争われたもの

　吹田事件の裁判が始まったのは 1953 年、第一審判決が出されたのはその 10 年後、1963 年 6 月 22 日だった。第二審の判決は 1968 年 7 月 25 日に出され、1972 年 3 月 17 日、最高裁が上告を棄却して判決が確定した。

　事件発生から 8 年が経過した 1960 年、吹田事件弁護団は次のよ

6　大阪鉄道公安室が押収した祖国防衛委員会の文書（法務研修所編 1954: 39）には、末尾に「処分方法＝焼却」とあることから、文書のなかで焼却されたものもあると推測される。

うに始まる冒頭陳述を裁判所に提出した。

> 本件において，騒擾罪として起訴されている集団行動は，平
> 和憲法に違反して，アメリカに軍事基地を提供し，アメリカ帝
> 国主義の朝鮮侵略戦争に協力して軍事輸送を強行し，再軍備を
> 推進している政府の憲法違反行為に抗議する国民の正統なるデ
> モ行進である。この行進に参加した千余名の日本，朝鮮の労働
> 青年・学生らは，心の底から「朝鮮戦争反対，軍事輸送反対，
> 日本の再軍備反対，米軍基地撤退」を叫んで，国鉄の労働者を
> はじめとする労働者，市民，農民に訴えて，示威行進を行なっ
> たのである。デモ参加者は，ポツダム宣言に違反するアメリカ
> 帝国主義の植民地支配からの「完全独立」の熱望を高く掲げ，
> 朝鮮侵略戦争に反対して，強く平和を要求した。特に朝鮮人に
> とっては，その祖国に対する侵略者，とその協力者に対し強烈
> な抗議の意思を表明せざるを得なかった。[7](吹田事件弁護団 1960:
> 1)

この要旨からは，吹田事件の裁判における主な争点が，騒擾罪
が成立しうるかどうかだったことがわかる。騒擾罪とは 1995 年以
後は騒乱罪と呼ばれているもので，刑法 106 条に「多衆で集合して
暴行又は脅迫をした者は，騒乱の罪と」（刑法 106 条）すると定めら

7　この引用箇所では，吹田事件がアメリカへの軍事基地提供，朝鮮戦争への
協力と軍事輸送，再軍備（警察予備隊・自衛隊の設立を指すと思われる）に
反対するデモ行動と述べられている。米軍基地反対運動は 1950 年代の左派
の政治的アジェンダの 1 つであったが，沖縄が日本に返還され，沖縄に基地
を押し付けて以降，沖縄県外の運動は沈静化していった。朝鮮戦争を「アメ
リカ帝国主義の朝鮮侵略戦争」と書いていることから，当時は北朝鮮側から
の攻撃については無視されていたことがわかる。

れている。吹田事件だけでなく，1952 年 5 月 1 日に東京で起こった「血のメーデー」事件と，7 月に名古屋で起こった大須事件も騒擾罪として立件された。この 3 つが戦後三大騒擾事件とも呼ばれる所以である。

　騒擾罪の主体は多衆であるため，騒擾罪が成立するには，立件された事件における暴行・脅迫が多衆の共同意思に基づいたものであることが必要とされる。そして「吹田事件」の公判において，裁判所は共同意思の成立を否定した。1963 年の大阪地方裁判所判決文から引用しよう。

　　この集団は一部のものの計画にもとづき臨時電車に乗車し，その多くは大阪に帰るものと思つていたところ，車内で吹田操車場におもむくことを知らされ《証拠省略》前示のように服部駅で下車して行進し丘陵参集者の集団と合流したものであつて，校庭参集者の多数のものに吹田操車場襲撃の企図があつたとは，とうてい認めることはできない。(……) 本件集団は，朝鮮戦争二周年記念の行事に参集したものであつて，この集会の性格上参加者の大多数は，もともと反米・反政府的思想感情の持主であつたところ，待兼山における演説などによりさらに意識の高揚のあつたことは容易に想像されるのである。丘陵集団にあつては，すでに山上において相当数の竹槍，竹の棒などが作られており，警察力の発動に対し実力をもつて抵抗する意図のあつたことがうかがわれる。ことに，丘陵，校庭を問わず集会に参加した多数の朝鮮人──これら朝鮮人は，他の参加者も同様であるが，朝鮮戦争はアメリカ帝国主義の侵略政策のあらわれであると信じていた──にあつては，祖国が朝鮮戦争の戦場となり，同胞相食む悲惨な実相を深憂焦慮する余り，米軍はもと

よりアメリカの戦争政策に協力する日本の政府官憲に対し，きわめて強い憤まんの情を持つていたことは想像にかたくない。（……）以上の事実は，いずれも，多かれ少なかれ集団の性格を示す徴表としての意味を持つことは否定しがたい。ただ，米軍ハウスの点は，参集途上の一部による隠密の行動で集団の他のものにはほとんど知られていたとは認められないし，丘陵で，途中笹川・中野方に挨拶して行くとの演説をきいたものは，同人ら方において何らかの嫌がらせ程度のことが行なわれるであろうことを予測したと思われるにとどまり，しかも笹川・中野方や豊津巡査派出所の模様などは，何分相当長い隊列の中の，夜間または早朝，比較的短時間のできごとであつて，これらを目撃したり察知したりしたものは，集団の全体からみるときわめて限られたものであつたと思われる。（大阪地判昭 38・6・22, 『判例時報』vol. 339: 5)

　この大阪地裁の判決文を読むかぎり，裁判所は集会や警察官・米兵への暴行や民家の破壊といった個々の行為についてほぼ検察の訴えのとおり認定した一方で，それらの行為が集団での一致した意思によって，あるいは一部の煽動によって参加者の大多数が賛同して，行ったものとは認定しなかった。吹田事件が，枚方事件を含む他の行動と組み合わされた軍事行動であったのなら，「首魁」と見なされていた三帰省吾と夫徳秀を含め，参加者たちが自分たちに与えられていた指令を互いに知らなかったのは当然のことであり，参加者の多数にとって共同意思など成立しようがなかった。ある意味で，吹田事件は軍事行動であったがゆえに，騒擾罪の成立を免れたといえる。

　その 1 年後，控訴審を控えて弁護団が作成した署名の呼びかけ文

「吹田事件の検察公訴棄却要請署名のお願い」では、この事件はまた異なった文脈のもと、別の名称で呼ばれている。

　　日頃のご支援をありがとうございます。吹田事件二審裁判闘争は、さる6月25日に検事側控訴趣意書が大阪高裁吹田事件特別部（井関裁判長係）に出されたことによって愈々重大な段階となりました。検察当局は、この控訴趣意書のなかで一審無罪判決を不当に攻撃し、大衆行動すなわち暴力だという弾圧理論を繰り返し、朝鮮戦争に反対し、米軍事輸送に抗議した6.25吹田デモをあくまでも騒擾罪で弾圧しようとしています。大阪高検のこのような政治的かつ非人道的な刑事控訴は、核侵略戦争準備と合理化を進め、暴力団狩りに名を借りて新暴力法を成立させ、警備公安警察を増強し、国民の民主的権利を奪い、弾圧を強めている政治反動の動きと一体になって進められています。したがって吹田事件に新裁判の戦いで不当な検察側の企みを粉砕して、デモ集会の自由を守り、47被告の無罪を勝ち取ることは、民主主義と権利、基本的人権を守るために一層重要となってきます。（1964年8月）

　まず、この呼びかけ文では当該の事件が「6.25吹田デモ」と表記されており、「吹田事件」「枚方事件」「吹田・枚方事件」ではない。あくまでも合法的な範囲での平和行動として組織され、裁判で問題とされた範囲での「吹田デモ」のみが取り上げられているといえる。そして「核侵略戦争準備」、解雇と労働条件悪化を意味する「合理化」が問題視されている。1960年代前半の国内の政治状況において「6.25吹田デモ」が持つ意味を、大衆行動、すなわちデモと集会の自由を守ることに置いていると見なせる。

裁判において主たる争点となったのは，「吹田事件」に騒擾罪が適用されるか否かということだった。そして，騒擾罪が適用されるための条件である多衆の共同意思の存在は裁判所から支持されなかった。「吹田事件」が「6.25（大阪／記念日／軍事）闘争」でも「吹田・枚方事件」でもなく「吹田デモ」であるかぎり，被告は自分たちの非暴力性と共同意思の不在を主張できた。そして，それができた理由はまさに，「吹田事件」が軍事行動の一部として計画されていたからではなかっただろうか。「軍事行動」の失敗は逆に検察側に「吹田事件」をクローズアップさせ，被告側と弁護団にとって「吹田事件」の非暴力性を訴える根拠となった。裁判それ自体が「吹田事件」の逮捕者にのみ関係していたために，また主な争点は「吹田事件」が騒擾罪の適用を受けるかどうかという点にあったために，共産党が本来企図していた「軍事行動と結合した愛国的革命行為」が成立したかどうかという点は争点から外れ，「吹田事件」と「枚方事件」の関係や「吹田事件」が持っていたはずの目的は問われなかったのである。

4　「吹田事件」の意味

　伯父は「あれが私の吹田事件や」と自信たっぷりに，他の資料に記述されていない話をした。しかし，「吹田事件」とは何かという問題は，1952 年から 72 年にかけて裁判で争われてきただけではなかった。そこに参加した主たる団体，すなわち日本共産党・在日朝鮮人組織・警察の三者はそれぞれ，「吹田事件」とは何であるかを 1952 年当時にも，またその後にも，説明してきた。それらの説明の変遷は，この事件がかつて何であっていま何であるかだけでなく，

その説明を行う団体が置かれていた過去の状況を検討する材料となる。

日本共産党

　まず、「6.25闘争」を主催した日本共産党にとって、「吹田事件」とそれを含めた1950年代前半の軍事闘争とはなんだったのかを検討しよう。日本共産党大阪府党本部文書は、1952年6月25日を前後した事件の総括として、「党はねばり強い戦いの中で、特に東京メーデー闘争の政治的意義と教訓を6・25準備闘争で生かし、これをさらに発展せしめた。したがってそれは大阪隊における今後の革命闘争の新しい発展の道を切り開いた。この意味において東京メーデーとともに大阪の六・二五闘争は日本の反戦・独立のための革命の道に第二の確固たる道標を打ち立て得たと信ずる」（日本共産党大阪府ビューロー〈浪速屋ノート〉第18号、法務研修所編 1954: 178-9より引用）と書き、「東京の5.1闘争をさらに前進せしめた点」を列挙している。上田等は後に「党中央での業績闘争—主導権争いもあったのだろう。東京のメーデー事件に対抗して関西が急いだ。そんな側面があったと考えられる」（上田等「平和と独立の夕べ、待兼山へ」西村 2004より引用）と回想している。

　これらの説明は、東京のメーデーという「業績」を大阪の日本共産党が意識していたことを推測させる。1950年代前半、日本共産党上層部で激しい主導権争いがあったということを考え合わせれば、内部にこのような「業績闘争」があったとしても不思議はない。この点で、失敗に終わった軍事行動ではなく、6月25日前後でほとんど唯一成功した「示威行動」としての「吹田事件」のみが、枚方事件との関連なしに独立して語られる素地があったと考えられる。同じ文書中では「敵に対して政治的にも軍事的にも大打撃を与え」、

「吹操に攻撃を加えて，敵の戦争政策に大きくヒビを入れて敵の戦争政策に打撃を与え」[8]などの誇張や虚偽が重ねられている。これは，実際以上に成果を強調しなければならなかったことを示しているのではないか。大阪の共産党本部にとっては成功だけが強調されなければならず，失敗があってはならなかったのではないか。

　1950年から55年にかけての時期は，日本共産党にとって大きな転換点にあたる。1950年5月，連合国軍総司令部最高司令官は日本共産党の非合法化を示唆し，翌6月には吉田内閣が日本共産党中央委員24人と共産党機関紙『アカハタ』の幹部17人の公職追放を閣議決定する。徳田球一・野坂参三・志賀義雄・伊藤憲一ら国会議員は失職し，さらに徳田球一，野坂参三，志田重男，伊藤律，長谷川浩，紺野与次郎，春日正一，竹中恒三郎，松本三益に対しては，団体等規正令違反で逮捕状が出された。このうち徳田球一・伊藤律は中国に亡命し，残りの7人は逮捕された。このような吉田内閣と連合国軍総司令部の活動に調和して（あるいは忖度して），報道機関・観光庁・教育機関・大企業では日本共産党に関連する，あるいは「共産主義的」と目された人々が職を追われる事例が相次いだ。すなわち「レッド・パージ」である。レッド・パージによって職を失った人々はのちに訴訟に踏み切るが，いずれも原告敗訴となっている。

　1950年代前半は，日本共産党が内部で激しく分裂した時期でもあった。1950年1月，コミンフォルムが「日本の情勢について」と題する論文を掲載し，野坂参三らが提唱していた平和革命戦術を「日本の人民を欺く理論」と強く批判した。この批判に対して，徳田球一など日本共産党の主流派は「「日本の情勢について」に関す

8　国鉄吹田操車場のこと。

る所感」を発表してコミンフォルムに反論し，他方で宮本顕治はコミンフォルムの批判に賛同したため，日本共産党は徳田ら「所感派」と宮本ら「国際派」に分裂した。しかし翌1951年，所感派は方針を転換し，1951年2月の第4回全国協議会では軍事行動を含む行動方針を採択した。結果として，所感派と国際派との対立は，所感派がコミンフォルムから支持を得ることで終結する。その後，同年10月に開催された第5回全国協議会で採択された1951年共産党綱領，すなわち「日本共産党の当面の要求──新しい綱領」は明確に武装闘争・軍事路線を提唱している。

軍事路線は，1952年に立て続けに起こった血のメーデー事件・吹田事件・大須事件によってピークに達した。しかし，軍事路線は多くの離党者を生むとともに，共産党自身を日本社会のなかで孤立させる結果につながる。1952年10月に行われた第25回衆議院総選挙において，日本共産党の獲得議席は0，翌53年4月の第26回衆議院総選挙では獲得議席1にまで落ち込み，国政における勢力を著しく後退させた。日本共産党は55年に行われた第6回全国協議会において党内の分裂を収集し非合法活動路線を転換し始めたものの，50年代前半のこの分裂と混乱の記憶は「50年問題」あるいは「50年分裂」として，共産党自体に，そしてそれに関わった個々人に大きな傷として残った。

2022年12月現在，日本共産党のウェブサイトは「1950年代」における日本共産党のあゆみを「「自主独立」を確立，武力革命おしつけを拒否」とし，「旧ソ連，スターリンが日本に武力革命方針を押しつけ，党が分裂。他国から干渉を受けない「自主独立」の立場を確立し，武力革命路線も明確に否定しました」と説明している。

9 日本共産党公式ウェブサイト「95年のあゆみ」（2022年12月15日取得：https://www.jcp.or.jp/web_jcp/history.html）。

そして，そもそも 1951 年の綱領が綱領であることを日本共産党は否定している。2019 年 3 月，日本共産党の植木俊雄は『日本経済新聞』が 1951 年の綱領を取り上げたことに対して，「「51 年綱領」は党の正規の機関が定めた文書ではなく，戦後，旧ソ連や中国の指導部による不当な介入・干渉により生まれた党執行部内の分派が勝手に作った文書だと指摘。「『綱領』などと呼べるものではないことは，わが党がくりかえし明らかにしてきたことだ」と強調し[10]た。現在の日本共産党にとって「51 年綱領」は綱領ではなく，武力革命路線は否定されるべきものである。だから，武力革命路線を知っていたり，その計画に関わったりした人々は，1955 年以後に日本共産党から去っただろうし，仮に残っていたとしても，党員であるかぎり，その具体的な計画の詳細を他人に話すことはないだろう。

　しかしそれでも，在日朝鮮人団体と協働した非暴力示威行動としての「吹田事件」であれば，党の関与を否定するに及ぶまい。日本共産党は事件当初，「吹田事件」の「成功」によって関西指導部の優越を企図し，日本人と在日朝鮮人の参加者の共闘を強調した。そして，軍事路線を転換し在日朝鮮人団体と距離をとるようになってからも，裁判において非暴力性を訴え，立証することに成功したのだった。

在日朝鮮人組織

　1945 年から 55 年にかけての日本共産党の活動を検討する際，在日朝鮮人組織との関係を無視することはできない。1945 年 10 月に成立した在日朝鮮人連盟（朝連）の初代代表だった金天海は 1945

10　『しんぶん赤旗』2019 年 3 月 2 日「共産党，「日経」記事に抗議「51 年綱領」は綱領ではない」（2022 年 1 月 26 日取得：https://www.jcp.or.jp/akahata/aik18/2019-03-02/2019030204_03_1.html）。

年12月に日本共産党中央委員に選出され，日本共産党中央には朝鮮人部が設立された。他方，1946年に在日本大韓民国国民団（民団）が成立し，以降，在日朝鮮人組織が2つ併存することになる。1949年9月，朝連がGHQによって強制的に解散させられた後，その流れを汲む在日朝鮮人組織は朝鮮解放救援会（1948～49年活動），朝鮮人団体協議会（1950年4月成立）を経て，1951年からは在日朝鮮統一民主戦線（略称「民戦」）として日本共産党の指導のもとで活動した。

　民戦が合法的な活動を担う組織だった一方，非合法活動，すなわち武装闘争を行う組織も存在した。夫徳秀は西村の取材に答えて「私の場合，当時わかっとるのは，日本共産党の中に民族対策本部があって，多くの朝鮮人がいた。もうひとつは朝鮮人の民族組織，民戦（在日朝鮮人統一民主戦線）という大衆団体があって，その裏に労働者を中心として祖国防衛隊というのがあるんですよ。これは非合法組織やから誰がメンバーなのか，私にもようわからない」（西村2019: 193）と述べている。脇田は次のように述べ，1950年代前半の日本共産党の軍事闘争と在日朝鮮人の共産党党員との関係に注意を促している。

　　朝鮮戦争下の日本共産党の軍事闘争には，在日朝鮮人党員が大きな位置を占めていたことを見落としてはいけない。戦前のコミンテルン日本支部時代から共産党の組織原則は1国1共産党であり，戦後もその組織原則は生きており，在日朝鮮人の共産主義者は日本共産党に入党していた。（……）1947年の党勢拡大運動では，全国各地を回って在日朝鮮人の活動家を大量に入党させた。彼らは戦後10年間日本共産党員として活動した。朝鮮戦争下にあっては在日朝鮮人運動の核心部分における祖国

防衛の武装闘争があり，それを指導したのは日本共産党であった。（脇田 2004: 286）

　この「在日朝鮮人運動の核心部分における祖国防衛の武装闘争」と日本共産党との関係について，安部桂司は「これら日共の武装闘争を支えたのが在日朝鮮人の組織，祖国防衛委員会（祖防委）であった。祖防委は在日朝鮮人統一民主戦線（民戦）の非公然組織であった。その祖防委の傘下に祖国防衛隊（祖防隊）が組織された。それは日共の軍事方針を支えるために組織された，と見られた。日共では軍事組織の一本化を強調して祖防隊を逐次中核自衛隊に編入していた」（安部 2019: 16）と説明している。

　1950 年，日本共産党第 4 回全国協議会において，日本共産党は在日朝鮮人を「日本の中の少数民族」と規定し，「日本革命を成し遂げることなしには，在日朝鮮人の問題は何一つ解決できないという見解」という，日本共産党による民戦への指導方針を示した（脇田 2004: 294）。「血のメーデー」・大須事件・吹田事件や西成警察署・大津地方検察庁の襲撃といった，1952 年に日本共産党が主導した騒擾事件・襲撃事件には，「在日朝鮮人に日本革命の片棒をかつがせよう」（文 2007: 144）とする日本共産党の在日朝鮮人政策があったことは疑いない。朝鮮戦争に反対し，同胞同士の殺し合いを止めさせたいという在日朝鮮人個々人の情熱や，「共産主義者」と目されて故郷を離れなければならなかった朝鮮人の，統一朝鮮にかける思いが，日本共産党の武装闘争・軍事路線に利用されたといえるかもしれない。

　しかし，在日朝鮮人組織が日本共産党に利用されただけだったのかという点について，脇田は次のように注意を促している。

前説で示したとおり「祖防」と「民戦」の闘いは独自の在日朝鮮人運動であって，日本共産党に隷属した運動ではけっしてなかった。指導部が日本共産党の「民対」であったことを指すとしても，これはコミンテルンの1国1党主義の組織原則ではあっても，実際には日本共産党とは別の自立した在日朝鮮人指導部であったと見るのが正確である。アジア共産党の統一路線という面からいえば朝鮮労働党の影響（密航党員[11]の参加も含めて）を強く受けて，むしろ，日本共産党をリードする役割を担っていた。「祖防」の動きは日本共産党の「四全協」「五全協」より先行しており，日本共産党の「軍事方針」は「祖防」の行動を追認したものともいえる。(脇田 2004: 295)

　もしこの脇田の指摘が正しければ，在日朝鮮人組織はただ，共産党の尖兵として活動させられたわけではなかったということになるだろう。1952年，共産党大阪民対は6.25闘争を日本と朝鮮の「両人民の統一行動」と位置づけ，「朝鮮人の間ではこの闘争に息子を参加させた親たちは誇りを持ち，参加させなかった親たちは肩身の狭い思いをしている」と書いている。一方，共産党大阪府本部は6.25闘争の教訓のひとつを「大衆との強固な結合の下に闘われた」ことに置いている。この「大衆」とは「伊丹に択ばれた4千名の大衆」，すなわち「吹田事件」の参加者を指している。共産党が「大衆」を強調しているのに対し，民族対策本部は日本人と朝鮮半島出

11　詩人の金時鐘は済州四・三事件に関連して朝鮮から日本に「密航」しており，その後に吹田事件に参加した（金時鐘 2015）。済州四・三事件は南朝鮮労働党による蜂起を直接的な原因としているが，南朝鮮・韓国における反共産主義の弾圧から逃れて，あるいはイデオロギー対立による暴力から逃れて日本へ移住せざるを得なくなった人々がどの程度，戦後の民族運動に関わっていたかは別の課題である。

身者の団結を強調しているといえる。

　日本共産党の武装闘争・軍事路線について，日本共産党と在日朝鮮人組織のどちらがどちらを，どの程度リードしたのかを明らかにすることは本章の課題ではない。いずれにしても，朝鮮人組織と日本共産党との関係は1955年に終わる。1955年3月に開催された民戦第19回中央委員会において，日本共産党との連携を主張する李大宇と独自路線を主張する韓徳銖とは激しく対立した。「在日朝鮮人運動の路線転換に関して，李大宇は「情勢の発展による政策転換」であると主張したが，韓徳銖は「朝鮮人運動の過ちと欠陥による根本的な運動転換」であると強調した。その結果，1955年5月6日，「民戦」臨時大会の事務局会議で，韓徳銖を中心にする新しい体制が組織され，李季白・「民戦」中央議長を準備委員長として，「在日朝鮮人総連合会」の結成が決定されたのである」（小此木2005: 133）。朝鮮総連はこの委員会において，「第1に，民戦の運動は誤った方向で進められた，第2に，これからの在日朝鮮人運動は路線転換方針にもとづくべきであり，それは情勢発展による「戦術転換」ではなく「路線転換」である，第3に，主席の教えを指針として8つの課題を徹底的に遂行する」という3点が明白にされ，会議が「［金日成］主席が示した主体的方針にもとづいて在日朝鮮人運動の路線を転換することを決定」[12]したと総括している。以後，在日朝鮮人団体と日本共産党が協働することは——少なくとも表立っては——2度となかった。すなわち，吹田事件は「両人民の統一行動」として最大の，そして最後のものだった。

　1955年に朝鮮総連と民団が並び立って以後，結果として在日運動団体の方針は南北の「本国」に影響され，その影響下で「在日朝

12　朝鮮総連「結成を準備した会議」（2022年3月1日取得：http://chongryon.com/j/cr/index2.html）。

鮮人」という自己規定がなされていったという面が認められる。吹田事件当時，日本共産党の運動指針には「民族」という概念があった（岩崎ほか 2009: 128-9）。もし，その自己規定に日本共産党との共闘と分離，そして方針の変更と過去の方針の否定があったとするなら，共産党は 1950 年代前半に「民族」――反帝国主義・反資本主義に対抗する同胞といった意味合いだったかもしれない――概念に従って在日朝鮮人団体と共闘したにもかかわらず，その後の分裂と対立によって逆に「在日朝鮮人」という「民族」――すなわち日本社会におけるマイノリティとしてその後も長く差別の対象となる集団――を作るのに加担したという逆説があるのではないだろうか。

　極左路線をめぐって，在日朝鮮人運動の経験者からは「共産党に引きずられた」「利用された」といった発言も聞かれる（文 2007: 132）。しかし，そのような観点に立ってもなお，朝鮮戦争反対を掲げ，危険を顧みず祖国のために戦った「吹田事件」は語られえた。そして，とくに 2000 年の南北首脳会談以後，朝鮮半島の融和ムードが進行するなかで，南北の融和をうたい朝鮮戦争に反対した行動としての「吹田事件」が再び脚光を浴び，語られるようになっているのかもしれない。

警察・地方自治体

　1952 年 6 月 25 日，吹田と枚方でさまざまな活動に直面したのは国家地方警察と自治体警察だった。1954 年，国家警察・検察側である法務研修所が作成した『吹田・枚方事件について』は，タイトルや本文の各所で「吹田事件」と枚方事件とを一連のものとみなしていることを示していながら，最終的な結論および提言をおもに「吹田事件」の反省から引き出している。その内容を簡潔にまとめると，事件にあたった警察の動きを批判し，当時の警察制度では再

発を防げないと主張している。

1947 年に内務省が解体されたのち，旧警察法によって，警察は国家地方警察（国警）と自治体警察（市および人口 5000 人以上の町村が設置）の 2 本立てに替えられた。「吹田事件」発生時の大阪府下では，大阪市内が大阪市警視庁，豊中・吹田・茨木・池田市は自治体警察，ほかの町村は国警大阪府本部となっている。「吹田事件」において，デモ隊はこのような 2 本立ての警備態勢の穴を巧みについた。集会会場の待兼山は池田市警・豊中市警・国警箕面地区の境界付近にある。阪急石橋駅は池田市警にあり，山越え部隊は大部分が国警の所轄を通っている。6 月 24 日から 25 日にかけて，豊中市警や大阪市警は，先に入手した情報に基づき伊丹空軍基地や大阪駅に多くの人員を配備した。ところがデモ隊は，それぞれ異なった管轄下にある地域を動いて警察相互の連絡を難しくするとともに，協調しているとは言いがたかった国警と自治体警察の間隙をついて移動した。脇田は「吹田事件に集中した警察の警備は，旧枚方工廠警備に盲点を作る結果をもたらした」（脇田 2004: 355）と指摘している。

脇田による上田等からの引用によれば「当時国家警察システムで各自治体が警察を管理していた。高槻市警と大阪府警と，それに国家警察地方部があった。それを統一的に管理できていなかった。このことは［吹田事件の］公判に出した警察の資料によってもよくわかる」（脇田 2004: 349）。集会参加者は，この警察組織間の不和あるいは不調和を理解していた。

しかし，これらの自治体警察と国家地方警察それぞれの問題点も，双方の連携に関する問題点も，「吹田事件」以後に掘り下げられることはなかった。「吹田事件」をきっかけに，第 15 回国会以来，都市警察を解体して国家警察に編入すべしという議論が盛んになる。2 本立ての警察制度に不備があるとみた日本政府は，1954 年に警察

法を改正し，都市自治警察制度は解体されて都道府県単位の警察となり，「中央集権的な色彩が相当強まった」（大阪市行政局 1956: 106）。そして「政府及び与党は，（……）吹田事件のような大規模な犯罪」で見られたように「国家地方警察と自治体警察の協調，援助，連絡は，現制度が続く限りこれ以上望めないこと」（大阪市行政局 1956: 106）などを挙げて警察法の改正を論じた。その際議論の中心になったのは「吹田事件」に類する事件の再発をどのように防止するかということであって，すべて枚方市警の管轄内で起こった「枚方事件」については，当然ながら議論されなかった。1952 年の破壊活動防止法の制定とあわせて，警察制度改革は「吹田事件」から警察と日本政府が手に入れたものだったといって間違いはないだろう。ここでは，「吹田事件」と「枚方事件」が一連のものであると認識されていながら，警察制度改革のために，ある意味で都合のいい素材としての「吹田事件」が取り上げられ，議論の対象になったということができるのではないだろうか。[13]

　主催者だった日本共産党大阪本部にとって，「吹田事件」は東京や名古屋の共産党本部と競合するうえで「業績」として語られなければならないものだった。そのため，失敗に終わった軍事行動は語られず，成功した示威行動としての「吹田事件」のみが突出して語られた。そこでは「日朝両人民の共闘」や大衆との結合を強調することができた。しかも偶然が重なった結果，本来なら予定されていたはずの伊丹空軍基地・駐留軍ハウスへの攻撃や軍需列車攻撃が未

---

[13]　日本の警察編纂会（1968）は，法律第 300 号による警察法の一部改正が「昭和 26 年の日本共産党の第 5 回全国協議会における軍事方針の決定以来，翌 27 年 5 月の東京に発生したメーデー流血の惨事，その他火炎瓶の投擲等，ただならぬものがあった」という当時の情勢に対応したものだったと述べている（日本の警察編纂会 1968: 175-6）。

発に終わったために，その後の裁判において「吹田事件」の非暴力性を強調することができるというおまけつきだった。一方，参加した在日朝鮮人たちのほとんどは自分たちが単なる陽動作戦に参加していることを知らず，自分たちが参加したのは「祖国の人民と呼応」した「祖国解放戦争の勝利」のための「総蹶起」（脇田 2004: 316）であると認識していた。そこでは「軍需列車を一時間止めれば同胞千名の命が助かる」といった自己犠牲の精神や自分たちの英雄性が鼓舞され，日本での窮状や自分たちの来歴，朝鮮半島への思いと相まって，「吹田事件」は在日朝鮮人にとっての神話となっていく。最後に，警察・検察にとって議論されるべきは誰に責任の所在があり，どのようにして再発を防ぐかということだった。その議論においては，結局ほとんど何も起こらなかった枚方事件ではなく，デモ隊にとって成功裏に終わった吹田事件が焦点となった。そして，枚方事件ではなく吹田事件を取り上げることによって，国家警察の意思が貫徹しやすい警察制度を最終的に手に入れることができた。

　このようにして見ていくと，「吹田事件」とは主催者，参加者，当局の三者にとって，それぞれに都合のいい事件だったといえるのではないだろうか。共産党大阪本部は成功裏に終わった大衆的示威行動という業績を，在日朝鮮人は危険を冒してまで祖国のために戦ったという神話を，そして日本政府は戦後改革のなかで解体された内務省にも似た，新たな警察制度を手に入れた。主催者・参加者・当局それぞれにとっての「吹田事件」に収まらない記憶や言説は，周縁的な記憶として最初から議論の対称にされず，あるいはそもそも参加者自身が語ろうとしなかったのである。「至純な歳月」という神話のなかで，本来の目的としての枚方事件や陽動作戦として使われた朝鮮人参加者，そして全体としては失敗と言わざるを得ない軍事行動はすべて隠蔽あるいは忘却されたのだった。

5 結 論

わからなさの理由

　この章で私は，オーラルヒストリーの方法論で使われがちな用語（「主観性」と「リアリティ」）を使わず，自分の調査について何をどこまで説明できるのか試みた。私の伯父は吹田事件について，「あれが私の吹田事件や」と言って，自信満々に「吹田事件」の定説とまったく異なる話をした。彼の話を理解するためには，「吹田事件」が起こったと語られている条件を調べなければならなかった。別の言い方をすれば，私はさまざまな出来事のなかで，いくつかだけが「吹田事件」として語られるようになる過程を書いた。私はまずインタビュー資料に対して「錯誤や虚偽はないか」「嘘をつく理由はあるか」と問うた。そして，ない可能性が大きいと判断したのちに，この資料の矛盾がいかにして生じているのかを明らかにしようとした。[14]

　結果として得られた情報はどれも，私が 2008 年から 2009 年にかけて書こうとしていた論文とは別の問いのもとではじめて意味を持つものだった。そのため，私は「生活史インタビューを行う」という当初の計画と，「吹田事件とは何か」という新たな問いの両方を，別の執筆プロジェクトとして行うことになった。言い換えれば，

14　他の資料との裏づけが取れない話を扱わない場合であっても，多くの調査者はこのような手続きを踏んでいるだろう。調査者の既存の知識と齟齬をきたさなかったり，既存の知識の関連のなかに収まることが予想されたりするときであっても，インタビューで得られた情報はインタビューの前後に，他の資料と相互にチェックされ，相違点があればその相違の理由が検討される。

「裏の取れない話」や「他の資料・史料と矛盾する話」に，「主観性」や「リアリティ」という概念を使わずに付き合った場合，インタビューの分析には調査者が調査の開始時点に書こうとしていた論文とは別の問いや別の調査を必要とする可能性がある。平たくいうと，他の資料・史料と矛盾する話を正面切って分析するのには手間がかかる可能性が高い。そして，そのような話を調べたからといって，その手間に見合うほどの新たなことがわかるかどうか，調査しているときには定かではない。私がこの章で書いたことは，もしどこかに「吹田事件」の全貌を知る人がいるのなら当たり前のことだし，もし伯父が単に記憶違いをしていたなら私はそれに振り回されただけだからだ。2007年にインタビューしてから15年経ってわかったことは，「伯父の話は勘違いや記憶違いの可能性が高いが，もっともらしいと思われる根拠もある」ということにすぎない。なぜなら，吹田事件の全貌は結局のところ私にはわからないが，全貌がわからない理由はわかったからだ。

　いまでも私は，伯父が勘違いや記憶違いをしていた可能性を捨てていない。もし彼が，自分の体験の前後関係を取り違え，集合場所の名称を勘違いしていたなら（彼は別の日に行った他の体験に関するインタビューでは，実際に出来事が生起した順番と彼自身の体験の前後関係を間違えて記憶していた）——たとえば，まず「かんだい」ではなく「はんだい」のグラウンドに集合し，2軒の家を襲撃し（放火したという発言は，体験を大袈裟に話したと考えて），そこから吹田駅に向かったのだとすれば——伯父たちの行動は「山越部隊」と呼ばれる一団の活動（大阪大学グラウンド集合→笹川良一宅・中野新太郎宅襲撃→須佐之男命神社で再集合後，吹田操車場までデモ行進）とほぼ一致するからだ。

　しかし，そうだとすれば伯父が須佐之男命神社での再集合時にデ

モ参加者と警察との間で騒乱が生じたことに言及していなかった点には疑問が残る。とはいえ、伯父の回想する吹田事件が、裁判で明らかにされた「吹田事件」と異なっていても、必ずしも彼の回想が勘違いと記憶違いによって成り立ったと見なす必要はないのかもしれない。なぜなら、ここまで見てきたとおり、「吹田事件」とは、本来予定されていたさまざまな軍事行動の多くが失敗あるいは未発に終わった後、日本共産党・朝鮮人組織・警察それぞれが、自分たちにとって都合のいい「吹田事件」像を重ね合わせることによって成立したからだ。そのなかで、どの「吹田事件」にも都合の良くない事柄は、記録からこぼれ落ちるかそもそも記録されていない可能性がある。

　先に私は、吹田事件の「全貌がわからない理由はわかった」と書いた。吹田事件の主たる関係者たちは、その時々に自分たちに都合のいい事実の集合を「吹田事件」と呼び、その「吹田事件」の筋はどの集団にとっても大まかには同じだった。それぞれの主たる参加者にとって都合の悪い事柄（たとえば、日本共産党の方針転換、在日朝鮮人組織の非合法活動への関わりと方針転換、警察の失態）は隠され、伯父の知人たちは死去あるいは移住して連絡が取れなかった。そもそも吹田事件の、あるいは吹田・枚方事件の、「6.25闘争」の、全貌を知っていた人物がはたして存在するのかどうかすら疑わしい。

　ここから先は本書全体の結論と重なるが、それを書かなければこの章も不十分なできになるだろうから、先に書いてしまおう。私が「全貌がわからない理由はわかった」と書いた理由は、何より「吹田事件の全貌」を調べ、述べるプロセスもまた「吹田事件」なるものが、異なる時代と異なる書き手によって異なる説明がなされることの新たな例になるからだ。

　この章で私は、調べてわかったことをすべて書いたわけではない。

私には，本章に書いていないことがある。それらを書いていない理由は，現在の日本社会において在日コリアンに向けられうる攻撃を憂慮するからだ。1950年代前半に合法活動と呼ばれた活動に対してすら，2020年代の日本においてはとんでもない「暴力」や「暴動」であり，なぜこんな暴力が騒擾罪にならなかったのか，関係者をみな逮捕し朝鮮人を韓国に強制送還すべきだったのに，と感じる読者がいるかもしれない。そのような読者に（そもそもそんな読者が本書を読むのかという判断は別として）忖度することは，私の臆病さの表れであるとともに，おそらくなんらかのかたちで，本章が執筆されている時点での日本社会における示威行動や政治活動への視線を反映しているだろう。なぜなら，もし関係者が存命中で，吹田事件がまだ歴史になりきっていなかった時期なら，私はおそらくこの章で書いていないことのいくつかを書いただろうから。[15] このことは，この章もまた，本章で私が説明してきた「吹田事件」の説明の1つになっていることを示している。私は本章で，「吹田事件」なるものを，関係者がそれぞれ自分にとって都合のいい出来事の集合を「吹田事件」として提示してきたプロセスとして記述した。そしていまや，私自身もまた，私が擁護すべきであると感じる集団や活動のために，私の知っていることの一部を書いていない。

伯父があのとき，自信満々に「あれが私の吹田事件や」と言わなければ，私は吹田事件について調べようとはしなかっただろうし，その後に論文を書くこともなければ，この章を書くこともなかっただろう。伯父はおそらく，自分の体験した「吹田事件」が，彼以外

---

[15]　もっとも1990年代前半に私はまだ小学生だったから，吹田事件の調査など不可能だっただろうし，その当時でも「あの人が困るかもしれないから」「あの組織と関係が作れないかもしれないから」といった理由で書かなかったことはあったかもしれないが，それはまた別の問題だ。

の参加者にとっての「吹田事件」と異なっていることなど，微塵も
疑っていなかっただろう。彼が体験した「吹田事件」が，私の知っ
ていた「吹田事件」と同じであることも，伯父は微塵も疑っていな
かっただろう。あるいは，伯父は私が吹田事件とは何かをまったく
知らないと思っていたかもしれない。たしかに，私は吹田事件につ
いて何も知らなかったし，いまもほとんど何も知らない。

回想する活動

　自分とまったく違う知識や前提，規範の持ち主を目の前にする体
験は，文献史料を扱うときにも起こりうる。しかし，文献史料であ
れば史料をいったん閉じて脇に置くこともできるだろうし，知りた
い事柄を探してそのページまで進むことも，見落とした箇所に気が
ついたら別のときに確認することもできるだろう。しかし，インタ
ビュー調査中には相手をいったん閉じて脇に置くことはできない。
相手の頭の中に「知りたい事柄」の書いてあるページが存在するわ
けでもないし，調査者がインタビュー終了後に質問し損ねた項目に
気がついたとしても，別のときにインタビューすれば，筋が同じで
あっても詳細や力点の置き方が違う話がなされるかもしれない。同
じ話を違うときにする場合，すでに調査者と対象者との関係が変わ
っていたり，そのインタビューの行われる状況が変わっていたりす
る。再びインタビューできるまでに時間が経てば経つほど，「別の
ときに確認」するのは難しくなるだろう。

　インタビュー調査で同じ調査者と回答者が，同じ話題をめぐって
同じ話を2度と，まったく同じようにはできないことは，インタビ
ュー調査が「構築的」であ（るから「実証的」でなか）ったり，ある
いは「統計的な意味での信頼性に欠け」（るから「科学的」でなかっ）
たりすることの根拠になってきた。オーラルヒストリーの方法論に

おける「主観性」の強調や，伝記的研究における対話的構築主義は，そのような「構築的」で「科学的でない」ことをオーラルヒストリー研究のメリットとして訴えるあまり，「主観性」という概念を拡張しすぎたり，「構築対実証」という二項対立構造に陥ってしまったりしているといえる。

　インタビューを通じて過去の回想データを得るという，「研究者がインタビュイーと協力して自分自身のための史料を作り出す」(Abrams 2016: 24) 方法において，調査者は積極的に記憶違いや錯誤，あるいはインタビュイーによる介入を経た説明や回想を生み出す過程に関与してしまう。しかし，そのような「裏の取れない話」「他の資料・史料と矛盾する話」のなかで分析に問題をきたしたり，新たな論文を書かなければならないような問題設定を必要としたりするようなものは相対的に少ない。300人や100人，あるいは50人や30人であっても，ある程度の人数にインタビュー調査を行うのならば，そこまで数の多くない「他の資料・史料と矛盾する話」に付き合う必要はそれほど切迫しないだろう。しかし，ごく少数にしかインタビューを行わないのならば，もしかすると「裏の取れない話」や他の資料・史料と矛盾する話に付き合わなければ論文を書けないかもしれない。あるいは，もしかすると，額面どおりに受け取って何かが書けるような「扱いに困る話」に出会う機会はそれほど多くないのかもしれないし，インタビュー調査の性質上，そのような発言やエピソードを分析する際の難しさは唯一無二のものだろう。

　文献史料を扱う調査・研究であっても，他の史料と矛盾し，かつ本来計画していた論文とは別個の問いを立てなければ分析できないような資料に出会うことはありえる。過去に起こった出来事について調査したものを書く際に，その調査が可能になった条件に自覚的であることは，当然ながら文献を扱う場合でも遺物・遺構を扱う場

合でも可能だ。そして，本書で取り上げてこなかったが，オーラル
ヒストリーの方法論に関わるそもそもの問題として，オーラルヒス
トリー研究と文献史学を比較することははたして適切なのかという
問題がある。エイブラムスがいうように，もしオーラルヒストリー
が「研究者が自分自身の史料を作り出す，ただ1つの分野」（Abrams
2016: 24）であるなら，比較するべきはオーラルヒストリーのトラ
ンスクリプトと文献史料か，あるいはインタビュー調査と歴史学者
が文書を読むときの読む行為である。だから，「口述か文献か」と
いう比較は，比較すべきでないものを比較している点において，お
そらく間違った結論を導く間違った比較だ。

　しかし，もしオーラルヒストリー研究の，あるいは伝記的研究の
意義を，インタビュー中の相互行為に求めるのだとしたら，そして
「出来事の事実性」も「生活世界のリアリティ」もともに歴史叙述
に含めるのだとしたら，調査者がすべきことは明確だ。調査が行わ
れたり過去に起こった出来事について回想されたりする状況を生み
出す歴史的な条件（特定の時期の聞き手と語り手との関係）を考慮に入
れ，過去に起きた特定の出来事と，その出来事の回想と，その回想
を可能にした諸条件の3つを分析の対象にするのである。

　もしあるインタビュイーがある出来事について，あるときに語っ
たことと別のときに語ったこととが違うとしたら，あるいはある出
来事についてその他の資料とまったく異なることを述べたとしたら，
調査者はその違いがいかにして生まれたのかを問うことができる。
本章では，現在残されている「吹田事件」の概要が，さまざまな未
発あるいは失敗した活動を切り捨てるかたちで残されていることを，
そして「吹田事件」という事件が関係者にとって都合のいいプロッ
トの部分集合として残されるにいたった経過を，その過程で「吹田
事件」の構成要素としては記録されなかったさまざまな活動があっ

たことを検討してきた。その結果わかったのは，ある出来事の集合を「吹田事件」と呼んだり，その集合の範囲が変わったりすること自体が，「吹田事件」という過去に起こった出来事について述べる——過去の出来事を別の時点で記述する——作業になっているということだ。過去の出来事を調べるその作業のなかに，あるいは過去の出来事についての説明を読んだり聞き取ったりするやりとりのなかに，その出来事は存在している。

　歴史を書く作業は，どのような史料を使えるか，調べてわかったことの何を，どこまで，どのように書けるか，どのような媒体で発表するかといったさまざまな点で，書かれる時期と書き手・読み手の状況に左右される。過去に何かの出来事が起こり，それが複数の人々あるいは集団にとって意味を持つとき，その出来事は歴史（過去に起こった出来事）として記述される。そして，その出来事の記述もまた歴史的な——特定の時代と書き手（たち）の立場や利害にある程度は拘束された——活動だといえる。

　過去に起こった出来事は，それをある事実として残すための人々の活動のなかに現れる。その活動で何がなされているかを分析し，その活動がいかなる思想・経済・政治情勢・人間関係といった諸条件のもとで行われているのかを検討する作業は，過去に起こった出来事の新たな記述となる。その記述は，過去に起こったその出来事の記述であるとともに，その出来事を事実として残す活動が行われている時代において，その出来事の何が書かれるべきかを示す点で，その活動が行われる時代を記述する史料となる。もしオーラルヒストリーや伝記的研究に，社会学者が得意とする仕事があるのだとしたら，この相互行為を可能にする諸条件と，その結果生み出される歴史叙述の円環を描くことではないだろうか。

第 5 章

過去が問われるとき

旧日本軍性奴隷問題をめぐる証言の聞き方について

1　本章の位置づけ

方法論の手前

　第 4 章では，他の史料で述べられていることと矛盾したり，対応しなかったりする記述が見られるインタビュー史料を検討し，「主観性」という用語を使わなくとも，また事実が判明しなくとも調べられることがあることを示した。調査者がインタビュー中に「この人，本当のことを話しているのかな？」と疑問に思うときがある。あるいは，第 4 章の私のように，インタビューのときには話されたことに何も疑問を持たなかったが，後になって「あの話は本当だったのだろうか？」と疑問を持つこともある。すぐこの後に述べるように，たとえそのような疑問を持つことが日常生活において例外に属そうとも，何かを聞いて，あるいは読んで，疑わしく思うとき，その疑いにはなんらかの理由がある（その理由が正当か否かは別の問題として）。

本章では，誰かの過去が過去として語られるときの条件と，過去に関する誰かの言明の真偽が問題になるときに何が起こっているのかを明らかにしようと試みる。オーラルヒストリーや伝記的研究の方法論は，そのような疑問を抱いたあと，いかなる手続きを踏み，何を検討すればいいかを論じてきた。他の史料で同じ出来事やエピソードが説明されているかどうかを調べよと指示するもの（Thompson and Bornat 2017）もあれば，事実性を調べることから距離をとることで疑問を検討しない方法論（桜井 2002）もある。

　それに対して，本章で議論する内容は，通常のオーラルヒストリーや伝記的研究の方法論の手前のところにある。この章では，過去の出来事の真偽が問題になるときに何が起こっているのか，すなわち，どのような条件において誰かの語る過去の真偽が問題になり，誰かの語る過去の真偽が問題になるとき過去の語りのどこがどのように問題化されるのかという問題を検討する。

過去の出来事の真偽を問う

　私たちは日常生活において，通常は過去に対する誰かの言明を疑わない。あるいは，過去に関する誰かの言明を疑うには，通常それなりの理由が必要とされる。たとえば，以下のようなやりとりは不自然ではないだろうか。

　　A：昨日の夕方，お風呂屋さんに行ったんだ。
　　B：本当に？

　もし，前後に何の会話もない状態でこのやりとりだけが行われたとすれば，むしろAはBに対して「なぜあなたはそんな質問をするのか」と疑問を抱くのではないだろうか。しかし，もしここでB

が「昨日の夕方，私はあなたを駅で見かけたんだけど」「そのお風呂屋さんってXのこと？　あそこ，昨日はお休みの日だったんじゃなかったっけ？」「私もお風呂屋さんに行きたかったんだよ。昨日の夕方は暇だったから，誘ってくれたらよかったのに」などと会話を続けるのであれば，不自然ではない。

　この例からわかるように，過去に関する誰かの発言を疑う（誰かの，過去に起こった出来事に関する言明が問題になる）とき，通常は疑う側に，疑うにふさわしい理由が求められる。その理由が出されないまま，単に疑いだけが発される状況は，日常生活においては「おかしい」「不自然だ」と捉えられる。これを敷衍すると，いかなる状況において過去の出来事が疑われるのか，その疑いが生じたときに疑う側と疑われた側が特定の反応をするにいたったのはなぜなのかといった事柄を調べることは，それ自体に意義があるとわかる。

　史料批判の方法があるていど定式化されているのと同様に，インタビュー資料・史料から過去の出来事を確認する方法は，すでにある程度は定式化されている。たとえば2021年5月18日，政治学者の木村幹は次のようにツイートしている。

　　因みに慰安婦の証言の矛盾も，実際にやればすぐわかるように，政治家にせよ官僚にせよ法曹関係者であろうと，90年代

1　この例は，ジョン・L. オースティンによる「否定主導語」（trouser-word）を念頭においたものである。「「しかしそれは本物（real one）なのか」という問い，ないし疑いは，常に特定の基盤を持っています（持たなければならないのです）。そのものが本物ではないと示唆するためには，なんらかの「示唆する理由」というものが必要であり，しかもそれは，そう示唆する際に，この経験もしくは当該のものがまがいものであるかもしれない一つないしそれ以上の限られた数の特定の仕方に対応しているのでなければなりません」（Austin1970=1991: 124，強調原文）。

くらいの出来事でも，オーラルヒストリーを取ったら，年次やら事実の順番やら場所やら，ぽこぽこ間違えるよね。まして，75年以上も前の話を一般の人が正確に答えられる訳ないんだよ。

その中から，どこが意図的な創作で，どこが単純な認識の錯誤で，どこが事実なのかを見極めるのが，研究者の仕事。逆にいえば，「ぴったりと事実に一致している」としたらそれはとても物凄い事なんですよ。だって，皆さんだって，何十年も前の事を正確に再現なんかできないでしょ。

エピソードを紹介すると，例の『慰安所会計係の日記』を翻訳した時に，慰安婦の回顧との照合作業をした。で，その中に「船が釜山港を出た日時」が日記と完全に一致していた事例があった。「凄いな70年以上経っても日にちまで正確に覚えてるんだ」と唸りましたよ。余程の思いがあったんでしょうね。

なので自分は慰安婦の回顧に史料的価値がないなんて，全く思わないんだよね。勿論間違いや創作等もあるけど，それを見極めてこその専門家だよ。

なお，自分は慰安婦の方の聞き取りもやってますが，「うん，今の話は該当の部隊がこの場所に存在しないから完全に間違ってるな」とか「凄いわ，中隊長の名前，合ってるやん。この部分はもうちょっと聞いてみよう」とか思いながら聞き取り調査してました。そういう作業です[2]。

ここで木村が述べているのは，研究者はインタビューが始まるまでに，調査対象者がどこで何をしていたかをあるていど調べている

---

2 木村幹（Kan Kimura）のツイート。2021年5月18日（2022年5月9日取得：https://twitter.com/kankimura/status/1394607256558129154）

（そうでなければ「今の話は該当の部隊がこの場所に存在しないから完全に間違ってるな」とインタビュー中に判断できない）。そして，事前に調べて得た情報とインタビュー中に語られる情報を照合しながら，いつ，どのタイミングで，どのように追加の質問を出すか判断しながらインタビューする。そして，インタビュー中に回顧された過去の語りを，他の記録（木村の例では『慰安婦会計係の日記』）と照らし合わせ，一致する事例を探す。そのような手続きを経て，研究者は「どこが意図的な創作で，どこが単純な認識の錯誤で，どこが事実なのかを見極める」。過去の語りを史料批判するとすれば，典型的には木村が述べたような手続きを踏むだろう。

　社会調査でこのような史料批判段階に相当するものは，インタビュー調査の方法論である。そこでは，たとえば桜井厚（2002）のような，そもそもインタビューで語られた事柄の真偽を調査者は明らかにできない／すべきでないといった議論がなされたり，あるいは岸政彦のように，インタビューで語られたことは全体的に真であるとみなす議論がなされたりする。

　本章は，このような史料批判，あるいは伝記的インタビューの方法論の手前にある状況を問題化する。史料批判やインタビュー調査の方法論の手前に，誰かの，特定の時期の，特定の出来事に関する過去の語りについて，その真偽が問題になる状況が存在する。伝記的インタビューにおいても，調査者は語られた事柄のすべてについてその真偽を問題にしたり，留保したりするわけではない。インタビューも日常的な会話の延長線上にある以上，特段の事情がないかぎり，聞き手は語られた事柄をそのまま信頼し，とくに必要があるとき（疑うにふさわしい理由があるとき）にのみ，該当する箇所を取り出して検討する。真偽を基本的には留保する方針を採る桜井も，実際には語られた事柄の多くについて，真偽を留保するのではなく

単に問題にしていないだろう。では，そのような誰かの過去の言明が問題になるのはどのようなときなのか，そのときにその過去の言明を否定したり肯定したりする調査者（聞き手，インタビュアー）は何をしているのだろうか。

　すでにおわかりのように，この問題設定は「オーラルヒストリーは信頼できるのか？」というオーラルヒストリー成立時からの問題に，これまでとは異なった方法で回答しようとする試みでもある。本章はこの古典的な問いに対して，なぜそれがわざわざ問題になるのかを問うことで答えようと試みる。

　そのように考えれば，歴史認識論争に対する社会学的な分析方法の１つがわかる。歴史学者が歴史認識論争を研究する場合，おそらく最も標準的な（歴史学者として期待されるであろう）研究は，問題となっている過去の出来事の真偽を調べることか，歴史認識論争の歴史を記述することだろう。それに対して，歴史認識論争に対する社会学的な研究方法の１つは，この「特定の状況において，過去のある出来事の真偽が問題になる」という現象そのものの成立条件を調べることではないだろうか。繰り返しになるが，過去の出来事の真偽が問題になることのほうが，日常的には異常事態なのだ。なぜそのような事態が出来したのか，真偽が問題になるときに人々は──その出来事が本当にあったことを肯定する人と否定する人とがそれぞれ，あるいは協働で──何をしているのか。これは，歴史をめぐる問題として重要でありながら，歴史学的な研究手法ではおそらく十全には答えにくい問題のはずだ。そして，過去のある出来事について口述の記録がその真偽を問われるとき，本書が課題としてきたオーラルヒストリーの方法をめぐる議論の歴史を参照することには，それなりの意義があるだろう。

2　調査方法

調査対象

　本章は，先行研究のレビューと日本軍性奴隷問題，いわゆる慰安
婦問題に関わり，過酷な経験からのサバイバーである女性たちの証
言を聞いてきた人々へのインタビューからなる。調査対象者は皆，
日本国内で開かれた証言集会に，主催者・参加者として関わってい
るか，スタディツアーで被害証言を聞いた体験を持つか，その両方
である。

　私は2004年から2008年まで，韓国・台湾・フィリピンから被害
女性を招き，証言集会を開催する市民グループに参加していた。証
言者の高齢化に伴い，このグループは現在では台湾などへのスタ
ディツアーや日本国内での記録映画上映会，月に1回の街頭情宣活動
に重点を移している。

　今回インタビューを依頼したのは，同じ市民グループのメンバー
や，この活動を通じて知り合った東京・京都・大阪・奈良といった
都府県在住の16名である。私は慰安婦問題に関わる日本人女性の
ナショナリズムとジェンダーとの関係を調査するため，2016年と
2018年から2019年にかけてインタビュー調査を行い，現在も細々
とではあるが継続している。調査対象者のなかに専従の活動家はお
らず，年齢は20代から70代，男性が4名，女性12名である。イ
ンタビューは日本語で1〜2時間，基本的に1人1回ずつ行ったが，
後日メール・メッセンジャー，ラインなどで再度連絡したり，オン
ラインでインタビューしたりした場合もある。なお，本章の中で引
用されるインタビューは，全員が仮名である。

証言を聞く場への関心と疑問

　本章でしばしば言及される「証言集会」とは，いわゆる「従軍慰安婦」にされた女性たちの体験談を聞く場所を指す。さまざまな運動団体は，「慰安婦」にされた女性たちから直接，その体験を聞く場をもうけてきた。

　証言集会とは，過去の出来事の真偽が問題になり，かつそこで被害者／生存者自身が体験を語ることに重要な意義が与えられている場でもある。オーラルヒストリー研究者たちは，オーラルヒストリーに多くのメリットや，文献史料にはない独自性があると主張してきた。それがあるときは「あのとき，実際には何が起こっていたのか？」を意味しているにもかかわらず「主観性」と呼ばれたり，「相互行為」と呼ばれたりするものだった。しかし，第3章の後半で検討したように，語られる内容を語られる状況から切り離して，語られる内容の特殊性（「主観性」「個人的真実」）に焦点を当てても，出てくるものはオーラルヒストリーの特徴ではない。当然ながら，オーラルヒストリーのトランスクリプトから得られる情報であるかぎり，それを分析する方法は書かれた史料（文献史料）を使う調査・研究の方法論と根本的に異なるはずがないのだ。

　他方，語られる内容を語られる状況から切り離して，語られる状況の特徴（「インタビューのエスノグラフィ」）に焦点を当てると，「なぜ過去を回顧するインタビューを対象にしなければならないのか」という問題に答えられない。しかし，過去について語っているときのやりとりと，そのときに語られた過去の出来事とを別の事柄として扱わなければならないわけではない。

　オーラルヒストリーに関わる歴史学者や社会学者が行うインタビューの他に，教員や博物館員，あるいは活動家たちは，誰かの過去の語りを収集したり，他人に聞かせたりしてきた。旧日本軍性奴隷

問題，あるいは「慰安婦」問題の証言集会とは，そのような過去の話を聞き取る活動の例でもある。誰かのなんらかの偉業を，あるいは戦争や災害といった惨禍を，体験した人々の証言を聞くことは，歴史教育・防災教育や博物館，メモリアル・イベントなどでしばしば行われている。そのような教育や展示，イベントを企画・運営し，そこに参加する人々は，はたして「語られた過去」と「過去を語るいまのこの場所」を，常に切り離して聞いているだろうか。そして，聞き取られるべきある事件の体験者がその体験を語る場を成立させることは，そのような教育や展示，イベントを企画・運営し，そこに参加する人々にとって重要なことだ。したがって，彼らは意識しているかどうかは別として，「体験者から直接に過去の出来事について話を聞くことにどのようなメリットがあるのか」という問題——言い換えれば，オーラルヒストリーでなければ得られないものとは何なのかという問題——を，すでに部分的・実践的には解決しているのではないだろうか。

3　真偽が問題になる条件

失敗した質問

このような期待のもと，私は「慰安婦」問題の証言集会を開催したり参加したりした人々に対してインタビューを申し込んだ。そして，インタビュー中に「慰安婦問題があることを知ったのはいつだったか」「慰安婦問題が本当だと知ったのはいつ，どのような状況においてだったか」と質問した。しかし，このように質問しながら，これらの質問（特に後者）は質問の体をなさないだろうと私は考えていた。なぜなら，証言集会を開催したりそこに参加したりする

人々にとって、「慰安婦」問題が「本当」であることはその前提になるだろうと予想できるからだ。しかし、もし「慰安婦問題なるものを知らなかった／事実かどうか疑っていたが、なんらかのきっかけで本当だと思うようになった」という転機があるならば、それを知りたいと考えた。

　そして実際に、後者の質問は幾人かの回答者にとって意味をなさなかった。この「幾人か」とは、具体的には、成人に達するまでの時点で、戦争体験者が身近にいた人々である。彼らは、「慰安婦問題」なるものの存在をいつ知ったかという質問に答えてくれる場合はあっても、いつそれを「本当だと知った」のかについては答えなかった。

　私の質問が意味をなさなかったときのやりとりとは、具体的には以下のようなものだ。

　　朴：たとえば慰安婦とかのことなんか信じない、みたいな人でも、やっぱちゃんと会ったら違うよ、みたいなっていうのって、なんか、どう、本当か？ どうだ？ とか、ちょっと思ってるところがあって。
　　ユウコ：なんだろうね。それはわかんないな。私は最初から信じてたからね。
　　朴：ああ、そうですね。ていうか、だから会うっていうのはありますよね。
　　ユウコ：うん。も、それはもうなんにも疑ったことないね。
　　朴：そうですよね。うん。
　　ユウコ：疑ってる人のほうが不思議だもんね。
　　朴：私も不思議です。
　　ユウコ：ねえ。どう考えてもね。

朴：なんで疑うんだろうな，みたいな。
　ユウコ：わかり切ってんじゃん，としかね。

　　　　　　　　　　　　　　　（インタビュー，2016 年 2 月 20 日）

　この「わかり切ってんじゃん」とはどういうことなのだろうか。私は「慰安婦とかのことなんか信じない」という発言をどう思うか，ユウコさんに質問しようとしたのだが，ユウコさんは「慰安婦とかのこと」が過去に本当に起こっており，そこに疑いの余地のないことは「わかり切って」いると答えた。他方，私は質問する前から，この質問はユウコさんにとって意味をなさない可能性があることを恐れていた。だから私は「慰安婦問題を本当のことだと思いますか」などとは，彼女に質問していない。それどころか，私は「なんで疑うんだろうな，みたいな」とユウコさんに合いの手を打っている。私はなぜ，自分がそう他の人には質問しているにもかかわらず，「いつ『慰安婦問題』を本当だと知ったのか」という問いがユウコさんにとって意味をなさないだろうと予想していたのだろうか。

認識の変化と語られる事柄の変化

　そして，「慰安婦問題があることを知ったのはいつだったか」という質問もまた，人によっては意味をなさなかった。インタビュー回答者のなかには，証言を実際に聞く以前の時点で「慰安婦問題」の存在を知っていたという人がいた。そのような人々にとっては，私が「いつ，どのようにして「慰安婦問題」を知ったのか」という問いは意味をなさなかった。

　　朴：なんか，そういう慰安婦問題があるっていうのを一番最初にご存じになったのっていつ頃だったんですか？

アイコ：そんなもの，高校，大学時代から知ってたよ。

朴：あ，そうなんですか。

アイコ：私たちにとってはね，あの，その，戦中の兵隊が書いた日誌とか，戦後特に，あのー，野間宏とかいろんな人たちが小説書いたりね。漫画家が描いたりしてるでしょ。

朴：はい。

アイコ：ああいうもののなかでは当たり前にあったのよ。当たり前だったの。（……）だからね，私の世代の人で，少なくとも，歴史に関心があったり，戦争がよくないことだと思ったり，セクシャリティの問題やってる人はみんな知ってるよ。だから，ウーマンリブの子たちはね，あの，70年代から80年代のはじめ。80年代はね，あの，上野千鶴子さんたちの，いわゆる，まあ私たちもそうだけど，いわゆる80年代フェミニズムに入っていくわけね。うん。女性学の時代やね。

朴：そうですね。

アイコ：でも70年代っていうのは，ウーマンリブの人たちの世代だから。ウーマンリブの人は，やっぱり慰安婦のことも取り上げてね。ほんで，日本はアジアへ侵略したとかね。その，慰安婦の問題のことよくやったから，やっぱりね，あの当時のウーマンリブの世代の人は，みんな慰安婦のこと知ってるのよ。

朴：そうなんですか。

アイコ：ただ，名乗り出てる人がいなかったの。それでね，あの，唯一あったのは，ペ・ポンギさん[3]。

---

3 ペ・ポンギ（1914-1991）：朝鮮半島出身女性たちのなかで，はじめて自分が「慰安婦」だったことを明らかにした人物。忠清南道礼山郡（イェサングン）新礼院里生まれ，那覇市前橋2丁目で他界（ハンギョレ「ルポ 韓国社会が忘れた最初の慰安婦証言者…その名はペ・ホンギ」2022年12月15日

朴：あ，ですね。

アイコ：あの，川田［文子］さんがね，あの，沖縄で 10 年ぐらい調査して。調査したあと 10 年くらい，ほら，発表されなかったでしょ。んで，やっぱりあんま知られてなくて。で，あのー，だけど，あったことはみんな知ってる。

朴：そうだったんですか。　　（インタビュー，2018 年 3 月 26 日）

　アイコさんは，金学順証言の前から「慰安婦」制度を知っていた。それは被害者の証言ではなく，まず日本軍兵士の回想録や小説，漫画を通じた知識であり，のちにウーマン・リブの運動を通じて得た知識だった。

　また，以下の会話でも「慰安婦」と呼ばれる人々がいたことそれ自体については知っていた，という発言がある。

取得：http://japan.hani.co.kr/arti/politics/21570.html）。1972 年，沖縄返還を控えた日本政府が，1945 年 8 月 15 日以前に日本に入国した事実が確認される沖縄県居住朝鮮人に対し特別永住を許可する措置を発表したため，ペ・ポンギさんは在留資格を得るため，以前に一緒に仕事をしたことのある食堂の主人に来歴を打ち明けた。食堂の主人はその経過を書いた嘆願書を沖縄県入国管理事務所に提出したため，ペ・ポンギさんは特別永住の在留資格を得た。

4　川田文子（1943-）：フリージャーナリスト，ノンフィクション作家。日本の戦争責任資料センター共同代表。戦争と女性の人権博物館呼びかけ人。1987 年に『赤瓦の家——朝鮮から来た従軍慰安婦』（筑摩書房）でペ・ポンギさんについて書く。他の著書に『皇軍慰安所の女たち』（筑摩書房，1993 年），『戦争と性——近代公娼制度・慰安所制度をめぐって』（明石書店，1995 年），『インドネシアの「慰安婦」』（明石書店，1997 年），『「従軍慰安婦」をめぐる 30 のウソと真実』（吉見義明との共編，大月書店，1997 年），『授業「従軍慰安婦」——歴史教育と性教育からのアプローチ』（教育史料出版会，1998 年）など。

5　たとえば，野間宏の『暗い絵』（1947 年），『真空地帯』（1952）には「慰安婦」描写がある。

朴：当時，ユウスケさんがこの慰安婦問題というか，をご存じになったきっかけっていうのはどのようだったでしょうか。

ユウスケ：それは，詳しくはわかりませんよ，たとえば中国，それから朝鮮，今だったらインドネシアとか，各地に慰安所が設けられたとか，それから，つまり，そういう具体的な事実みたいなことはわからないとしても，従軍慰安婦といわれる人たちがいたということは，これはみんな知ってることだと思っていたというぐらいに僕は思ってたと。不確かなんですけど，たしか高倉健があんな大物の俳優になる前に，若いときからいろんな映画出てたよね。たしかその映画のなかだと思うけど，中学，高校の頃かなあ，中間試験，期末試験が終わると，ぽっと映画を見に行くというのが一つの気持ちを切り替える儀式のようなものでしたからね。そのときに見た映画の一つだと思うんだけど，いやに覚えてるせりふがあって。女の人が，私は従軍看護婦じゃない，もっと下の慰安婦だ，みたいなことを，高倉健扮する役者とのやりとりのなかに出てきたのがいやにこびりついていて。不確かですけど，たしか，中学校ぐらいだったと思うけどな。それから，これはもう高校生だけど，大島渚の『日本春歌考』という映画があって，あのなかで，雨のしょぼしょぼ降る晩にという，満鉄の金ボタンのばかやろうという。それは娼婦，慰安婦の歌なんですよね。いわゆる従軍慰安婦かどうかわからないけど，朝鮮人娼婦の歌なんです。だから，そ

---

6 ここでユウスケさんが述べている「雨のしょぼしょぼ降る晩に」「満鉄の金ボタンのばかやろう」という歌は，「満鉄小唄」（2022 年 12 月 15 日取得：http://taihou.web.fc2.com/newpagexxmantetu-nagira.html）だと思われる。歌詞は以下のとおりだ。「雨がショポショポ降るパン（晩）に　カラス（ガラス）の窓から覗いてる　満鉄の金ボタンのバカ野郎　さわるはゴチ銭（五十銭）見るはタダ　三円ゴチ銭くれたなら　カシワ（鶏）の鳴くまでポポ（性交）

ういう娼婦，だから，慰安婦というようなことにまつわること
があったんだということは，それは，僕はそういう，そんなふ
うなきっかけでごく普通に知ったから，それはもちろん運動に
かかわるとか，そういうことのはるか以前ですけど。

（インタビュー，2020年12月28日）

　ここで注目したいのは，ユウスケさんが「そういう具体的な事実
みたいなことはわからないとしても，従軍慰安婦といわれる人たち
がいたということは，これはみんな知ってることだと思っていたと
いうぐらいに僕は思ってた」と述べている箇所だ。この発言で，ユ
ウスケさんは「具体的な事実」と「いたということ」を対比してい
る。「慰安婦」とされた人々がいたことを皆が「当たり前」に知っ
ていたとき，知られていたのは「慰安婦」とされた女性たち個々人
の具体的な情報や，彼女たちの状況に対する責任といった個別の問
題ではなく，それらを抜きにした「いたということ」だった。
　以下のナナコさんへのインタビューでも，この差異は「存在する
であろうってこと」や「存在があったこと」として述べている。

　朴：なので，どういう経緯でまずその慰安婦問題に興味を，最
　初から持っていたとか。
　ナナコ：だから，いわゆる慰安婦と呼ばれる人々が存在するで
　あろうってことはいわれていて，その金学順さんが名乗り出る
　前からね。たとえば，アーティストの富山妙子さんだっけ，は，

しゅるわ」。性別を強調する語尾が用いられていること，語頭の濁音が発音
されないのは朝鮮語の特徴であること，金銭のやりとりと性交が歌われてい
ることから，この歌が「いわゆる従軍慰安婦かどうかわからないけど，朝鮮
人娼婦の歌」であることは明らかだ。

そういうテーマで絵を描いたりとかね。そういう動きもあった
し、いわゆるそういう存在があったことはおぼろげにわかって
いて、でもふれられないっていうのか、そこに手が届かないっ
ていうか。で、あまりにもおぞましい話でもあって、まあ知る
のが怖いとか知りたくない思いもあったよね。ただ、そういう
人々がいることはわかっていて。

（インタビュー、2018 年 12 月 13 日）

　木村幹（2014）は、1950 年代から 70 年代における「慰安婦」問
題の前史を検討している。そこでは、元日本軍兵士が戦争体験を回
想した、いわゆる「戦記物」のなかに、しばしば「慰安婦」とされ
る女性たちが登場していたことが指摘されている。そのように回想
していた人々は、自分たちが加害行為をしたとは思っていなかった。
むしろ、木村の指摘によれば、書き手だった日本人男性たちは、兵
士である自分たちの仲間として「慰安婦」女性たちを描いていた。
兵士も「慰安婦」も、ともに将校や軍事指導者の犠牲者であると認
識されていたからだ。
　ところが、その認識は 1970 年代に転換する。木村は千田夏光
『従軍慰安婦』（1973）をその契機と見なしている。ともに日本軍将
校の被害者として描かれてきた日本軍兵士と「慰安婦」は、千田の
作品によって、加害者である日本人男性と、被害者である朝鮮人女
性とに二分された。この新たな線引きは、とくに千田のオリジナル
な発想というより、同時代に転回していた、日本社会の植民地主義
への批判や民族差別の問題化が反映されたと考えられる。しかし、

7　ここで言及された富山妙子の作品は、おそらく「朝鮮人軍慰安婦に捧ぐ」
シリーズ（油絵・リトグラフ、1986 年）や、同じく朝鮮人の「慰安婦」を
取り上げた「海鳴り花寄せ」パフォーマンス（1987 年）を指すと思われる。

これによって「慰安婦」問題は，加害者である日本人男性と，被害者である朝鮮人（あるいは日本以外の他のアジア諸国）女性の問題へと変化した。ある意味で，千田の著作は「慰安婦」問題が国際的な話題となる下地を作ったともいえる。そして，慰安所に行くという行為が加害行為であると見なされるようになってはじめて，慰安婦問題があったかどうか，「慰安婦」がどのように募集され，いかなる状態に置かれていたのか，特定の「慰安婦」被害女性の語る事柄が事実であるか否かといった事柄が問題にされる。

　ユウコさん，アイコさん，ナナコさんの発言は，多くのことを示している。まず，かつて「慰安婦」とされた人々がいたことは「みんな知っていた」。「慰安婦問題」が問題でなかった時期があり，それはある一定年齢より上の世代にとっては「当たり前」で，「疑ってる人のほうが不思議だ」った。

　しかし，その状況はどこかで変わった。それはどこかで「当たり前」でなくなり，「慰安婦問題」が現れた。それによって，かつて「慰安婦」とされたサバイバーが過去を回想した言葉の文脈も，変化してしまった。「慰安婦」はもはや，日本軍兵士とともに戦場を生き抜いた仲間ではない。彼女たちは日本軍兵士によって性暴力を受け，心身に癒えることのない傷を負った被害者である。そして，日本軍兵士の加害性が問われて，はじめて「慰安婦」に関する記述の真偽性が問題になった。加害性が問題にならなかったときには，「慰安婦」がいたことも，慰安所に行った男性たちがいたことも，それらが堂々と回想されていたことも，「当たり前にあった」のだ。この変化は，過去に起きた事柄が変化したからもたらされたのではない。「慰安婦問題」が生じる条件が整ったから，言い換えれば日本社会そのものが変化したから，もたらされたのである。そして，その転換と並行して，日本人「慰安婦」は見過ごされる集団になっ

てしまった（西野・小野沢編 2015）。

　このような状況の変化と，それによる「名乗り」を通じた問題の具体化を，ナナコさんは以下のインタビューで対比させている。

　　ナナコ：突然現れたわけじゃない，金学順さんという人が。で，そのあとの名乗りっていうのが，もうものすごい衝撃がそんときに走ったわけなんだけど（……），たとえば女性国際戦犯法廷にすごい行きたいと思ったけど，行けるような状況じゃなかったんだよね，そこに。ただ，ものすごい気になっていて，アプローチしたかった。アプローチしたい気持ちがあったけど。
　　朴：それはなぜものすごくやっぱり気になってたと思いますか？
　　ナナコ：だって，当事者が現れたってことはすごいことで，いわゆるカムアウトしたっていう言葉もそのときはなかったけど，名乗りがあったっていうことの，で，その女性たちが日本に来たりしてるわけじゃない？　それはもう本当に，それまでに 50 年近い時間があるわけだから。55 年，65 年，75 年，85 年，そうだね，50 年だよね。50 年以上の時間があって，半世紀のあとに名乗り出たっていうことの意味はわかるわけよ，やっぱり。それだけの時間がかかったってこともあるし，多くはもう殺されちゃったり亡くなってる人の，最後の生き残った人のなかでそうやって名乗り出た人がいるっていうことの衝撃っていうのは，やっぱり。それが歴史的な場面だからそこに立ち会うべきだと思ったわけ，私としてはね。その戦犯法廷なんていうのは，絶対に自分がその場にいて，自分がそこで会わなきゃいけないようなとこだと思った。
　　朴：会わなきゃいけない？

ナナコ：会わなきゃいけない，その人々にね，実際に。

（インタビュー，2018 年 12 月 13 日）

　ナナコさんの，この「50 年以上の時間があって，半世紀のあとに名乗り出たっていうことの意味はわかるわけよ，やっぱり」とはどういう意味だろうか。おそらく，この「名乗り出たってことの意味」を言い換えた発言が「それだけの時間がかかったってこともあるし，多くはもう殺されちゃったり亡くなってる人の，最後の生き残った人のなかでそうやって名乗り出た人がいるっていうことの衝撃」だろう。もちろん，この発言は「慰安婦」にされたことのスティグマにもかかわらず名乗り出たことへの衝撃を説明したものだ。つまり，この「半世紀のあとに名乗り出たっていうことの意味」とは，体験者が名乗り出るのに半世紀かかったほど，その被害が深刻だったということと，にもかかわらず名乗り出ることにしたというなんらかの転換を目の当たりにした衝撃を指していると考えられる。とくに後者については「歴史的な場面」といえるだろう。だからナナコさんは「それが歴史的な場面だからそこに立ち会うべきだと思ったわけ，私としてはね。その戦犯法廷なんていうのは，絶対に自分がその場にいて，自分がそこで会わなきゃいけないようなとこだと思った」と発言した。

　アイコさん，ユウスケさん，ナナコさんの説明が共通して前提としているのは，元「慰安婦」として名乗り出た生存者の証言の真偽が問題になるためには，一定の歴史的・社会的経緯が必要だったということだ。言い換えれば，ある一定以上の世代にとって，「慰安婦」という人々がいたこと自体は問題にならない。

　ユウコさんが著者に，「慰安婦」問題を「なんにも疑ったことない」と言った理由の一端は，そのような歴史的経緯によるだろう。

誰もが「慰安婦」という存在を漠然と知っている状態から，現実に
その「慰安婦」にされた人が現れ，かつその人が誰かの責任を問う
たり，具体的な次の行動を要求したりしたことによって，「慰安婦」
問題は，「誰でも」「おぼろげながら」「いたということは」知って
いた事柄から，「この人の言っていることは本当かどうか」が問題
になるような争点へと変化した。ナナコさんのいう「歴史的な場
面」とは，その変化自体と，変化を導いた歴史的・社会的変化の双
方を指すだろう。「慰安婦」とは何者かについての理解が変化して
はじめて，その人々の体験の回想の真偽が問われるようになったの
だった。

4　聞くための条件

伝記的幻想の条件

　1986 年，フランスの社会学者ピエール・ブルデューは「伝記的
幻想（Illusion Biographique）」という論文を著した。ブルデューは，
人生が「理解可能な関係によって順序づけられた一連のつながり」
による歴史／物語（histoire）であるという認識は「意味を人工的に
作り出す」（Bourdieu 1986: 69）と批判し，「人生を物語として，つま
り意味のある，方向づけられた一連の出来事の首尾一貫した物語と
して扱うことは，おそらく，人生を修辞的幻想の犠牲にしてしまう
ことである」（Bourdieu 1986: 70）と批判した。すなわちブルデューに
よれば，本来誰かの人生に定まった筋はなく，それを見出すことが
できるのは調査者とインタビュー回答者の幻想であり，（おそらく回
答者がその体験をした時点においては）付与されていなかった意味をイ
ンタビュー中に与えることで，人生の語りに一貫した筋を与えてい

る。

　しかし，ブルデュー自身がその後に伝記的研究『世界の悲惨』
(Bourdieu 1993=2019) を著したことからわかるように，伝記的幻想は
実際の伝記的インタビューにおいて深刻な問題をもたらさない可能
性が高い。その理由の１つはおそらく，インタビュー調査が行われ
る状況にある。過去の回想が聞かれるまでに，通常は誰が，誰から，
何について話を聞くか，だいたい決まっている。伝記的インタビュ
ーにおいて，調査者は相手がいかなる人物かをまったく知らずにイ
ンタビュー対象者を選ぶわけではない。通常のインタビューと同じ
ように，調査者は自分の関心に基づいて，直接の知り合いや紹介，
あるいはなんらかの団体などを通じて調査対象者を探し，電話やE
メールなどの手段によってその人物に接触し，自分が何者であり，
何について話を聞きたいか質問する。

　調査対象者の生い立ちから現在までをすべて聞き取る伝記的イン
タビューでも，「何者でもないただのあなた」の体験がすべて聞き
取られるわけではない。調査者は職業（たとえば政治家・教員・アー
ティスト），体験（たとえば戦争・災害・事件），属性（たとえば被差別体
験や，なんらかの偉業の達成），あるいは調査対象者との関係（家族・
友人・上司・同僚，等々）を持つ，「何者かとしてのその人」の体験
を聞き取る。そうでなければ，調査者も回答者も，インタビューで
何を話せばいいのかわからないだろう。

　つまり，伝記的インタビューにおいても，通常の場合，インタビ
ューが始まるまでに調査者が何を聞き取り，回答者が何を語るべき
であるのか，お互いに了解している。[8]そのため，聞き手にとってイ

---

8 ただし，インタビューが目的や問いを設定することなく行われる場合や，
　たまたま問わず語りのようになんらかの体験やエピソードが回顧される場合
　はこの限りでない。誰が誰に対して，何のために回顧するのかに応じて，何

ンタビュー中に何が話され，何が行われているのか理解不可能な事態は多くない。そして，理解できない点を指摘できるためには，他のかなりの部分は理解可能でなければならない。

伝記的調査にかぎらず，インタビュー調査では調査者と調査対象者が会話を通じてデータを作り上げている。その会話が始まる前に，調査者は何を聞くべきか，回答者は何を答えるべきか，双方が了解している。人生の語り（l'histoire de vie）に定まった筋を見出すことなど幻想だと指摘するための条件は，伝記的インタビューが始まる以前に解消されていることのほうが多いのだ。その双方の了解が完全に食い違っていたり，調査者の側が何を聞くべきか（自分が何を聞きたいか）整理できていなかったりすると，そのインタビューは調査者によって「失敗」と呼ばれる可能性がある。なぜなら，インタビューデータに調査者の理解できない情報があまりに多く含まれる可能性があるからだ。

個別の詳細なエピソード

他方で，インタビュー中に「わかりきっていること」（出会う以前の段階で双方が知っていること）しか話されなかったとしたら，調査者にとってインタビューをする意味はない。通常，インタビュー調査をする目的の1つは，語り手は知っているが聞き手は知らないことを聞き取ることだ。そのなかにはある特定の体験をした人しか知らない事柄（「彼らにとって，それは何だったのか」）や，語り手は当然だと見なしているが聞き手にとってはそうでない事柄が含まれる。

が語られるのかは変化する。それらが不明確な状況においては「これほど多様な情報を持ち，無限に多様に語られうる個人の人生を書くことなど可能なのだろうか」という問いは順当なものになるし，人生を守備一貫した物語として扱うことはできないと主張することも可能だろう。

そして，特定の語り手だけが持つ，個人に固有の詳細なエピソードを聞いたとき，聞き手は「何者か」としての語り手ではない「個人」に出会ったように感じるのではないだろうか。

　個人に固有の詳細なエピソードには，聞き手の想像や感情移入を容易にする効果もある。たとえば，以下のインタビューで，回答者（ケイコさん）は証言集会の場での語り手の振る舞いを回想し，それが「漠然と知ってた」状態からの変化をもたらしたと述べている。

　　ケイコ：で，あの，だから，あの，キム・ハクスンさんがカミングアウトされて，大阪で，リバティ大阪で話されたんですけど，あのときも仕事帰りにね，聞きに行ったんです。で，まあ，あの慰安婦問題いうか，あんまり深くは知らなかったけれども，そういうことが，こう，あったということは漠然と知ってたしね。
　　朴：あ，そうだったんですか。
　　ケイコさん：うん。ほいで，あの頃もう本出てたじゃないですか。いろいろ。
　　朴：そっか，そっか。そうですね。
　　ケイコさん：いくつかあったし。で，もう，あの，そういうこともわかってたけれども。あの，まあ，いろんな意味で，もうその社会のあらゆる場面にいろんな社会にも家庭にもね，もういろんなところに差別があるっていうのも，よく，その，わかってたから。そやから，あの，なんかこれはやっぱり，あの，許せないことだなっていうのはすごく思ってたりして。それで，しかもそれが，この，私が当事者です言うて，カミングアウト

─────────────
9　先に略した部分で，ケイコさんは地域の貧困や被差別部落について述べていた。

してる姿形が目の前に見えるわけでしょ。話には知ってたけれども、「えーっ」ていうほどすごい驚きもあったし。あの、それも話、聞きに行ったんですね。そうしたら、もうキム・ハクスンさんね、日本に来るために、日の丸が付いたね、JAL の飛行機の後ろが丸く赤く見える、あれを見たときに、あれからずっと頭が痛くてね。それで、ずっと頭が痛いんだ、言うて。それも、もう、あの、舞台で、今にも崩れそうになりながら、両側で支えられながらね、ものすごく、こう、苦しい顔をゆがめてね、話されたんですね。そのときに具体的に何話しされたかいうのをあまり覚えてなくて、（……）ほいで、まあ、あの、キム・ハクスンさんのそういう言葉を聞いてね、姿も見て、これは本当ただならぬことだなっていう感じを、これはもう大変なことなんだ、大変な社会だなというのはすごく思ってましたけどね。　　　　　　　　　　　　（インタビュー、2018 年 12 月 16 日）

　このインタビューで、ケイコさんが「あの頃もう本出てたじゃないですか」と述べる「本」は、おそらくアイコさんやナナコさんが言及した本あるいは千田夏光の『従軍慰安婦』などを指すだろう。ケイコさんはすでに「慰安婦」問題を知っていた点でナナコさんたちと共通している。そして、生存者が「目の前に見える」ことに対する「すごい驚き」もまた、ナナコさんと似通っている。

　他方、ケイコさんが証言の内容自体を覚えていないことについて、私はインタビュー時に意外に思うと同時に納得もした。なぜなら、インタビュー調査と同じように、証言集会の参加者にもまた、証言の大筋は聞かなくてもわかっていることが多いからである。「慰安婦」としての体験を証言する女性たちは、なんらかの理由で（騙されて、無理やり連れて行かれて、家族を殺されて、等々）慰安所に連れ

て行かれ，性暴力を受けた女性たちであり，さまざまなバリエーションがあったとしても，大筋においてまったく異なった証言（たとえば「私は昨日，お風呂屋さんに行った」）がなされるはずがないからだ。そのような場合，生存者その人自身，あるいは「カミングアウトしている姿形」のほうが証言内容自体より衝撃的であることは，それほど驚くべきではないだろう。

　次に引用するインタビューでも，ノブコさんは証言者個人の様子と発言によって「そういうことなんやなってすごい衝撃」を受けたと語っている。

　　ノブコ：そのとき通訳の人が実はこのハルモニはねって，多分そのとき定かじゃないけど，途中でしんどなって倒れはってん，卒倒するみたいにならはってね。このハルモニはねって，さっき控え室で何かハルモニあったかいもんでも召し上がりますかって，牛乳でもあっためて持ってきましょかって言ったら，白い飲み物は飲めないって，精液を思い出すからって言わはって，そういうことなんやなってすごい衝撃やったな。

　　朴：そういうことっていうのは。

　　ノブコ：性被害を受けるっていうのは，ただセックスの相手をしたっていうことだけじゃなくって，まだその頃PTSDとか知らへんかってんけど，そうやって何十年も性的なことだけじゃない，その牛乳見てもよみがえる，よみがえるというか戻ってくるもんなんやなって。それで，何かもうセックスってさ，普通に挿入の感じって思ってしまってるやんか。でもその，精液見なあかんってどういうことなんやろうとか，その頃ってまだ24，5やから，まあもちろん結婚してたけどさ，それってどういうことやろ。何かそれって，ひどいことのように思えたりと

かさ。そういう気持ちになって，衝撃やったね。あー，ひどい
ことなんやなって。ただ，セックスしただけじゃないよね，こ
れはって。やっぱり暴力やってんなって実感した感じかな。
朴：じゃあ，やっぱりそういう何ていうか，個人っていうか，
そのおばあさんたち，ハルモニたち個人に会われたこととか，
個人のその証言，あるいは倒れちゃったりとか，そういうのを
聞いたり，見たりされることとか，そういうことってすごいお
っきかったですか。
ノブコ：そうかなー。それはもちろん体験としてはおっきいよ
ね。でも，やっぱり何か，知らんかった自分への気づきやね，
私はきっと。うん。わかっているつもりでいたけど，わかって
へんかったんやわって。いや，本では知ってたけど，そういう
ことやったんやって。その牛乳見ても倒れるぐらいなんやとか。
（インタビュー，2018 年 12 月 19 日）

　このインタビューで，ノブコさんもまた「本では知ってたけど，
すごい衝撃やったな」と述べている。その衝撃は，やはり直接に生
存者を目にした衝撃だったといえるだろう。そして，ノブコさんは
生存者が牛乳を飲めないことを知って「やっぱり暴力やってんなっ
て実感した」と語る。その実感は，慰安所で行われていたことが
「セックスしただけ」ではなく「やっぱり暴力」だったことを「わ
かっているつもりでいたけど，わかってへんかったんやわ」という
「自分への気づき」として総括される。
　ケイコさんもノブコさんも，証言者にとって，特定の（この場合
は「慰安婦」にされた）体験が現在その人に及ぼす影響を目撃するこ
とで，体験者にとってそれが何であったかを理解し，「そういうこ
となんや」と感じている。証言集会における証言では，証言が指し

示す出来事と証言との一致は問題にならない。参加する場で話される事柄が事実を述べていると前提していなければ、そもそも聞き手は証言集会に参加しない可能性のほうが高い。想起された過去を聞くという状況は、それ自体、過去についての正しい（つまり、過去に実際に起こった出来事についての）言明であることが前提されている。証言集会の目的は、聞き手が証言者しか知らない詳細を知り、それを通じて「慰安婦問題」とは体験者にとって何であったのか、何であるのかを知ることにある。その「かつてその体験は何であったか、そしていまは何であるのか」という理解には、当然ながら、「慰安婦」問題の意味の変化が含まれている。つまり、誰もが知っており大っぴらに語られてきた「当たり前」の過去から、生存者が名乗り出て日本政府の責任を問う、歴史と人権に関する現在の政治・外交的課題へという変化である。

　それまで語られてこなかった事柄が新たに語られるとき、あるいはすでに誰もが知っていたことであっても新たな意味づけを持って語られるとき、その語りが政治的に中立の立場からなされることはほとんどない。「慰安婦」問題は、漠然と誰もが知っていた過去の出来事から、真偽が問題になる現在の事件に変化した。だから、語られている事柄を真であると述べる作業のなかに、語り手への共感や衝撃、あるいはそれらを通じた運動への参与（engagement/commitment）が要請される場合もある。個別の詳細なエピソードは、聞き手の想像や感情移入、共感を容易にすることで、そのような参与も容易にさせる。個別の詳細なエピソードの持つこの特性は、伝記的インタビューがなされる状況とその場で前提されていること（お互いに相手が何者であり、何について話すのかをある程度は知っている）と、そのうえでその語り手に特有の情報を得たいという目的から生まれている。

ケイコさんやノブコさんが語る「衝撃」と自分自身への気づきには、「慰安婦」問題とは何であるかをめぐる理解とその変化，そしてその変化によって生み出された日本国内の，また近隣アジア諸国との政治状況にどのように関わるべきかという判断が含まれている。そして，証言集会という場で語られる個別の詳細なエピソードは，聞き手の共感を呼び，あるいは衝撃を起こさせ，運動への参加を容易にさせている。[10]

5　共通の土台

　個別の詳細なエピソードは，誰かが過去の出来事を語るとき，それが歴史的によく知られた事件であればあるほど，聞き手にその事件の新たな側面を垣間見せているかのように感じさせることがある。そのとき，しばしばその事件について聞き手が前もって持っていた知識と，その場で語り手が語る描写とは対比される。

　他方で，誰かの過去の回想の真偽が問題になるとき，しばしば真偽を問題にしている人々同士の間で会話が成立しないほど，異なる前提に立っているかのように感じられる場合がある。過去の出来事の真偽について対話が可能であり，双方が互いの主張とその根拠と

10　他方，「慰安婦」として以外のカテゴリで証言者／生存者を記述可能な状況を多く体験することで，聞き手は「慰安婦」以外でもありうる人として証言者／生存者を知ることになる。伝記的インタビューを行う調査者も，類似した状況を体験する場合もある。しばしば生活史調査が「論文を書きにくい」といわれる理由の1つは，調査開始時点では「何者であるか」が明らかだったにもかかわらず，調査過程で個別の詳細なエピソードを多く集めることによって，新たなカテゴリによる理解がなされ，結果としてその話者や話題を把握するのが難しくなるときがあるからではないだろうか。

に説得されているのであれば，歴史認識論争は生じないか，次第に収束していくだろう。両者の対話が不可能だと思われるほど異なる前提に立っているがゆえに，論争には終わりが見えないように感じられる。しかし，誰かの回想の真偽が問題になるとき，それが正しいと主張する人々と誤っていると主張する人々との間で，実は，共通の知識が前提されているのではないだろうか。

書かれた歴史と生きられた歴史

　誰かの過去の体験談は，それを聞く者にとって，抽象的な知識として学んだ事柄を具体的な個人の体験によって理解し直す効果を持つことがある。そのとき，その体験談の聞き手は，抽象的な歴史的事実に関する知識と，体験談を通じて得た知識との関係を考察する場合がある。アヤコさんは，交換留学していたときにソウル近郊にあるナヌムの家を訪れ，ひと夏の間そこに滞在した。アヤコさんはそのときのことを次のように回想している。

　　朴：なんかそのハルモニたちとのエピソードでさ，やっぱこれがなんかおっきかったなーとかある？
　　アヤコ：よく話すことは，最初の3週間であったこととしては，あのー，1番最初の日だか次の日にパク・オクソンハルモニと一緒にお散歩に行ったのね。
　　朴：うん。
　　アヤコ：そのときに当時，私，韓国語まだあんまちゃんとできなくて，発音とかできないわけよ。
　　朴：うんうんうんうん。
　　アヤコ：で，あの，ハルモニのおばあちゃんは日本語できないから，まあ，手つないで夕暮れのナヌムの家を歩いてて。そし

たら空気がめっちゃきれいじゃん。空気がきれいですねって言ったの。で，空気が，やっぱ発音ができなくて。コンギィが発音できなくて，国旗に聞こえたのね，ハルモニには。私が日本語で国旗って言ったと思ったらしくて。なんで国旗か，日の丸かって言い始めたの。で，日本語もちろんできないし，ハルモニ，中国，長い間。2001 年に，あの，韓国に戻ってきてるんだけど。なのに，いきなり，で，そういういわゆる韓国のちっちゃなおばあちゃんにいきなり，なんだ，日の丸か，とか言われて。いま思ったら理解できるんだけど，そのときはすごくびっくりしたんだよね。

朴：うんうん。

アヤコ：うん。だから，この人のなかにはその慰安婦，慰安婦問題ってもちろんずっと勉，この 5 年間一応，私は勉強したし。本とか読んで。わかってるつもりだったけど，あ，歴史じゃなくて，この人が本当に生きてきた人生なんだなって思ったのが。

朴：ん？　ごめんごめん。この人の，歴史じゃなくって？

アヤコ：その，いわゆる教科書とかに書いてる歴史じゃなくって，この人が生きてきた人生なんだ，の一部なんだなって。

（インタビュー 2018 年 3 月 23 日）

　ここでアヤコさんが「いま思ったら理解できる」のは何についてだろうか。また，なぜいまなら理解できるのだろうか。可能性の 1 つは，いま（つまりインタビューを行った 2018 年，アヤコさんがナヌムの家をはじめて訪れてから 11 年後）なら，アヤコさんはパク・オクソンさんに「空気」を「国旗」と聞き間違える可能性があることが理解できる，ということだ。また，いまなら，アヤコさんは生存者の女性たちが常に慰安所の記憶とともに生きていることが理解できる，

ということかもしれない。

　引用箇所で，アヤコさんは「この人が本当に生きてきた人生」と
「歴史」を違うものとして述べているが，この対比は「書かれた歴
史／学ばれた歴史」と「生きられた歴史」の対比でもある。金瑛は
「生きられた歴史（histoire vécue）」あるいは「生きている歴史（his-
toire vivante）」（金 2010: 28）について，「これらの用語は，「学んだ歴
史」あるいは「書かれた歴史」と対比させて用いられている。アル
ヴァックスによれば，「学んだ歴史」は単なる歴史的観念にすぎな
いが，「生きられた歴史」は，何らかの痕跡によって過去の実在性
を感じさせ，あたかもその過去が体験され具体的に生きられている
かのように感じさせる「枠組み」である。それゆえこの「枠組み」
は，過去が現在に連続しているという感覚を人々に抱かせる」（金
2010: 28）と説明している。

　しかし，この両者は対比的な関係にあるのだろうか。このインタ
ビューの抜粋で，アヤコさんが紹介した「空気がきれいですね」
「なんで国旗か，日の丸か」というやりとりだけを取り出したら，
パク・オクソン氏の聴力やアヤコさんの発音に関連する会話として
読むこともできる。このやりとりで（あるいはこのやりとりを聞いて）
「歴史じゃなくて，この人が本当に生きてきた人生なんだな」と思
うためには，日の丸すなわち日本の国旗は「慰安婦」にされた女性
たちに慰安所を思い出させるものであること，なぜなら日本軍がそ
の旗を使っていたこと，戦後も日の丸は日本の国旗に相当するもの
として使われていたこと（あるいはさらに，1999 年に国旗・国家法によ
って正式に国旗となったこと）などを前もって知っていなければなら
ないだろう。「歴史」でないものを指摘するためには「歴史」を知
っておかなければならない。アヤコさんが「わかってるつもりだっ
たけど」と自らを反省するためには，「この 5 年間一応，私は勉強

したし。本とか読んで」いる必要があった。このアヤコさんの説明において，生きた歴史と書かれた歴史は相補的関係にあるのであって，対比／対立関係にあるのではない。

「うじゃうじゃした知識」の共有

ナナコさんは次のように「うじゃうじゃした知識」と真実との関係に疑問を呈している。

> ナナコ：私，前にね，Fオモニと一緒にね，Z大学かどっかに呼ばれて行ったことがあったんだよ。でその時に，右翼みたいな奴が入ってきて，それでその，挺身隊っていう言葉を使ったことについてね，うじゃうじゃ色々，因縁つけてきたのよ。オモニがその，挺身隊っていうのに取られるってオモニのお父さんが心配して，結婚させたって話をしたのよ。そうしたら，会場にいた右翼っぽい男が，その挺身隊っていう言葉の使い方がおかしいとか変なことを色々言ってきたわけ。
>
> 朴：はい，はい。
>
> ナナコ：その時にさ，私もう頭にきてさ。ここに今，あんたの目の前に，実際そういう経験して，そう言われて日本に来てね，ここで半世紀以上，歳とって暮らしてきた人が目の前にいることを，お前はなんで認めないんだって言ってさあ。そういう挺身隊がどうのこうのっていう，うじゃうじゃした知識と，どっちがあんたにとって真実なんだって言ったんだよ。

---

11 Fさんは在日コリアン1世を対象とした識字教室の学生で，ナナコさんはFさんに日本語の読み書きを教えていた。後述するようにFさんは日本語で自伝を出版しており，このときはFさんの生活史や自伝の出版に関する講義を依頼されていた。

朴：うんうん，そうですよね。

ナナコ：[目の]前でこの人に会ってることとね。意味わか
る？

朴：わかるわかる。

ナナコ：でもそいつは私の言ってることの意味がわかんなかっ
たわけ。だから目の前にある，人がいて，その人が語って，そ
のことの力っていうものを私は，力っていうのかな，それがやっ
ぱ真実じゃん？　そういうことを言いたかったんだけどさ。

（インタビュー，2020 年 4 月 30 日）

　この抜粋箇所で，ナナコさんは「挺身隊がどうのこうのっていう，
うじゃうじゃした知識」と「実際そういう経験して，そう言われて
日本に来てね，ここで半世紀以上，歳とって暮らしてきた人が目の
前にいること」を比較し，私に「[挺身隊と慰安婦に関する知識と，
目の前で]この人に会っていること[の 2 つを私が対比させている
こと]とね。[その意味は]わかる？」と質問した。それに対して
私は「[あなたがその 2 分法を用いていることは]わかるわかる」
と回答し，ナナコさんは「でもそいつは私の言ってることの意味が
わかんなかったわけ」とまとめている。

　ここでナナコさんが批判している「挺身隊がどうのこうのってい
う，うじゃうじゃした知識」は，1990 年代のはじめ，慰安婦問題
が政治・外交的問題として浮上した際に，太平洋戦争中の植民地朝
鮮における勤労動員と「慰安婦」問題との関連，さらには「慰安
婦」問題における日本軍・日本政府の強制性の有無をめぐって，激
しく議論された事柄を指している。後日，私が重ねてナナコさんに
問い合わせたとき，ナナコさんは「たぶん「挺身隊」と「慰安婦」
を混同していたことに，あれこれ文句つけられていた頃だったね。

あのときは」（メールでのやりとり，2021年5月4日）と答えた。

　ナナコさんと「右翼っぽい男」とのこのやりとりがあった時期は，ほぼ正確に推測できる。というのは，Ｆさんは1990年10月に日本語で自伝（詩）を出版しており，Ｚ大学に招かれたのはその出版がきっかけだったからだ。そして，1991年から92年は，「慰安婦」と挺身隊との関係が集中的に問題になった時期だった。

　高崎宗司（1999）が詳述するとおり，「従軍慰安婦」と「挺身隊」とを混同する記述は，千田夏光（1973: 106）や，『ハンギョレ新聞』[12]に1990年1月に連載された尹貞玉による「挺身隊　怨念の足跡取材記」にも見られる。また伊藤孝司編著（1992）のように，「従軍慰安婦」と「女子勤労挺身隊」を併記した書籍も出版されていた。ただし，木村幹が指摘するように，「1991年の海部訪韓の時点では，日韓間の主たる歴史認識問題のイシューは総力戦期の労働者『強制連行』問題であり，韓国の市民団体の運動の関心も圧倒的にここに向けられていた。他方，のちに重要になる従軍慰安婦問題はこの時点においては，その付随的存在，つまり「強制連行問題の一部」という位置づけしか与えられていなかった」（木村 2014: 146-7）。

　そして，「慰安婦」と挺身隊との関係がもはや話題にならなくなった一方，強制連行との関係はいまでも争点であり続けている。たとえば，安倍晋三は2006年，1993年の官房長官河野洋平による談話（いわゆる「河野談話」）について，「いわゆる狭義の強制性と広義の強制性があるであろう。つまり，家に乗り込んでいって強引に連れていったのか，また，そうではなくて，これは自分としては行きたくないけれどもそういう環境の中にあった，結果としてそういう

12　金英達はこの千田の記述を考察し，『ソウル新聞』1970年8月14日の記事「1943年から45年まで，挺身隊に動員された韓・日の女性は，5〜7万名と推算されている」の誤読ではないかと指摘している（1992: 13-8）。

ことになったことについての関連があったということがいわば広義の強制性ではないか，こう考えております」（衆議院予算委員会，2006 年 10 月 6 日）[13]と述べたが，この「狭義の強制性」が「強制連行」を想定していると見なせる。また，『反日種族主義』の共同編著者である李宇衍は，2021 年に「ようやく崩れ始めた「慰安婦強制連行説」の虚構──あくまでも性労働者だった慰安婦の現実。日本人よ，声を上げよ」という論考を『JB Press』に発表しているが，このタイトルもまた「慰安婦」と「強制連行」を結びつけ，あたかも日本軍性奴隷問題の問題性が「強制連行」にのみあったかのように理解させる（李宇衍, 2021）。また，2021 年に発表されるや日米韓で問題になったマーク・J. ラムザイヤーによる論文もまた，「慰安婦」被害者の契約時点における強制性を問題にしている（Ramseyer, 2021）。

さらに，「挺身隊」と「慰安婦」の混同を問題化することは，『朝日新聞』の「誤報」を指摘する活動の一環でもあった可能性がある。『朝日新聞』は，自らの報道を省みて，以下のように述べている。

　　慰安婦問題がクローズアップされた 91 年当時，朝日新聞は朝鮮半島出身の慰安婦について「第 2 次大戦の直前から『女子挺身隊』などの名で前線に動員され，慰安所で日本軍人相手に売春させられた」（91 年 12 月 10 日朝刊），「太平洋戦争に入ると，主として朝鮮人女性を挺身隊の名で強制連行した。その人数は 8 万とも 20 万ともいわれる」（92 年 1 月 11 日朝刊）と書くなど両者を混同した。原因は研究の乏しさにあった。当時，慰安婦を研究する専門家はほとんどなく，歴史の掘り起こしが十分で

13　2022 年 12 月 15 日取得：https://kokkai.ndl.go.jp/txt/116505261X00320061006/276。

なかった。朝日新聞は，国内の工場で働いた日本人の元挺身隊員を記事で取り上げたことはあったが，朝鮮半島の挺身隊の研究は進んでいなかった。[14]

　ナナコさんとＦさんがＺ大学に招かれてゲスト講義をした時期と，その当時の「慰安婦」と「挺身隊」をめぐる状況を考えれば，ナナコさんのいう「うじゃうじゃした知識」とは，「慰安婦」問題に関する歴史的な知識（だけ）ではなく，挺身隊と慰安婦との混同と「強制連行」の有無をめぐる1990年代前半の議論と，そこで話題になった知識の双方を言い表すものと理解するのが適切だろう。

　他方，藤永壮（2013）が指摘するように，「挺身隊」と「慰安婦」とは1940年代はじめの朝鮮半島において，しばしば混同されていた。したがって，Ｆさんの「間違い」は，むしろ当時の「流言」「造言」を裏づけている。仮に「挺身隊」という言葉が，Ｆさんの移住時には「慰安婦」を意味していなかったとしても，Ｆさんの父は，その「誤った」理解によって娘を結婚移住させた。そして，Ｆさんは移住から50年たった時点でも，自分のように移住しなかった女性たちのなかには「慰安婦」にされたものがいる，と考えている。それならば「挺身隊」という言葉が，仮に本当は「慰安婦」を意味していなかったとしても，その「誤り」はむしろ，1930年代後半から40年代前半の朝鮮半島南部の農村において，「挺身隊」という言葉がどれほど恐ろしいものとして理解されていたかを意味する。そして，朝鮮半島出身の1人の女性の移住が，「慰安婦問題」という歴史的事件の一部を作り上げていることを意味する。この

14　『朝日新聞』，2014年8月5日，「「挺身隊」との混同　当時は研究が乏しく同一視」（2022年12月15日取得：https://www.asahi.com/articles/ASG7M01HKG7LUTIL067.html）。

「間違い」は——本当にそれが間違いであったとして——朝鮮半島南部の 10 代前半の女性たちとその家族にとって，日本軍の性奴隷にされることがどれほどありふれたことであり，どれほど恐れられていたかを意味する。それこそが歴史的真実であり，それがいま 50 年以上の時を経て回想され，慰安婦問題と関連づけて語られ得ることも真実である。ナナコさんの発言は，およそこのような意味だ。

しかし，「右翼っぽい男」とっては，この 2 つの用語の混同を指摘するのは，知識の欠如を指摘することで F さんの個人史全体についての信憑性を損ない，彼自身が歴史認識問題をめぐる最新の知識を持っていることをその場の参加者に示し，もしかすると『朝日新聞』（に代表される「反日」言説）を攻撃する意味があったのではないだろうか。彼にとって，「慰安婦」にされた女性たちの証言に疑問を呈し，歴史的事実性に照らして正確でない点を指摘することは，日本という国家や日本人というナショナルな集団に対する否定的言説に対抗するための重要な活動だったのかもしれない。

共通の知識

ナナコさんの強調する「真実」と，「右翼っぽい男」が指摘した「うじゃうじゃした知識」とは，あたかも水と油のように相容れないか，対立するかのように語られている。過去の出来事について，語りの真偽が問題にされるとき，しばしば「口頭の回想を通じて得られる情報はあてにならない」，すなわち語り手が意図的に，あるいは意図がなくとも，体験した事柄の詳細を忘れていたり本当のことを言わなかったりする可能性があるので，同時代に作られたより，回想に基づくデータのほうが信憑性に乏しいと指摘される。そのような，極端にいえば「思い出話なんていい加減なものじゃないか」という発言に対して，オーラルヒストリーの利点を「ひとがひとに

会う」(小林編 2010) ことだと言っても説得できないだろう。

　ナナコさんがいうように、Fさんが日本に渡航してきたときの「挺身隊」という用語について疑問を述べた「右翼っぽい男」に、ナナコさんの「どっちが真実なんだ」という問いは意味をなさなかった。なぜなら、ナナコさんと「右翼っぽい男」は、まったく異なる政治的立場から同じ事柄に参画していたからだ。その場でナナコさんが発した「どちらが真実か」という問いは、両者の政治的立場の違いに由来する「真実」の評価の違いを超えることはできなかった。ナナコさんの問いかけに対して、男性が「うじゃうじゃした知識のほうだ」と回答することもあり得た。いや、おそらく彼にとってその知識は「反日」的な動機にもとづくかもしれない「いい加減」な証言などよりもっと正確な、「真実」を語るための重要な知識だっただろう。否定主義者にとって、50年以上の時を経て回想される証言は最も「真実」から遠いものかもしれない。

　では、ナナコさんのいう「真実」と「右翼っぽい男」による「うじゃうじゃした知識」とは、本当に対立していたのだろうか。私は、対立してはいるが共通の前提に基づいていると考える。

　ナナコさんがZ大学で、「右翼っぽい男」の行動に対してその場で怒り、「どっちがあんたにとって真実なんだ」と言うことができたのは、ナナコさんの側にも「うじゃうじゃした知識」があったからではなかっただろうか。つまり、ナナコさんも「右翼っぽい男」も、挺身隊や勤労動員という制度や、それが戦時中に朝鮮半島でも実施されていたこと、そして、挺身隊という概念と戦時中の動員が、慰安婦問題において長らく議論の核心にあったことなどの「うじゃうじゃした知識」を共有している。なぜなら、そのような「うじゃうじゃした知識」なしには、ナナコさんはFさんの日本への渡航の原因を理解することはできないのだから。そして「目の前でこの

人に会っていること」の意味を見出すのは，そのような歴史的な「うじゃうじゃした知識」の内容が「右翼っぽい」ものであったとしても，それなしには不可能である。したがって「うじゃうじゃした知識」と「目の前でこの人に会っていること」とは，どちらもナナコさんのいう「真実」を成り立たせている。

さらに，ナナコさんは「目の前でこの人に会っている」状況において「どっちがあんたにとって真実なんだ」と質問した。過去に関する「正しい」知識であっても，いつでもどこでも，誰に向けても披露していいわけではない。ましてこの状況において「右翼っぽい男」が「慰安婦」と「挺身隊」に関する知識を述べるのは，Fさんの体験談の不正確さを指摘することでもあった。知識はその正確さだけでなく，それが述べられる状況と目的に鑑みて評価されるべきだ，という判断をナナコさんの質問に見てとることもできるだろう。

何より，「うじゃうじゃした知識」の前提になっているのは，いまや「慰安婦問題」は女性の人権と植民地支配・戦争犯罪に関わる現在の問題であり，その事実性に関する発言がなんらかの政治的立場にコミットすることと見なされる，という認識ではないだろうか。ナナコさんと「右翼っぽい男」とのやりとりは，誰かの過去の回想が問題になる状況で行われた。そのとき，その回想された事柄をめぐる対立は，一見すると調停も共存も不可能であるかのように見える。そして，実際にナナコさんは，自分の発言を相手の男性は理解しなかったと回想している。しかしながらナナコさんは，調停も共存も不可能そうな相手と知識を共有しているからこそ，相手の言動について怒り，疑問を呈することができたのだ。

実際，私たちは日常生活のなかでも，過去の出来事の多くについて（たとえ時間と手間がかかったとしても）その概要をまとめることができる。私は昨晩銭湯に行ったか，あなたは先ほどの昼食でカレー

ライスを食べたか，この1年間にあの人は Amazon. jp で何をどれ
ほど買ったのか，などなどの事柄について，私たちは大体の場合，
共通の理解が可能な一貫した記述にたどり着く（と期待している）。
私たちが日常的に，過去の出来事について共通の理解が可能な記述
にたどり着くことを前提していないなら，誰が確定申告のために領
収書を保存するだろうか。

　そして同時に，誰かの過去の出来事の回想についてその真偽が争
われるときには，対立している両者が，ともに前提している知識が
ある。Fさんの過去をめぐるナナコさんと「右翼っぽい男」との対
立の場合，その知識とは「慰安婦」問題とは何であり，1990年か
ら1991年にかけて，それが「挺身隊」と混同されていたことや，
当時の日韓関係ではどちらも日本による朝鮮半島での強制連行と重
ねられて問題化されていたこと，そして何より，いまや「慰安婦」
問題とは日本が戦時中に戦場と植民地で行った明白な人権侵害であ
ると認識されているといったことだった。

6　結　論

過去の出来事の真偽

　この章では，過去の特定の出来事（この場合は「慰安婦」問題）の
真偽が問題になる状況では，そこでいったい何が起こっているのか
を明らかにしようと試みてきた。ここで検討してきたことは，オー
ラルヒストリー研究者たちが答えようとしてきた「オーラルヒスト
リーにはいかなる独自性があるのか」という問いに別の方向から答
えようとするものであり，また社会学者たちが検討してきたインタ
ビュー調査の方法論のはるか手前にある。

その結果，以下の事柄を指摘できる。まず，1点目に，ある出来事の真偽が現在において問題になるためには，一定の歴史的条件が必要だということだ。先行研究からすでに明らかにされているように，またアイコさんやユウスケさんが述べたように，かつて「慰安婦」と呼ばれる人々がいたということ自体はよく知られていた。「慰安婦」とされた女性たちの姿は映画や小説のなかに描かれていた。そのときの「慰安婦」描写や体験の記述は被害の責任を問うものではなく，また基本的に日本軍兵士とともに戦争という地獄を体験した同輩として描かれていた点で，戦後の日本社会における戦争認識と衝突するものではなかった。しかし，かつて「慰安婦」にされた人々が名乗り出て，日本政府に対して責任を問うたときにはじめて，「慰安婦」とされた人々の体験やその証言は疑問を提起されはじめた。

　2点目は，真偽が問題になる過去の出来事の描写について，個人の回想を特徴づける個別の出来事についての詳細は，その真偽に肯定的であれ否定的であれ，立場にかかわらず感情を媒介して関与させる効果を持ちうることだ。多くの会話がそうであるように，過去の回想が語られ聞かれる状況においても，語り手も聞き手もお互いが何について話し聞くべきであるかについての前提をある程度は共有している。

　さらに，何を話し聞くべきかという前提の共有は，過去が回想される場面において，語り手と聞き手がお互いに何者であるかという理解と切り離せない。震災体験について話す場で語り手となる人は，「50代」「自家用車がある」「朝はパン派」ではなく「震災体験者」であろうし，その場で話される事柄は「昨日のサッカーの試合の結果」ではなく「過去の特定の震災の体験」であるはずだ。そして聞き手は多くの場合，話を聞く以前に知っている事柄だけでなく，語

り手個人だけが知っていると想定される具体的なディテールを聞くことを期待している。

そのような，特定の個人しかわからない（と想定される）体験や感情は，聞き手に「本当はどのようであったのか」をより容易に理解させ，しばしば語り手とその体験に対する強い感情を聞き手に起こさせる。その感情は，しばしば「大変な社会だ」と当時の時代状況を感じさせたり，その出来事が体験者にとってなんだったのかを知らなかったという「自分への気づき」をもたらしたりする。過去の出来事に関する誰かの説明を強く肯定したいとき，具体的な誰かの体験は，その気づきをもたらす感情的な基盤となりうる。

他方，過去の出来事について疑問を抱く聞き手にとって，体験から数年あるいは数十年を経て回想される個人の語りは，その出来事に関する史料のなかでも最も信憑性の薄いものに分類されるだろう。個人が過去の体験を語っている状況に真実を見出すか，それを最も信憑性の薄いものとみなすかをめぐって対立するとき，自分が相手の主張を理解できず，相手も自分の主張を理解しないように感じられる場合がある。しかし，本章で取り上げた事例では，誰かの回想の真偽が問題になるとき，否定する場合も肯定する場合も，共通の知識に基づいて議論していた。口頭で語られる過去の回想は「生きた歴史」として，しばしば「書かれた歴史」と対立的に理解されることがある。しかし，本章で見てきたのは，その2つの歴史記述は相補的であるということだった。

ここから，以下のことを3点目として指摘できる。誰かの過去の語りを意味のあるものとして理解するためには，聞き手は語り手との間で，過去の出来事に関する複数の前提を共有していなければならない。その前提となる知識は，しばしば「うじゃうじゃした」ものに感じられることすらある。しかし，過去を回想する場において

特定の知識を無意味なものだと判断したり，そのような知識を開陳することの当否を判断したりするためには，そのような知識をその場のやりとりのなかで（あるいはその場でその知識を述べる意義を否定する発言の中に）適切に位置づけなければならない。したがって，実際に「話が通じない」と感じられる場合においても，前提されている知識はある程度まで共有されている可能性が高い。

歴史の在り処

　この章では，過去の出来事の真偽が問題になるときに何が起こっているのか，すなわち，どのような条件において誰かの語る過去の真偽が問題になるのか，誰かの語る過去の真偽が問題になるとき過去の語りのどこがどのように問題化されるのかという問題を検討してきた。最後に，この問いに答えることによって明らかにされたことを，簡単にまとめておきたい。

　本書はここまで，オーラルヒストリーという概念がどのように設定され，その方法に人々が何を期待し，どのような意図でオーラルヒストリーという概念を用いてきたのかを明らかにしてきた。それを通じて私が主張したかったことは，実際にオーラルヒストリーは「主観性」を明らかにする方向に「転回」したわけではなく，オーラルヒストリーの魅力は「主観性」を明らかにすることにあるのでもないということだった。そして，現在における人々の相互行為を明らかにすることは，過去に起こった出来事を明らかにすることと矛盾するわけではなく，過去に起こった出来事が後日どのように述べられるようになったかという過程を調べることは，それ自体がその過去の出来事に関する事実を明らかにすることでもあると示したつもりだ。

　このような議論を踏まえて，本章では，オーラルヒストリーの方

法論がその独自性を求めてきた過程に鑑みて，個人の過去に関する回想を扱う社会調査の特徴と，社会学が最も得意とする歴史（過去に起こった出来事について調べた結果としていま明らかになっている事柄の集合）との関係の結び方を検討してきた。

では，過去に体験したことを人々が話すとき，実際には何が起こっているといえるのだろうか。

口頭で過去の体験について会話する状況に特有の現象は，その場の状況に応じて，語り手が聞き手とやりとりしながら何をどのように話すべきかを取捨選択したり，互いに交渉したりすることである。こうした現在性や状況の偶然性を無視できない特徴のゆえに，オーラルヒストリーは「信頼性に欠ける」「バイアスがかかりやすい」といわれてきた。

そしてオーラルヒストリー研究者たちは，「主観性」という単語を用いてその指摘に反論した。あるいは，その取捨選択と交渉に焦点を絞ることを──しばしば実際の論文ではそのようにしていないにもかかわらず──提唱した。錯誤や記憶違い，意図的な虚偽を「主観性」と呼ぶことで，オーラルヒストリーは方法論を進歩させたのかもしれない。しかしそれは，話されている過去の出来事と，その出来事について話される現在とを切り離すことと相まって，その過去の出来事の説明について事実かどうか調べなくてもいいという主張すら導きうる。

これに対して，本章で明らかにしてきたのは，過去に起こった出来事について説明したり，その出来事について疑義を挟んだり，その疑義について検討したりする作業は，それら自体が歴史的な条件──時間の経過に伴って人々のものの考え方や知識の前提となる発言や行動の規範が徐々に変化していくこと──のなかで成立しているということだった。

人々が過去の体験について会話するとき，疑問が呈される場面は限られた条件のもとでのみ生じる。本章で見てきたとおり，ある出来事が事実か否かを問われる状況は特殊であり，その状況が成立するためには一定の時間の経過と，その出来事が問題として理解し直される過程が必要とされる。個人の詳細なエピソードは，それに対して疑問が呈される場合もそうでない場合も，調査者の関心に応じて，過去に起こった出来事の詳細を明らかにするために有用でありうる。個人の詳細なエピソードを得ることは，聞き手に共感や感情移入を可能にさせ，その語られた過去の出来事が問題になる現在の状況に，なんらかの方法で参加するよう促すだろう。そのような個人の体験を口頭で聞くとき，語り手と聞き手はお互いが何について話し，何を聞くべきかをある程度は前提として共有している。この前提は，「過去に起こったその出来事について，それをそのようなものとして話すことができる」という点において，歴史的な状況の変化を必要としている。「慰安婦」が「日本軍兵士とともに地獄を味わったかわいそうな女性たち」ではなく「旧日本軍といまの日本政府の責任を問うサバイバーたち」に変化するためには，韓国，台湾，フィリピン，インドネシアといったサバイバーたちの暮らす国家の体制や，性差別と民族差別，植民地支配に関する日本社会の問題意識が変化しなければならなかった。

　誰かの口頭の証言が，その出来事が実際に起こったときから数十年を経て，具体的な聞き手のいる場でやりとりを通じて回顧されるとき，その時間の経過と具体的な状況のゆえにその口頭の証言の信憑性が疑われるときがある。そのようなとき，疑う側も疑いに反対する側も，互いにそのかつての出来事に関する知識を共有し，それがいま何であるべきか／何であるはずかという理解も部分的に共有している。

このように考えれば，以前に体験された出来事について述べる現在の状況は，その出来事とはかつて何だったのか，いま何であるはずか／何であるべきかを説明している。だから，過去の出来事が語られる状況を分析すれば，かつて起こったある出来事が，かつて何であり，いま何であるかを明らかにしうる。シュナペールは「オーラルヒストリーは，人文科学の専門家によるものであり，伝統的な史料批判によって正されるその方法によってではなく，定義上，書かれた痕跡を残さない，歴史を作る実体験それ自体を回復しようとする目的によって，定義されるべきだ」(Schnapper 1977: 47) と主張する。もし「歴史」という言葉に，過去に起こった出来事だけでなく，その出来事について調べた結果として明らかになった知識という意味も持たせるのなら，過去に起こった出来事をめぐる人々の現在のやりとりもまた，「歴史」という言葉で描写可能であろう。

　現在の常識的な想定や規範から比較的自由で独立した過去は，話されたことを聞き，書かれたものを読み，聞いた／読んだ内容について話し合ったり検証したりする相互行為のなかにあり，相互行為から生まれる。過去が現在とは異質であることも，過去の誰かの体験がいまと異なった知識や常識・想定・倫理観・規範のなかで動いていたことも，体験した人にしかわからない事柄があることも，誰かの書いたものを読み，誰かの語りを聞き，その姿を見るといった現在の相互行為を通じてしかわからない。旧日本軍性奴隷問題の歴史は，歴史認識論争が起こるときのやりとりのなかに，証言集会のなかに，証言集の出版記念会をするなかに，ナヌムの家やロラズハウスでサバイバーたちが食事したり喧嘩したりするなかに，台北市婦女救援基金会のワークショップのなかに，存在する。歴史は，歴史を探究する営為のなかにあるのだ。

終　章

オーラルヒストリーで社会学する

失敗の原因

　本書の冒頭に書いた，卒業論文の話に戻ろう。大学4年生の秋，私は無謀にも，卒業論文でインタビュー回答者たちの人生を書こうと思ったのだが，そうやって書き直したものは「彼らの人生」ではなかった。

　それにはいくつか理由があった。まず，私は論文を書くにあたって先行研究と関連のある問いを設定しなかった。問いを立てなければ論文が書けないのは当然だ。次に，私は一般性のある概念でインタビュー中のやりとりを分析しようとした。私は，社会学において理論的に何かを書くためには，社会構造なるものについて説明しなければならないと思っていた。そのため，「対象者たちの言葉や行為の意味を一般的・抽象的な学問の言葉へと翻訳」（佐藤 2008: 29）するために，インタビューデータをいったん脱文脈化（佐藤 2008: 46）し，社会構造が彼らの人生を外側から規定しているという考えに基づいて，その規定の仕方を分析すれば，私の知りたいことがわかると思っていた。

しかし，それでは私の知りたいことはわからなかったのだ。私の知りたいことは，彼らの人生や私とのやりとりという「ミクロ」な何かを外から規定する「マクロ」な何かではなかった。もしそのような「マクロ」な何か——社会変動や近代化や思潮の変化といったもの——があるのだとしたら，それは彼らが自らの人生を語り，私に話すやりとりであることを見出すべきだった。それを「主観」と「客観」，あるいは「生きられた歴史」と「書かれた歴史」等々と呼ぶかどうかは別として，ミクロなものとマクロなものとをあらかじめ別のものと想定すべきではなかった。その区分を設定するのは私ではなく，私の調査対象者たちのほうだった。私は，彼らが私に「人生を語る」という作業を行っているときに参照していたさまざまなカテゴリー（「朝鮮人」「密航者」「[外国人]登録[証]（のある人／ない人）」「陸地／済州」「文字の読める人／読めない人」等々）や，それらのカテゴリーが意味を持つ過去と現在のさまざまな状況のほうに注目すべきだった。過去に特定の体験をしたときの，その体験をかくかくしかじかのものだったと語れるときの，そしてその体験について調べる作業が行われるときの，特定の時期と状況に着目し，そのときのやりとりを可能にした諸条件を調べるべきだったのだ。

　そのことがわかったのは，大学院に進学して1年半ほど経ったときのことだった。

　私が親族の生活史をインタビューしようと思ったそもそもの動機は，彼らから断片的に聞く話がおもしろそうだと思っていたことはもちろん，自分がなぜ日本にいるのかを知りたかったからだった。

1　インタビュー中で，日本に非正規な手段で渡航した在日コリアンを指す。博士論文まで，私の調査対象者たちの多くは，戦後になってから日本へ非正規に渡航した在日コリアン1世だった。
2　済州島出身者にとっての朝鮮半島を指す。

私は物心ついたときから，自分が日本では歓迎されていないと思っていた。「朝鮮人は出ていけ」「朝鮮人は望んで日本に来たのだろう」「日本に文句があるなら帰れ」「臭い」等々と言われたことがないわけではなく，そのたびにどこに行けばいいのかはわからなかったが，少なくとも日本にいるかぎり，自分はこのようなことを言われ続けるだろうと思った。もしそう言われて唯々諾々と従ったり，ただ泣いて悲しんだりすることを選ばないなら，言い返さなければならない。「帰れ」と言われるなら，ここに来た理由を述べればいいはずだ，と私は素直に思っていた。

　私は個別の体験談を通してわかるような過去の出来事や差別された体験を，嘘だと言って否定する人々に言い返す方法を探していた。私は，彼らの体験を本当に起こったものだと認めさせれば，「ネット右翼」も歴史修正主義者も自分たちの誤りを認めるだろうと思っていた。済州島で私の祖父母や伯父・伯母たちが体験したことや，彼らが日本へ再移住した経緯，日本へ再移住してからの学校教育（あるいは学校教育を受けられなかったこと）や就職（あるいは就職できなかったこと）といった体験は，多くの在日コリアン1世の身に本当に起きたことであり，どんな人にも――在日コリアンに対して「日本から出て行け」と言うような人にでも――そのことを認めさせたいと思った。[3]

3　この動機には私自身が差別されたと感じたときの怒りが多く含まれていた。いまとなっては，私はこの考えが学術と聞き手の双方を軽視しているとわかる。他人の体験は，私が誰かを批判したり，言い返したり，誰かから褒められたりするための手段ではないからだ。もしいまの日本社会で在日コリアンに対する差別が一掃されていたとしても，私に体験談を話してくれた人々が体験したことには，在日コリアンの歴史や戦後の日本についてのいままでの見方を変える可能性がある。彼らが体験したことには，それ自体で学術的に探究される価値があり，その価値は差別と戦うという，必要ではあるが存在せずに済むならばそのほうがいい目的より，もっと高い。政治的な状況に対

当時，私の関心はいわゆる歴史修正主義的な，あるいは否定主義的な主張を可能にする学術研究の方法論にあった。リチャード・エヴァンズは歴史学におけるポストモダニズムに対し「ポストモダニズムとは，過去を抹殺したり，歪めたり，隠したりしたいと願う者のすべてに，その罷免状を与えるものなのだろうか。我々は，こういった解釈と正当な再解釈という両者の一体どこに境界線を設ければよいのだろうか」（Evans 1997=1999: 184）と疑問を呈した。この関心を共有して，私は社会学における「構築主義」が，社会調査の方法論に与える影響に興味を持った。なぜなら当時の私は，「構築主義」なる考え方は，インタビューで語られたことを事実ではなく「物語」とみなす点で，最終的に歴史修正主義を利する議論だと思っていたからだ。そのため大学院のシラバスに「構築主義」という単語が入っていた演習を見つけたとき，この機会に構築主義なるものをきちんと学んで，「極右の歴史家が「巨大な偽りの世論」を作り出せるように，扉を広く開け放してしまう」（Evans 1997=1999: 188）かもしれない方法論の特徴を学ぼうと思った。

　ところが，その演習では，デイヴィッド・フランシスとスティーヴン・ヘスターによる *An Invitation to Ethnomethodology: Language, Society and Interaction*（=2014, 中河伸俊・岡田光弘・是永論・小宮友根訳，『エスノメソドロジーへの招待──言語・社会・相互行為』ナカニシヤ出版）を読んだ。その第 10 章「科学を観察する」では，ブルーノ・ラトゥールとスティーヴン・ウールガーによる科学的知識の社会学（sociology of scientific knowledge）とエスノメソドロジーとが比較されている。ヘスターとフランシスは，「ラトゥールとウールガーにと

する怒りは，学術研究の原動力であってもいいかもしれないが，最終的な成果の不出来を糊塗する道具になってはならないし，調査者が自らの怒りのために研究対象の魅力を見失っては本末転倒だ。

って，科学の現実は，科学者が何を語ることに同意するのか，どのようにしてそれを語ることに同意するのかということ以上のものではないのだ」（Francis and Hester 2004=2014: 304）と述べ，「彼ら」，すなわち 1969 年 1 月のステュワード天文台におけるパルサー発見の瞬間を対象とした，ハロルド・ガーフィンケルとマイケル・リンチとエリック・リヴィングストンによる論文（Garfinkel, Lynch and Livingston 1981）を，次のように比較する。

　　彼らは，天文学上の発見の対象としてのパルサーが本当のところ何なのかについて，特定の立場はとっていない。それは社会学にとっての問いではなく，天文学にとっての問いであり，そして天文学の言葉の中にある問いなのだと彼らは考える。パルサーのように見えたものが本物のパルサーだったのか，あるいは，あるデータの組み合わせから生じた単なる人工物だったのか。これは，天文学者自身が解くべき問題であり，そして，その夜の作業が経過する中で実際に説かれた問題だった。
（Francis and Hester 2004=2014: 311）

　この章を繰り返し読み，演習の担当教員だった中河伸俊先生からイアン・ハッキングの歴史的存在論に関する論文（浦野 2007）を教えていただき，何度も読んで，この論文の真似をすれば，たとえ猿真似でも，なんとかなるかもしれないと思った。
　もしエヴァンズの「［過去を抹殺したり，歪めたり，隠したりしたいと願う者による］こういった解釈と正当な再解釈という両者の一体どこに境界線を設ければよいのだろうか」という問いに答えるなら，パルサーの発見と同様に，過去に起こったことを明らかにするために人々が行っている作業を分析するのが不可欠になるだろう。

それならエスノメソドロジーもまた，副次的過去を抹殺したり，歪めたり，隠したりしたいと願う者たちと戦う手段の１つにもなりうる。

　調査者ではなく調査対象者たちが用いるカテゴリーのほうに注目するというエスノメソドロジーの方針の１つは，調査者が社会学的な「ミクロ」と「マクロ」の関連に取り組む方法も変える。自分たちの来歴は，私にとって問題になる以前に，私の調査対象者たちにとって問題だった。「帰れ」と言われたときに帰る先などないことは，私の問題である以前に，私の調査対象者たちにとって問題だった。朝鮮人とは何者かという問いは，私が問うよりはるか昔に，私の調査対象者にとって，そして私の調査対象者を「密航者」とみなし，発見し，送還しようとした人々にとって，問い問われたものだった。そのことがわかったとき，私は，自分だけの力でこれらの問いに答えなくていいのだとわかった。私の調査対象者たちにとって，その問題は，解放直後の朝鮮半島の分断やそれに伴う政治的な混乱や戦争や虐殺，日本への渡航や在留資格の取得といった生命の危機をもたらす個別の具体的な状況のなかで直面した問題だった。私は彼らが過去にその問題に取り組んできた有様を分析できる。あの演習の授業に出ていたときの私には，そこまで明確に言語化できたわけではなかった。しかし，これ以外のやり方で私の聞いたことの意味を伝えられるように思えなかった。

　きっといまなら私は，「あなたの人生を教えてください」という問いよりも明確な問いをもってインタビューに臨み，彼らにとって自明だが私が知らないことを，あるいは私が問題にする以前に彼らにとって問題となっていることを質問し，彼らが何を理解しているかを教えてもらおうとするだろう。そして，たとえば「在日コリアン１世」なる人間集団を想定して，その人間集団の構成員一般に当

てはまる命題を見つけようとするのではなく，彼らの世界と彼らの歴史叙述を教えてもらい，それらが成り立つ前提を見つけ出そうとするだろう。もし私がかつて，それを書くことを目的としていれば，私はあのときに持っていたインタビュー資料から卒業論文を書けたかもしれない。

オーラルヒストリー研究が明らかにしたこと

　本書はオーラルヒストリーの方法に関する議論を歴史的に検討し，それを通じて「誰かの過去を聞き取る」作業を含む社会調査にどのような特徴や利点があるかを明らかにすることを目的としている。そのため，まず議論の前提となる学術的前提，本書が解こうとする問いとそれに答える意義，本書が検討する対象とその方法について述べ，次に「オーラルヒストリー」と題した研究は何をしてきたのか，その調査・研究の特徴とは何だといわれてきたかを検討した。

　「オーラル（・）ヒストリー」という言葉には，さまざまな意味が込められてきた。第 1 章で見たように，その言葉は政治学と民俗学・文化人類学という異なった 2 つの分野でまず方法として用いられた。一方は「偉大な人々」が公的な記録に残さなかった情報を聞き出したり，そのような人々が著す回顧録より研究者にとって使いやすいものを残したりするために，インタビューを調査方法として用いた。他方はそもそも記録の対象にされてこなかったり，記録することが不可能だったりしたような口承文学やさまざまな言語・民謡を記録するためにインタビューを行い，それらを特定の地域や人間集団の歴史を書くために用いた。この異なる 2 つの起源から 100 年も経たないうちに，オーラルヒストリーという言葉はさまざまな地域と人々の歴史を書く手段として用いられてきた。それによって書かれた歴史を，本書第 1 章では便宜的に「下からの歴史」型，エ

リート・オーラルヒストリー型，真相究明・エンパワーメント型と呼んで分類した。

　第2章・第3章はオーラルヒストリー研究の方法論をレビューしてきた。本書の冒頭に挙げたように，オーラルヒストリー研究や伝記的研究は，他の資料・史料と矛盾するインタビューを得たとき，それをどのように分析し調査・研究を進めていけばいいかという問題に，「主観性」という誤った概念を用いて答えてきたといえる。オーラルヒストリー・インタビューでは，語られた内容のなかで他の史料と矛盾をきたす情報が語られることもある。あるいは，研究者が知らなかった事柄や，体験者であれば当然に知っていたが記録されてこなかった情報も語られる。それらを，オーラルヒストリー研究者たちは——しばしば誤って——「主観」と呼んだ。「彼らに何が起きたのか」という問いは，人々の主観を問うているのではないにもかかわらず，それを「主観」と呼んだのだ。

　オーラルヒストリー研究，なかでも「下からの」オーラルヒストリー研究が対象としてきたインタビュイーや過去の出来事の性質や，オーラルヒストリーという方法・学問分野に調査者がこめた期待，そして1980年代から90年代の歴史学をめぐる知的状況を振り返れば，「主観性」という概念がオーラルヒストリー研究の特徴を説明するものとして選ばれ，繰り返し用いられてきたのにはそれなりの理由があったことがわかる。それはおそらく，「間違った」説明を分析の対象に含めたアレッサンドロ・ポルテッリらの研究が，「下からの」オーラルヒストリー研究において大きなインパクトを持っていたことと，1970年代後半から90年代にかけての歴史学において，「主観」という言葉が担わされた役割とに求められる。

　しかし，その「主観」なるものはオーラルヒストリーに特有の要素でもなければ，それに注目することでオーラルヒストリー研究が

進展してきたわけでもなかった。語り手の「主観」を分析の中心とした論文や書籍はオーラルヒストリーを主題にした刊行物のなかで1割程度にとどまる。そして「主観」なる用語を導入することによって、オーラルヒストリー研究者は実際のところ調査の対象としていない事柄を方法論あるいは「理論」として述べたり、過去に起こった出来事とそれを述べるインタビュー現場とを切り離してしまったりといった不必要な問題をオーラルヒストリー研究や伝記的研究に呼び込み、いまでもなお「構築主義」対「実証主義」という問題設定を可能にしてしまっている。

　では、この「主観性」という、調査データを分析するときよりも方法論や「理論」を述べるときに（のみ）頻繁に使われる語を用いずに過去の出来事を回想するインタビューデータを使う研究とは、どのようなものだろうか。多くの研究者は、調査で明らかにしたい事柄を述べてくれる可能性のある、なるべく多くの人にインタビューを行うだろうし、1人にだけインタビューする場合であっても、その人物に複数回インタビューしたり、語り手の人生や体験した事柄に関連する史料をなるべく多く集めたりするだろう。それから、得られた複数のインタビュー史料や他の文献史料と記述を照らし合わせ、共通する部分と共通しない部分を検討する。そして、共通しない部分を調査結果から外すか、あるいはそのまま記述し、いずれにせよ特段の理由がないかぎり、取り出して個別に分析する必要を認めまい。ここまでは多くの調査者が一致するだろう。

　ところが、過去に起きたことの描写や記述に対して疑問がさしはさまれることがある。ある人のある出来事について述べたことが他の人や他の文献史料の述べることと異なったり、調査対象者が調査者のすでに知っていることと食い違うような話をしたり、同じ人が別のときにまったく違う話をしたりすれば、その話されたことが

たして本当かどうか，調査者は疑問に思うだろう。そのようなとき，その疑問をあえて取り上げるか取り上げないかで，調査者が何をすべきか変わる。取り上げない場合，調査者に問題は生じない。他のデータと照合しようのない情報を持つデータを使うしか手段がない場合でも，話された事柄に疑問が生じなければ，通常はそのデータの記述や描写を採用するだろう。

　しかし，第4章で示したように，過去に起きたことの記述に疑問が呈される状況は，それ自体で分析すべき課題になりえる。なぜなら，過去に起こった出来事の記述の信憑性が問題になる場合というのは，その出来事が起こったときや，その出来事の記述が別の時点で，別の人々に対して，別の意味を持ってなされたときとの比較のなかで検討されれば，その出来事についての新たな記述となりうるからだ。

　ある出来事について，誰か（仮にAさんとする）がかくかくしかじかと述べる。他の人が同じ出来事について，異なったことを言ったり書いたりすることもあるだろう。それらの記述同士の違いは，その違いの程度や原因によっては，それらの記述がなされたある特定の時点で，その出来事が何であるはずかを示す点で，その時点における社会——言い換えれば，人々が何かの物事をそのようなものとして理解し他人に示す相互行為を行う際の条件——を説明する。

　別のときに——たとえばある出来事が起こってから10年後に——Aさんが同じ出来事について違うことを述べたとする。聞き手や読み手がその違いを単なる記憶違いや錯誤とみなさないなら，その違いはAさんが書いたり話したりした状況の違いに求められる。その状況のなかには，聞き手／読み手との関係やAさん自身の体調や立場だけでなく，聞き取られる状況とはいかなるものか，聞き手は何者か，何が話されるべきかといった判断も含まれる。そして，

聞き取られるその出来事はこれらのなかに——すなわち，さまざまな記述とそれらの違いを明らかにしようとする試みのなかに，その試みのなかで考慮に入れられるべきさまざまな条件とそれらの変化のなかに——存在する。

　第5章で示したように，過去に起こったことを調べたり，その出来事はこのようであったと述べたりする作業は，述べられるべきその過去に起こった出来事の一部になる。そして，現在その過去がどのように想起され，どこまでが事実であるとわかり，あるいはどこから事実かどうかわからなくなるのかという記述は，その記述がなされる時代と社会の説明となる。第3章の結論でも触れたように *The Spectacle of History*（Lynch and Bogen 1996）はイラン・コントラ事件の公聴会において，聴衆や議員，歴史学者たちがどのような知識と情報を用いて，何を事実であるとみなし，何が事実かどうかわからなくなったかを分析した。「覚えている」「覚えていない」という発言は，証言者の記憶の有無を述べているのではなく，裁判という状況における指し手である。ある特定の事件を覚えていると期待できる人物が，その事件について何も覚えていないと語るとき，それはその人物の記憶力の問題というよりも誠実さの問題として理解される。このとき，記憶は証言者の頭の中にあるのではなく，なんらかの活動の結果成し遂げられたものとして，公聴会という状況のなかに存在している。リンチとボーゲンによる，過去に起こった出来事を人々が理解する状況の分析はまた，その公聴会が行われた1980年代合衆国の政治とマス・メディアについての歴史叙述でもある。

おわりに

　本書で私はずっと，他人の体験談のおもしろさと，それに魅せら

れたりそれに期待を込めたりした人々が議論してきたことと，その議論を通じて現れてきたおもしろさと胡散臭さの両方を回避せずに分析したらどうなるか，と考えてきた。他人の体験談はおもしろい。私は「おはなし」，つまり他人の昔話や体験談を聞くのが，子供の頃から好きだった。誰かの過去の体験談を聞くと，私は語り手と自分がその話されている過去の出来事を一緒に体験しているように感じていた。その感覚はきっと，私だけのものではない。おそらく誰かの体験談に耳を傾けたことのある人は，それが研究目的であろうとなかろうと，似たような感覚を味わったことがあるはずだ。本書はこの，「一緒に体験しているような感覚」が根も葉もないものではないことを示そうとした，と言い換えることもできる。

　小説や文学より，他人の体験談のほうが私には不思議だった。頭のなかで荒唐無稽なことを考えるのも難しいことだろう。しかし，いまの私にとっては荒唐無稽なことが過去に実際に起きたということや，目の前にいる人がそれを体験したということのほうがよほど驚くべきことではないか。かつてその荒唐無稽な世界が存在し，その世界を作っていた人がいま自分の目の前にいて，その荒唐無稽な世界を語っていること自体が事件ではないか。そして，その人の語るいまと明らかに異なる世界の出来事を，私は理解できてしまう。語られる過去の世界がいまの世界と異なった知識や常識や規範によって成り立っていたことと，それをいま，会話をしながら私が聞いて理解できることの両方の不思議さを明らかにするには，過去に起こった出来事に関する知識と，人々の相互行為を分析する作業の両方が必要だ。

　すでに社会学者が研究成果を積み重ねてきた「歴史の社会学」や「歴史と向き合う社会学」に比較すると，本書が取り組んだことはその手前にある，取り上げられることの少ない課題だ。ただ，本書

で検討してきた事柄——誰かが過去に起こった出来事の説明の真偽を問題にするとはどのようなことなのか，過去に起こった出来事について書いたり述べたりするときに，人々は実際のところ何をしているのかという問題——は，歴史（「過去のある時点でこのようなことが起きた」）を書いたり，歴史について述べたりするときに重要な問題であり，かつ，歴史学より社会学が得意とする問題のはずだ。

　だから私は，歴史の社会学や歴史と向き合う社会学が見落としてしまっているところにも社会学の貢献できる課題があり，それは歴史学者よりも社会学者にとって，より分析しやすいはずだと信じている。「歴史の社会学」「歴史と向き合う社会学」，あるいは「歴史社会学」の手前にある問題の分析が，万が一にも，歴史学にとって何かの役に立てるなら，私は嬉しい。そして，社会学はこのようにも歴史叙述を調査でき，その活動は私たちが書こうとしている，その過去の出来事の一部になるのだという例の１つに本書がなっているのだとしたら，私はとても嬉しい。

あとがき

　2019年のバレンタインデーの朝，私は通勤電車の中でぼんやり
と「オーラルヒストリーにしかできないことはあるだろうか」と考
えていました。その問いは，その時点ですでに10年ほど考えてき
たことでした。メモを取りながら考えていると，「私たちは歴史に
なる」という言葉が浮かびました。それで私は嬉しくなって，混み
合う電車の中で「やった！」と叫び，ジャンプしながら電車を降り，
スキップしながら乗り換えました。

　乗り換えの途中で配偶者に電話をかけ，「こんなこと，滅多に言
わないと思うけど，あなたには聞いてほしくて電話しました。それ
では聞いてください，ヘウレーカ！」と叫びました。配偶者は私の
思いつきを聞いたあと「データが不足しているので，あなたの考え
が妥当かどうか自分には判断ができない」と言いました。

　そのあと，出勤した先の神戸大学国際文化学研究科で，青山薫さ
んにこの思いつきを一方的にまくしたてたところ，青山さんは私に，
デンジンとプラマーの論争を確認することを勧めてくださいました。
家に帰る途中でたまたま，京都大学の落合恵美子先生にお会いしま
した。そのときもまだ私は興奮していて，落合先生にも一方的に，
その日の朝の思いつきを喋りました。落合先生はひととおり聞いて
くださったあと，きちんと論証すれば，多くの人に引用される可能
性があるね，と励ましてくださいました。それで，私はすっかり天
狗になってしまいました。

　いまになって思うと，あのときに思いついたことはそれほど新し
いことでも，驚くべきことでもありませんでした。何より，論証で

きるほどの情報を私はその時点で持っていませんでした。それでも，あのときほど嬉しかったことはその前の 10 年間になかったし，そのあと今日にいたるまで 3 年間ありません。

　3 年前の 2 月には，その思いつきのまま，本をすぐに書き上げられると思いました。しかし当然ながら，そうはなりませんでした。

　本書は私ひとりの力で書けたものではありません。まず，インタビュー調査にご協力くださった方々なしには，本書の第 5 章は書けませんでした。インタビューさせていただき，また本書の草稿をご確認いただいたみなさま方に，まず感謝を申し上げます。

　この本を書き上げるのに，酒井泰斗さんの主催で，2 年半にわたって 25 回の進捗報告互助会を開催していただきました。進捗報告に参加してくださったみなさま，お一人お一人にお礼を申し上げます。なかでも，最後までご参加いただいた酒井泰斗さん，松沢裕作さん，坂井晃介さん，宮本敬太さん，青木拓哉さんには，特にお世話になりました。みなさまから疑問を出していただき，私はそれに答えるだけでいいという，とんでもなく恵まれた環境で本書を執筆することができました。毎回の進捗報告はとても楽しく，知的な興奮に満ちた時間でした。私だけのために，こんなにすごい人たちが，こんなに時間をとってくださるなんて，そんなことがあっていいのだろうかと思いながら，おおよそ 2 カ月ごとに報告するのを心待ちにし，報告するために草稿を書きました。

　また，本書の第 3 章・第 4 章の草稿に，中河伸俊先生と川野英二さんからていねいなコメントをいただきました。本書第 5 章の草稿は，関西社会問題研究互助会で報告した際に，参加者のみなさまからいただいたコメントを可能なかぎり反映しています。終章でも書いたとおり，中河先生がエスノメソドロジーを教えてくださらなければ，私は社会学を学び続けようと思わなかったでしょうし，歴史

認識論争という，どんなに嫌でも関わらずにおれない問題に，何を武器にしてどう立ち向かえばいいのかわからなかったでしょう。川野さんのご紹介くださったシュナペールの論文を読んで，私の書こうとしていたことが50年前に既出だったとわかったときには，家でひとり，拍手しました。

2018年に，京都大学人文科学研究所で開催された京都歴史学工房にて，橋本伸也編『紛争化させられる過去——アジアとヨーロッパにおける歴史の政治化』（岩波書店，2018年）を書評する機会をいただきました。そのとき，会場にいらっしゃった姉川雄大さんが，歴史認識論争は歴史学の問題だが，歴史学者だけが答えられる問題ではないとおっしゃったことが，その日以来忘れられずにいます。橋本先生がご著書で指摘なさり，あのとき姉川さんが再び提起なさった問題に，本書で私が十分な回答を出せたとは思いません。けれども，本書の第5章を書くとき，もし歴史学者でないものが歴史認識論争を研究するのであれば，何ができるのだろうとずっと考えていました。

「オーラル（・）ヒストリー」とは何かという問いに答えなければならない，しかし答え方に工夫しなければならないという認識は，2018年から19年にかけて，サントリー文化財団研究助成「インターネット時代のオーラル・ヒストリー——次世代による基盤整備と刷新」（代表者：佐藤信さん）にお誘いいただいたときの研究交流から生まれました。2年間の限られた機会ではありましたが，その際に政治史・外交史・日本美術史・教育学・行政学といったさまざまな分野でオーラルヒストリー研究をなさっている方々の活動を知る機会をいただいたことで，社会学にとってのオーラルヒストリーの意味を明確なものにしたいという，本書を執筆する動機の1つが生まれました。佐藤さんをはじめ，あの研究会でご一緒させていただ

いたみなさまに，心から感謝を申し上げます。

　編集者の四竃佑介さんは，企画段階から最後まで，本書の執筆の
すべてのステップに，ずっとお付き合いくださいました。四竃さん
の粘り強く，ていねいなお仕事なしに，本書は成り立ちませんでし
た。文字どおり並走してくださる編集者に出会えた私は幸せです。

　本書に見るべき点があるとすれば，それはここに挙げた方々と，
個別には挙げきれていませんが私にさまざまな機会をくださった
方々のおかげです。そして本書の欠点はすべて私の責任です。

　本書を書きながら何度も，卒業論文の試問のときに，京都大学文
学研究科社会学専修の先生がたが「(生活史で卒業論文を書くと言って
いたのに) 生活史が1行も出てこなかったね」と呆れられたときの，
心臓が縮み上がる思いが甦りました。今回も結局，生活史は出てき
ませんでした。私は最初から間違った問いを立てていたかもしれま
せん。しかし，ここまで私を支えてくださった方々のお顔を思い浮
かべると，恥じ恐れるだけではいけないのだろうと思います。本書
を書く際にいただいたコメントに，私は可能なかぎりすべて答えま
した。本書を手に取られた方も，どうぞ忌憚のないご批判をお寄せ
ください。すべて今後の糧といたします。

　本書を，「普通の人の話を聞いておきなさい。それが歴史なんだ
から」と言い，認知症になって記憶を失った後も自己決定を手放さ
ず誇り高く生きた祖母，蒔田和子の霊前に捧げます。

　2022年末

　　　　　　　　　　　　　　　　　　　　　　　　　　著者記

引 用 文 献

安部桂司, 2019, 『日共の武装闘争と在日朝鮮人』論創社。

Abrams, Lynn, 2016, *Oral History Theory*, 2nd edition, Routledge.

Adair, Bill, Benjamin Filene and Laura Koloski eds., 2011, *Letting Go?: Sharing Historical Authority in a User-Generated World*, Routledge.

Andrews, Molly, Corinne Squire and Maria Tamboukou eds., 2013, *Doing Narrative Research*, 2nd edition, Sage.

青木秀男, 2008, 「都市下層と生活史法」谷富夫編『新版　ライフヒストリーを学ぶ人のために』世界思想社。

Apenvitz, Ursula, and Lena Inowlocki, 2000, "Biographical Analysis: A 'German' School?" Johanna Bornat and Tom Wengraf eds. *The Turn to Biographical Methods in Social Sciences*, Routledge: 53-70.（＝2005, Robert Miller ed., *Biographical Research Methods*, SAGE, 3: 5-24）

蘭由岐子, 2008, 「コメント」『フォーラム現代社会学』7: 84-6。

Assmann, Aleida, 2006, *Erinnerungsräume: Formen und Wandlungen des kulturellen Gedächtnisses*, Aufl.（＝2007, 安川晴基訳『想起の空間——文化的記憶の形態と変遷』水声社）

————, 2016, *Das neue Unbehagen an der Erinnerungskultur: Eine Intervention*, Verlag C. H. Beck oHG.（＝2019, 安川晴基訳『想起の文化——忘却から対話へ』岩波書店）

Austin, John Langshaw, 1970, *Philosophical Papers*, 2nd Edition, Clarendon Press.（＝1991, 坂本百大監訳『オースティン哲学論文集』勁草書房）

Australian Army History Unit, Oral History Team, "Our Business"（2022 年 12 月 16 日最終取得, https://www.army.gov.au/our-heritage/history/our-business）

Becker, Howard, 1970, *Sociological Work: Method and Subastance*, Aldine Publishing Company.

Bermani, Cesare, 1997, *Il nemico interno: Guerra civile e lotte di classe in Italia: 1943-1976*, Odradek.

Bertaux, Daniel, 1996, "A Response to Thierry Kochuyt's 'Biographical and Empiricist Illusions: A Reply to Recent Criticism'," *Biography and Society Newsletter*, Dec. 1996: 2-6 [Robert Miller, 2005, *Biographical Research Methods*（SAGE Benchmarks in Social Research Methods）SAGE: 3: 129-140]

Bertaux, Daniel, 1997, *Les récits de vie: Perspective ethnosociologique*, Nathan.（＝2003, 小林多寿子訳『ライフストーリー——エスノ社会学的パースペクティブ』ミネルヴァ書房）

―――, 2003, "The Usefulness of Life Stories for a Realist and Meaningful Sociology," in Robin Humphrey, Robert Miller and Elena Andreevna Zdravomyslova, eds., *Biographical Research in Eastern Europe: Altered Lives and Broken Biographies*, Ashgate: 39–52.

―――, 2011, ダニエル・ベルトー講演会 "Life Stories for Sociological Research" (2022 年 12 月 16 日最終取得, https://www.soc.hit-u.ac.jp/~social-research/pdf/chapter_4.pdf)

Bertaux, Daniel ed, 1981, *Biography and Society. The Life History Approach in the Social Sciences*, SAGE.

Bertaux, Daniel and Martin Kohli, 1984, "The Life History Approach: a Continental View," *Annual Review of Sociology*, 10: 215–37.

Bertaux, Daniel and Paul Thompson, 1993, "Introduction," in Daniel Bertaux and Paul Thompson eds., *Between Generations: Family Models, Myth and Memories,* Oxford University Press: 1–12.

―――, eds., 1997, *Pathways to Social Class: a qualitative approach to social mobility*, Transaction Publishers.

Bertaux, Daniel and Isabelle Bertaux-Wiame, 1980, "*Une enquete sur la boulangerie artisanale: par l'approche biographique*," Subvention C. O. R. D. E. S. 43/76, Rapport Final, 1.

Bhebhe, Sindiso and Mpho Ngoepe, 2021, "Elitism in Critical Emancipatory Paradigm: National Archival Oral History Collection in Zimbabwe and South Africa," *Archival Science*, 21: 155–72.

Blackburn, Kevin, 2008, "History from Above: The Use of Oral History in Shaping Collective Memory in Singapore," in Paula Hamilton and Linda Shopes eds., *Oral History and Public Memory*, Temple University Press: 31–46.

Bornat, Joanna, 2001, "Reminiscence and Oral History: Parallel Universe or Shared Endeavor?" *Ageing and Society*, 21: 219–41.

Bornat, Joanna and Hanna Diamond, 2007, "Women's History and Oral History: Developments and Debates," *Women's History Review*, 16 (1): 19–39.

Bourdieu, Pierre, 1986, "L'illusion Biographique," *Actes de la recherche en science sociale*, 62-3: 69–72.

―――, 1993, La Misère du monde, Seuil. (＝2019, 荒井文雄・櫻本陽一監訳『世界の悲惨 (1〜3)』藤原書店)

Breckner, Rositha and Monica Massari, 2019, "Biography and Society in Transnational Europe and Beyond: An Introduction", *Rassegna Italiana di Sociologia*, January-March: 3–18.

Brink, Terry, 1984, "The Life History, Hub of History, Psychology and Sociology," *The Journal of the History of the Behavioral Science*, 20 (2): 187–91.

Brown, James W., and Rita T. Kohn, 2007, *Long Journey Home: Oral Histories of Contemporary Delaware Indians*, Indiana University Press.

Bruner, Jerome, 1987, "Life as Narrative," *Social Research*, 54: 11-32.

Bull, Edward, ed. 1923, *Norsk Biografisk Leksikon*, Aschehoug.

Butler, Robert, N., 1963, "The Life Review: An Interpretation of Reminiscence," *The Aged Psychiatry*, 26: 65-76.

Caldwell, Lesley, 1988, "Reviewed Work: Fascism in Popular Memory: The Cultural Experience of the Turin Working Class by Luisa Passerini," *History Workshop*, 26: 197-200.

Chan, Anita, Jonathan Unger, Richard Madsen, 1984, *Chen Village: The Recent History of a Peasant Community in Mao's China*, University of California Press.（＝1989, 小林弘二監訳，『チェン村――中国農村の文革と近代化』筑摩書房）

遅塚忠躬，2010,『史学概論』東京大学出版会。

Cross, Nigel and Rhiannon Barker eds., 1991, *At the Desert's Edge: Oral Histories From the Sahel*, Panos/SOS Sahel: 1-16.

Cutler III, William, 1970, "Accuracy in Oral History Interviewing," *Historical Methods Newsletter*, 3: 1-7.

Denzin, Norman. K., 1990, "The Spaces of Postmodernism: Reading Plummer on Blumer," *Symbolic Interaction*, 13: 145-54.

Descamps, Florence, 2015, "En guise de réponse à Giovanni Contini: De l'histoire orale au patrimoine culturel immatériel. Une histoire orale à la française," Conférence de Florence Descamps à l'université de Sherbrooke le 10 avril 2015.

Douglass, Frederick, 1963, *Narrative of the Life of Frederick Douglass, An American Slave*, Anchor; Fifth Printing edition.

Dubar, Claude and Sandrine Nicourd, 2017, *Les biographies en sociologie*, Éditions La Découverte.

江頭説子，2007,「社会学とオーラル・ヒストリー――ライフ・ヒストリーとオーラル・ヒストリーの関係を中心に」『大原社会問題研究所雑誌』585: 11-32.

江口怜，2013,「教育史におけるオーラル・ヒストリー研究の動向と可能性」『東京大学大学院教育学研究科基礎教育学研究室紀要』39: 137-43.

Evans, Richard J., 1997, *In Defence of History*, Granta.（＝1999, 今関恒雄・林以知郎監訳，『歴史学の擁護――ポストモダニズムとの対話』晃洋書房）

Fischer-Rosenthal, Wolfram, and Rosenthal, Gabriele, 1997, "Daniel Bertaux's complaints or against false dichotomies in biographical research," *Biography & Society newsletter*, Dec. 1997: 5-11.（＝2005, Robert Miller ed., *Biographical Research Methods*, SAGE: 141-53）

Fosl, Catherine and Tracy E. K'Meyer, 2010, *Freedom on the Border: An Oral History of the Civil Rights Movement in Kentucky*, University Press of Kentucky.

Francis, David and Stephan Hester, 2004, *An Invitation to Ethnomethodology: Language, Society and Interaction*, 1st edition, SAGE. (＝2014, 中河伸俊・岡田光弘・是永論・小宮友根訳, 『エスノメソドロジーへの招待――言語・社会・相互行為』ナカニシヤ出版)

Frisch, Michael, 1990, *A Shared Authority: Essays on the craft and meaning of oral and public history*, SUNY Press.

――――, 2006, "Oral History and the Digital Revolution: Toward a Post-Documentary Sensibility," in Robert Perks and Alistair Thompson eds., *The Oral History Reader*, Routledge.

――――, 2011, "From A Shared Authority to the Digital Kitchen, and Back," in Bill Adair, Benjamin Filene and Laura Koloski eds., *Letting Go? Sharing Historical Authority in a User-Generated World*, The Pew Center for Art & Heritage: 127-28.

藤永壮, 2013, 「戦時期朝鮮における『慰安婦』動員の『流言』『造言』をめぐって」松田利彦・陳姃湲編, 『地域社会から見る帝国日本と植民地――朝鮮・台湾・満洲』思文閣出版。

藤永壮・高正子・伊地知紀子, 2001, 「解放直後・在日済州島出身者の生活史調査 (2) ――金德仁さん・朴仁仲さんへのインタビュー記録」『大阪産業大学論集 人文科学編』104: 59-88。

Funke, Hajo, 1989, *Die andere Erinnerung: Gespräche mit jüdischen Wissenschaftlern im Exil*, Fischer-Taschenbuch verlag.

高小賢, 2005, 『"銀花賽"――20 世紀 50 年代農村婦女的性別分工』。

Garfinkel, Harold, Michael Lynch and Eric Livingston, 1981, "I. 1 The Work of a Discovering Science Construed with Materials from the Optically Discovered Pulsar," *Philosophy of the Social Sciences*, 11 (2): 131-58.

Gathogo, Julius M., 2021, "Memory and history: Oral techniques in the East African context," *HTS Teologiese Studies / Theological Studies*, 77 (2).

Goodson, Ivor, 2001, "The Story of Life History: Origins of the Life History Method in Sociology," *Identity*, 1 (2): 129-42.

Gluck, Sherna, 1977, "What's So Special About Women?: Women's Oral History," *FRONTIERS: A Journal of Women Studies*, 2: 3-13.

Grele, Ronald, 1996, "Directions for Oral History in the United States," David K. Dunaway, and Willa K. Baum eds., *Oral History: an interdisciplinary anthology*, 2nd edition, Alta Mira Press: 62-84.

――――, 2006, "Oral History as Evidence," in Thomas E. Charlton, Lois E. Myers and Rebecca Sharpless eds. *Handbook of Oral History*, AltaMira Press: 43-99.

――――, 2007, "Reflections on the Practice of Oral History: Retrieving What We Can from an Earlier Critique," *Suomen Antropologi: Journal of Anthropological Society*,

32（4）: 11-23.

グローブ，リンダ／田中アユ子訳，2018，「近現代の女性労働」小浜正子・下倉渉・佐々木愛・高嶋航・江上幸子編，『中国ジェンダー史研究入門』: 301-20。

Guldi, Joe and David Armitage, 2014, *History Manifesto*, Cambridge University Press.（＝2017, 平田雅博・細川道久訳『これが歴史だ！——21 世紀の歴史学宣言』刀水書房）

Halbwachs, Maurice, 1925, *Les cadres sociaux de la mémoire*, Albin Michel.（＝2018, 鈴木智之訳『記憶の社会的枠組み』青弓社）

————, 1950, *La mémoire collective*, Albin Michel.（＝1989, 小関藤一郎訳『集合的記憶』行路社）

Haley, Alex, 1977, *Roots: The Saga of an American Family*, Dell Publishing.

浜日出夫，2002，「歴史と集合的記憶——飛行船グラーフ。ツェッペリン号の飛来」『年俸社会学論集』15: 3-15。

————, 2007，「記憶の社会学・序説」『哲学』117: 1-11。

Hamilton, Paula, 2003, "Sales of the century?: Memory and historical consciousness in Australia," in Katharine Hodgkin and Susannah Radstone eds., *Memory, History, Nation: Contested Pasts*, Transaction Publishers: 136-52.

長谷川貴彦，2016，『現代歴史学への展望——言語論的転回を超えて』岩波書店。

Hearth, Amy Hill, 2008, '*Strong Medicine' Speaks: A Native American Elder Has Her Say: an Oral History*, Atria Books.（＝2012, 佐藤円・大野あずさ訳『アメリカ先住民女性の現代史——"ストロング・メディスン"家族と部族を語る』彩流社）

Hershatter, Gail, 2011, *The Gender of Memory: Rural Women and China's Collective Past*, University of California Press.

橋本みゆき，2010，『在日韓国・朝鮮人の親密圏——配偶者選択のストーリーから読む〈民族〉の現在』社会評論社。

原純輔・海野道郎，1984，『社会調査演習』東京大学出版会広川禎秀，1994，「日本近現代史研究とオーラル・ヒストリー」『人文研究』64（11）: 37-58。

広川禎秀，1994，「日本近現代史研究とオーラル・ヒストリー」『人文研究』64（11）: 37-58。

Hobsbawm, Eric, 1997, *On History*, Abacus.（＝2001, 原剛訳，『ホブズボーム歴史論』ミネルヴァ書房）

Holstein, James A. and Jaber F. Gubrium, 1995, *The Active Interview*, SAGE.

Hong Kong Oral History Archives: Collective Memories, 訪談主題 Selected Themes of the Interviews, retrieved 30th, September 2014.（2022 年 12 月 22 日最終取得, http://sunzi.lib.hku.hk/hkoh/browse_theme.jsp）

Hong, Lysa, 1998, "Ideology and Oral History Institute in Southeast Asia," in Lim Pui Huen, James H. Morrison and Kwa Chong Guan eds., *Oral History in Southeast*

Asia: Theory and Method, Institute of Southeast Asian Studies: 33-43.

法橋量, 2018, 「日常の語りと世間話——レーマンの『経験について語ること——語りの文化学的意識分析』を中心として」『日常と文化』6: 15-25。

法務研修所編, 1954, 『吹田・枚方事件について』(「検察研究特別資料」13)。

黄克武, 李郁青, 1999, 『戒嚴時期臺北地區政治案件口述歷史』中央研究院近代史研究所。

Hunt, Lynn, 2014, *Writing History in the Global Era*, WW Norton. (＝2016, 長谷川貴彦訳, 『グローバル時代の歴史学』岩波書店)

Iggers, Georg, G., 1993, *Geschichtswissenschaft im 20. Jahrhundert*, Vandenhorck & Ruprecht. (＝1996, 早島瑛訳『20世紀の歴史学』晃洋書房)

International Sociological Association/Research Committee 38 (Biography and Society). (2020年8月23日最終取得, https://www.isa-sociology.org/en/research-networks/research-committees/rc38-biography-and-society/)

伊藤孝司編著, 1992, 『証言 従軍慰安婦・女子勤労挺身隊——強制連行された朝鮮人女性たち』風媒社。

岩井八郎, 2006, 「ライフコース研究の20年と計量社会学の課題」『理論と方法』22 (1): 13-22。

岩崎稔・上野千鶴子・北田暁大・小森陽一・成田龍一編, 2009, 『戦後日本スタディーズ1——40-50年代』紀伊国屋書店。

Jablonka, Ivan, 2014, *L'Histoire est une littérature contemporaine: Manifeste pour les sciences sociales*, Seuil. (＝2019, 真野倫平訳『歴史は現代文学である——社会科学のためのマニフェスト』名古屋大学出版会)

Jordan, Teresa, 1982, *Cowgirls: Women of the American West: An Oral History*, Doubleday.

片桐雅隆, 2003, 『過去と記憶の社会学——自己論からの展開』世界思想社。

川島武宜, 1947, 「社会学における計量的方法の意義とその限界」『社会学研究』1 (2): 28-40。

Kennedy, Rosanne, 2001, "Stolen Generations Testimony: Trauma, Historiography, and the Question of 'Truth'," *Aboriginal History*, 25: 116-31.

Kilburn, Michael, 2014, "Introduction: The Third Meaning of Oral History," *Oral History Forum*, Special Issue: Human Rights and Oral History: Stories of Survival, Healing, Redemption, and Accountability.

金時鐘, 2015, 『朝鮮と日本に生きる——済州島から猪飼野へ』岩波書店。

金英達, 1992, 『朝鮮人従軍慰安婦・女子挺身隊資料集』神戸学生青年センター出版部。

金瑛, 2010, 「アルヴァックスの集合的記憶論における過去の実在性」『ソシオロゴス』34: 25-42。

金瑛, 2012, 「集合的記憶概念の再考——アルヴァックスの再評価をめぐって」

『フォーラム現代社会』11: 3-14。

김귀옥, 2006, "한국 구술사 연구 현황, 쟁점과 과제," 사회와역사, 71: 313-48。

木村幹, 2014, 『日韓歴史認識問題とは何か——歴史教科書・「慰安婦」・ポピュリズム』ミネルヴァ書房。

岸衛・桜井厚, 2012, 『差別の境界をゆく——生活世界のエスノグラフィー』せりか書房。

岸政彦, 2018, 『マンゴーと手榴弾——生活史の理論』勁草書房。

岸政彦, 2016, 「生活史」岸政彦・石岡丈昇・丸山里美『質的社会調査の方法——他者の合理性の理解社会学』有斐閣。

北田暁大, 2018, 『社会制作の方法——社会は社会を創る, でもいかにして?』勁草書房。

Klempner, Mark, 2000, "Navigating Life Review Interviews with Survivors of Trauma," *Oral History Review*, 27（2）: 67-83.

小林多寿子, 2003, 「訳者解説」（小林多寿子訳, ダニエル・ベルトー『ライフストーリー——エスノ社会学的パースペクティヴ』ミネルヴァ書房）。

小林多寿子, 2009, 「声を聴くこととオーラリティの社会学的可能性」『社会学評論』60（1）: 73-89。

小林多寿子編著, 2010, 『ライフストーリー・ガイドブック——ひとがひとに会うために』嵯峨野書院。

Kochuyt, Thierry, 1996, "Biographical and Empiricist Illusions: a reply to recent criticism", *Biography and Society Newsletter*, Dec. 1996: 5-6（＝in Robert Miller ed., 2005, *Biographical Research Methods*, SAGE, 4: 125-128）

Kohli, Martin, 2007, "The Institutionalization of the Life Course: Looking Back to Look Ahead," *Research in Human Development*, 4（3-4）: 253-71.

Kohn, Lita, ed., 1997, *Always a People: Oral Histories of Contemporary Woodland Indians*, Indiana University Press.

Kuhn, Cliff and Marjorie L. McLellan, 2006, "Voices of Experience: Oral History in Classroom" in Barry A. Lanman and Laura M. Wendling eds., *Preparing the Next Generation of Oral Historians: An Anthology of Oral History Education*, Altamira Press: 35-54.

倉石一郎, 2017, 「蟷螂の斧をふりかざす——社会調査における「向真実の時代」への抵抗」『現代思想』45（5）: 100-11。

Launius, Roger D., 1999, "NASA History and the Challenge of Keeping the Contemporary Past," *The Public Historian*, 21（3）: 68-81.

이재영・정연경, 2018, 「국내 구술사 연구 동향 분석 : 학술지 논문을 중심으로」『한국기록관리학회지』18（3）: 25-47。

李宇衍, 2021, 「ようやく崩れ始めた「慰安婦強制連行説」の虚構——あくまで

も性労働者だった慰安婦の現実。日本人よ，声を上げよ」JBPress, 2021/3/5
（2022 年 12 月 15 日最終取得，https://jbpress.ismedia.jp/articles/-/64355）

李相賢，2015，「ドイツ民俗学と日常研究——ドイツテュービンゲン大学民俗学
研究所の村についての日常研究を中心に」『日常と文化』1: 35-45。

李相賢，2017，「ドイツテュービンゲン大学民俗学研究所のメディア研究——そ
の歴史と特徴」『日常と文化』3: 99-111。

Lehman, Albrecht, 2011，「意識分析とオーラルヒストリーとオーラルナレーショ
ンのアーカイブ化」（法橋量訳）岩本通弥・法橋量・及川祥平編，2011，『オ
ーラルヒストリーと〈語り〉のアーカイブ化に向けて——文化人類学・社会
学・歴史学との対話：日本民俗学会国際シンポジウム』: 19-37。

Lewis, Earl, 1995, "Connecting Memory, Self, and the Power of Place in African Ameri-
can Urban History." *Journal of Urban History*, 21（3）: 347-71.

Lewis, Sydney, 1994, *Hospital: An Oral History of Cook County Hospital*, New Press.

Lim How Seng, 1998, "Interviewing the Business and Political Elite in Singapore:
methods and problems," in P. Lim Pui Huen, James H. Morrison and Kwa Chong
Guan eds., *Oral History in Southeast Asia: Theory and Method*, Institute of Southeast
Asian Studies: 55-65.

林水泉口述・曾品滄・許瑞浩訪問，2004，『一九六〇年代的獨立運動——全國青
年團結促進會事件訪談録』國史館。

Li, Na, 2020, "History, Memory, and Identity: Oral History in China," *The Oral History
Review*, 47（1）: 26-51.

Loh, Kah Seng, Ernest Koh and Stephen Dobbs eds., 2013, *Oral History in Southeast
Asia: Memories and Fragments*, Palgrave Macmilan.

李小江，2004，「戦争体験——女の自分語り」（秋山洋子訳『20 世紀（中国）女
性口述史・戦争体験編』序文）中国女性史研究／中国女性史研究会編，13:
31-37。

Luken, Paul C. and Suzanne Vaughan, 1999, "Life History and the Critique of American
Sociological Practice," *Sociological Inquiry*, 69（3）: 404-25.

Lynch, Michael and David Bogen, 1996, *The Spectacle of History: Speech, Text, and
Memory at the Iran-Contra Hearings*, Duke University Press.

Lyndqvist, Sven, 1978, *Gräv där Du Star*, Bokförlaget Atlas.

MARHO（The Radical Historian's Organization）ed., 1983, *Visions of History: Inter-
views with E. P. Thompson, Eric Hobsbawm, Sheila Rowbotham, Linda Gordon,
Natalie Zemon Davis, William Appleman Williams, Staughton Lynd, David Mont-
gomery, Herbert Gutman, Vincent Harding, John Womack, C. L. R. James, Moshe
Lewin, Carlo Ginzburg*, Manchester University Press.（＝1990，近藤和彦・野村
達朗編訳『歴史家たち』名古屋大学出版会）

舛谷鋭，2007，「アジアにおけるオーラルヒストリー——マレーシア，シンガポ

ールを中心に」『日本オーラル・ヒストリー研究』3: 67-73。

松浦雄介，2005，『記憶の不確定性——社会学的探求』東信堂。

McAdams, D. P., 2008, "Personal narratives and the life story." in Oliver. P. John, Richard. W. Robins, and Lawrence A. Pervin Eds., *Handbook of personality: Theory and research*. The Guilford Press: 242-62.

Meyer, Eugenia, 1996, "Oral history in Mezico and the Caribbean," in David K. Dunaway and Willa K. Baum eds., *Oral History: an Interdisciplinary Anthology*, 2nd edition, AltaMira Press.

御厨貴，2002，『オーラル・ヒストリー——現代史のための口述記録』中央公論新社。

————，2006，「オーラル・ヒストリーの可能性」東大教養学部歴史学部会編『史料学入門』岩波書店。

————，2007，「オーラル・ヒストリーとは何か」御厨貴編『オーラル・ヒストリー入門』岩波書店：1-23。

————，2009，「近代思想の対比列伝——オーラル・ヒストリーから見る」『アステイオン』（71）：180-213。

Morantz, Regina M., Cynthia S. Pomerleau and Carol H. Fenichel, 1982, *In Her Own Words: Oral Histories of Women Physicians*, Praegar.

森明子，2009，「ドイツの民俗学と文化人類学」『国立民族学博物館研究報告』33（3）：397-420。

文京洙，2007，『在日朝鮮人問題の起源』クレイン。

中村伸子，1989，「「社会史」のためのオーラル・ヒストリとその方法——特に語り手の主観の問題を中心に」『現代史研究』35: 51-67。

仲松優子，2015，「歴史学と歴史的事実——フランス史における動向を中心に」『北海学園大学人文論集』59: 38-46。

中野卓編著，1977，『口述の生活史——或る女の愛と呪いの日本近代』御茶の水書房。

中野卓，1995，「歴史的現実の再構成——個人史と社会史」中野卓・桜井厚編『ライフヒストリーの社会学』弘文堂。

中野卓，2003，『生活史の研究』東信堂。

Nasstrom, Kathryn L, 2008, "Between Memory and History: Autobiographies of the Civil Rights Movement and the Writing of Civil Rights History," *Journal of Southern History*, 74（2）：325-64.

Nevins, Allain, 1966, "Oral History: How and Why it was born," Wilson Library Bulletin, 40: 600-01.

日本の警察編纂会，『日本の警察』日本警察編纂。

西村秀樹，2004，『大阪で闘った朝鮮戦争——吹田枚方事件の青春群像』岩波書店。

――――, 2019, 『朝鮮戦争に参戦した日本』三一書店。

西野瑠美子・小野沢あかね責任編集, 戦争と女性への暴力」リサーチ・アクション・センター編, 2015, 『日本人「慰安婦」――愛国心と人身売買と』現代書館。

西崎博道, 2020, 「語られる人生史研究の日独比較――レーマンの「意識分析」を中心に」『日常と文化』8: 1-17。

Ng-A-Fook, Nicholas, Sharon Anne Cook and Marie Ainsworth, 2012, "Introduction: Making Educational Oral Histories in the 21st Century," *Oral History Forum*, 32, Special Issue "Making Educational Oral Histories in the 21st Century".

新田貴之, 2007, 「イデオロギー批判の方法としての「解釈的相互行為論」――ノーマン・K・デンジンの「エピファニー」概念を中心として」『社会学年報』36: 171-87。

野家啓一, 2005, 『物語の哲学』岩波書店。

――――, 2016, 『歴史を哲学する――七日間の集中講義』岩波書店。

野上元, 2015, 「社会学が歴史と向き合うために――歴史資料・歴史表彰・歴史的経験」野上元・小林多寿子編著『歴史と向き合う社会学――資料・表象・経験』ミネルヴァ書房。

O'Farrell, Patrick, 1979, "Oral History: Facts and Fiction," *Quadrant*, 23 (143): 4-8.

小倉康嗣, 2011, 「ライフストーリー研究はどんな知をもたらし, 人間と社会にどんな働きかけをするのか――ライフストーリーの知の生成性と調査表現」『日本オーラル・ヒストリー研究』7: 137-55。

小此木政夫, 2005, 「戦後日朝関係の展開――解釈的な検討」日韓歴史共同研究委員会編『日韓歴史共同研究報告書 第3分科篇(下)』日韓歴史共同研究委員会。

大門正克, 2017, 『語る歴史, 聞く歴史――オーラル・ヒストリーの現場から』岩波書店。

大橋史恵, 2018, 「改革開放機のジェンダー秩序の再編――婦女連合会のネットワークに着目して」小浜正子・下倉渉・佐々木愛・高嶋航・江上幸子編『中国ジェンダー史研究入門』京都大学学術出版会。

大阪市行政局, 1956, 『大阪市警察誌』大阪市行政局。

太田出・佐藤仁史編, 2007, 『太湖流域社会の歴史学的研究――地方分権と現地調査からのアプローチ』汲古書院。

大谷信介・木下栄二・後藤範章・小松洋編著, 2013, 『新・社会調査へのアプローチ――論理と方法』ミネルヴァ書房。

Oppenheimer, Gerald M. and Ronald Bayer, 2007, *Shattered Dreams? An Oral History of the South African AIDS Epidemic*, Oxford University Press.

――――, 1956, 『大阪市警察史』大阪市.

Passerini, Luisa, 1987, *Fascism in Popular Memory: The Cultural Experience of the Turin*

Working Class, Cambridge University Press.

─────, 2011, "A Passion for Memory," *History Workshop Journal*, 72: 241-50.

─────, 2019, "In Conversation with Ron Grele," *The Oral History Review*, 46 (1): 161-66.

Perks, Robert, 2010, "The Roots of Oral History: Exploring Contrasting Attitude to Elite, Corporate and Business Oral History in Britain and the U. S." *Oral History Review*, 37 (2): 215-24.

Perks, Robert and Alistair Thompson 2009, "Critical Developments: Introduction," in Robert Perks and Alistair Thomson eds., *The Oral History Reader*, Routledge.

Perrot, Claude-Helene, ed., 1993, *Le Passe de L'afrique par L'oralité Ministère de la Cooperation et du Dévelopment*.

Plummer, Ken, 1990, "Staying in the Empirical World: Symbolic Interactionism and Postmodernism: a Response to Denzin," *Symbolic Interaction*, 13 (2): 155-60.

Plummer, Ken, 1995, *Telling Sexual Stories: Power, Change and Social Worlds*, Routledge (＝1998, 桜井厚・好井裕明・小林多寿子訳『セクシュアル・ストーリーの時代──語りのポリティクス』新曜社)

Plummer, Ken, 2019, "A Manifesto for Stories: Critical Humanist Notes for a Narrative Wisdom"（2022 年 12 月 16 日最終取得, https://kenplummer.com/manifestos/a-manifesto-for-stories/）

Poniatowska, Elena, 1968, *Hasta No Verte Jesús Mío*, French & European Pubns.

─────, 1993, *La noche de Tlatelolco: Testimonios de historia oral*, Ediciones Era.

Portelli, Alessandro, 1991, *The Death of Luigi Trastulli: The Form and Meaning of Oral History*, SUNY Press.（＝2016, 朴沙羅訳『オーラルヒストリーとは何か』水声社）

─────, 1996, "Oral History in Italy," David K. Dunaway and Willa K. Baum, eds., *Oral History: an interdisciplinary anthology*, Altamira Press.

─────, 2003, *The Order Has Been Carried Out: History, Memory, and Meaning of a Nazi Massacre in Rome*, Palgrave McMillan.

Pozzi, Pablo, 2012, Oral History in Latin America, *Oral History*, 32: 1-7.

Popular Memory Group, 1982, "Popular Memory: Theory, Politics, Method," in Richard Johnson ed., *Making Histories: Studies in History-writing and Politics*, Hutchinson: 205-52.

Ramseyer, Mark, J., 2021, "Contracting for Sex in the Pacific War," *International Review of Law and Economics*, 65.

歴史学研究会編 2000,『歴史における「修正主義」』青木書店。

Republic of China, Cultural Devision, 2013, "News Release: Ministry Launches Database To Preserve Taiwan's Oral History"（2013 年 11 月 18 日, 2014 年 8 月 30 日取得, http://english.moc.gov.tw/article/index.php?sn=1440）

リサーチ・アクション・センター編，西野瑠美子・小野沢あかね責任編集，2015，「戦争と女性への暴力」『日本人「慰安婦」――愛国心と人身売買と』現代書館。

Ricoeur, Paul, 1984, *Time and Narrative*, University of Chicago Press.

Riemann, Gerhard, and Fritz Schütze, 1991, "'Trajectory' as a Basic Theoretical Concept for Analyzing Suffering and Disorderly Social Processes," in D. R. Maines Ed., *Social Organization and Social Process: Essays in Honor of Anselm Strauss*: 333-57.

Riessman, Catherine Kohler, 2003, "Performing Identities in Illness Narrative: Masculinity and Multiple Sclerosis," *Qualitative Research*, 3 (1): 5-33.

――――, 2008, *Narrative methods for the human sciences*, Sage.

Ritchie, Donald, 1993, "Reviewed Work (s): International Annual of Oral History, 1990: Subjectivity and Multiculturalism in Oral History, by Ronald J. Grele," *The Public Historian*, 15 (4): 119-21.

――――, 1994, *Doing Oral History: a Practical Guide*, Oxford University Press.

――――, 2014, *Doing Oral History: a Practical Guide,* 3rd edition, Oxford University Press.

Roosa, John, 2013, "Who Knows? Oral History Methods in the Study of the Massacres of 1965-66 in Indonesia," *Oral History Forum*, Special Issue: Confronting Mass Atrocities, 33: 1-29.

Rosenthal, Gabriele, 1993, "Reconstruction of Life Stories: Principles of Selection in Generating Stories for Narrative Biographical Interviews," *The Narrative Study of Lives*, 1 (1): 59-91.

――――, 2004, "biographical research", *Qualitative Research Practice*: 48-64 [= Robert Miller ed., 2005, *Biographical Research Methods* SAGE, 3: 25-58]

Rosenthal, Gabriele, Roswitha Breckner and Monika Massari, 2019, "Past, present and future of biographical research. A dialogue with Gabriele Rosenthal," *Rassegna Italiana di Sociologia*, January-March: 155-84.

Ryant, Carl, 1988, "Oral History and Business History," *The Journal of American History*: 75 (2): 560-66.

酒井順子，2006，「イギリスにおけるオーラル・ヒストリーの展開――個人的ナラティヴと主観性を中心に」『日本オーラル・ヒストリー研究』1: 76-97。

桜井厚，2002，『インタビューの社会学――ライフストーリーの聞き方』せりか書房。

――――，2003，「社会調査の困難――問題の所在をめぐって」『社会学評論』53 (4): 452-70。

――――，2008a，「コメント 2: 口述資料の重要性――『経験的語り』の歴史叙述」『日本オーラル・ヒストリー研究』4: 53-64。

───，2008b，「ライフストーリー研究におけるジェンダー」谷富夫編，2008，『〔新版〕ライフヒストリーを学ぶ人のために』世界思想社。

桜井厚・西倉実季，2017，「対話的構築主義との対話──ライフストーリー研究の展望」『現代思想』45 (6)：60-84。

Sangster, Joan, 2013, "Oral History and Working-Class History: A Rewarding Alliance," *Oral History Forum*, 33.

佐藤仁史・太田出・稲田清一・呉滔編，2008，『中国農村の信仰と生活──太湖流域社会史口述記録集』汲古書院。

佐藤仁史・太田出，2011，「中国近現代口述史における『語り』とオーラルヒストリー資料」岩本通弥・法橋量・及川祥平編『オーラルヒストリーと〈語り〉のアーカイブ化に向けて──文化人類学・社会学・歴史学との対話：日本民俗学会国際シンポジウム』成城大学民俗学研究所グローバル研究センター：69-82。

佐藤郁哉，2008，『質的データ分析法──原理・方法・実践』新曜社。

佐藤健二，1996，「量的／質的方法の対立的理解について──『質的データ』から『データの質』へ」『日本都市社会学会年報』14: 5-15。

───，2008，「歴史社会学におけるオーラリティの位置」『日本オーラル・ヒストリー研究』4: 3-18。

佐藤信，2019，「オーラル・ヒストリーの世界標準とこれから──ブラック・オーラルから脱するために」御厨貴編『オーラル・ヒストリーに何ができるか──作り方から使い方まで』岩波書店。

Schütze, Fritz, 2008, "Biography Analysis on the Empirical Basis of Autobiographical Narratives: How to Analyse Autobiographical Narrative Interviews," *European Studies on Inequalities and Social Cohesion*: 153-242.

Schwarzstein, Dora, 1996, "Oral History in Latin America," in K. David and Willa K. Baum eds., *Oral History: an Interdisciplinary Anthology*, 2nd edidion, AltaMira Press.

千田夏光，1973，『従軍慰安婦──"声なき女" 八万人の告発』双葉社。

Sharpless, Rebecca, 2007, "History of Oral History," in Thomas Lee Charlton, Lois E. Myers, and Rebecca Sharpless eds., *History of Oral History: Foundations and Methodology*, Altamira.

清水透，2010，「フィールドワークと歴史学」『三田社会学』7: 31-42。

清水唯一朗，2009，「オーラル・ヒストリーの可能性──仮説の発見と実証」*RPSPP Discussion Paper*, 4。

清水唯一朗，2019，「オーラル・ヒストリーの方法論──仮説検証から仮設発見へ」御厨貴編『オーラル・ヒストリーに何ができるか──作り方から使い方まで』岩波書店。

Shopes, Linda, 2003, "Commentary-Sharing Authority," *The Oral History Review*, 30

(1): 103-10.

―――, 2014, "Insights and Oversights: Reflections on the Documentary Tradition and the Theoretical Turn in Oral History," *The Oral History Review*, 41 (2): 257-68.

Stanley, Liz and Bogusia Temple, 2008, "Narrative Methodologies: Subjects, Silences, ReReadings and Analyses," *Qualitative Research*, 8: 275-81.

Starr, Louis, 1974, "Oral History," *Encyclopedia of Library and Information*, 20, Marcel Dekker: 440-63.

吹田事件弁護団, 1960, 「冒頭陳述要旨（その 1）昭和 35 年 9 月吹田事件弁護団」（京都府立大学歴彩館, 1996 刷）。

高崎宗司, 1999, 「『半島女子勤労挺身隊』について」女性のためのアジア平和国民基金「慰安婦」関係資料委員会編『「慰安婦」問題調査報告』: 41-60。

臺灣省文獻委員會編, 1993, 『臺灣婚喪習俗口述歷史輯録』臺灣省文獻委員會。

高田幸男, 2010, 「イントロダクション」高田幸男・大澤肇編著, 2010, 『新史料からみる中国現代史――口述・電子化・地方文献』東方書店。

武井彩佳, 2021, 『歴史修正主義――ヒトラー賛美, ホロコースト否定論から法規制まで』中央公論新社。

谷富夫, 2008, 「ライフヒストリーとは何か」谷富夫編, 『新版　ライフヒストリーを学ぶ人のために』世界思想社。

Taylor, Timothy D., 2012, *The Sounds of Capitalism: Advertising, Music, and the Conquest of Culture*, University of Chicago Press.

The Library of Congress, 2014, "About the Project," February 5, 2014.（2014 年 8 月 12 日最終取得, http://www.loc.gov/vets/about.html）

Thompson, Alistair, 1990, "ANZAC memories: putting popular memory theory into practice in Australia," *Oral History*, 18 (2): 25-31.

―――, 1998, "Fifty Years On: an international perspective on oral history," *The Journal of American History*, September 1998: 581-95.

―――, 2007, "Four Paradigm Transformations in Oral History," *The Oral History Review*, 34 (1): 49-70.

―――, 2012, "Memory and Remembering in Oral history," *Oxford handbook of oral history*: 77-95.

Thompson, Alistair, Michael Frisch, Paula Hamilton, 1994, "The Memory and History debates: some international perspectives," *Oral History*, 25 (2): 33-43.

Thompson, Paul, 1972, "Problems of Method in Oral History," *Oral History*, 1 (4): 1-47.

―――, 2000, *The Voice of the Past: Oral History*, Oxford University Press.（=2002, 酒井順子訳『記憶から歴史へ――オーラル・ヒストリーの世界』青木書店）

Thompson, Paul and Joanna Bornat, 2017, *The Voice of the Past: Oral history*, 4th Edition, Oxford University Press.

Torpey, John, 2006, *Making Whole What Has Been Smashed: on Reparations Politics*,

Harvard University Press.（＝2013, 藤川隆男・酒井一臣・津田博司訳，『歴史的賠償と「記憶」の解剖――ホロコースト・日系人強制収容・アパルトヘイト』法政大学出版局）

鶴田幸恵・小宮友根，2007,「人々の人生を記述する――『相互行為としてのインタビュー』について」『ソシオロジ』52（1）: 21-36。

Tuchman, Barbara, 1972, "Distinguing the Significant from the Insignificant," *Radcliffe Quarterly*, 56: 9-10.

浦野茂，2007,「記憶の科学――イアン・ハッキングの『歴史的存在論』を手がかりに」『哲學』117: 245-66。

Vanêk, Miroslav, 2008, "The Development of Theory and Method in Czech Oral History after 1989," *Oral History Forum*, 28.

Vanek, Miloslav, 2013, *Around the Globe: Rethinking Oral History with Its Protagonists*, Karolinum.

Vaněk, Miroslav and Otáhal, Milan, 1999, *Sto studentských revolucí. Studenti v období pádu komunismu životopisná vyprávění*, NLN.

Vaněk, Miroslav and Urbášek, Pavel eds., 2005, *Vítězové? Poražení? Životopisná interview*, Prostor.

Vansina, Jan, 1960, "Recording the oral-history of the Bakuba." *Journal of African History*.

Vansina, Jan, 1965, *Oral Tradition*, Aldine Pub.

Volker, Ullrich, 1984, "'Barfußhistoriker': woher sie kommen und was sie wollen". *Die Zeit* 45, November2.（2022 年 5 月 1 日最終取得，https://web.archive.org/web/20 130927103439/http://www.zeit.de/1984/ 45/spuren-im-alltag/komplettansicht）

von Plato, Alexander, 2012, "Twenty Years After: On the Development of Oral History in Central and Eastern Europe," *Oral History Forum*, 32.

脇田憲一，2004,『朝鮮戦争と吹田・枚方事件――戦後史の空白を埋める』明石書店。

Wengraf, Tom, Prue Chamberlayne and Johanna Bornat, 2002, "A Biographical Turn in the Social Sciences?: a British-European View," *Cultural Studies and Critical Methodologies*, 2（2）: 245-69.

Westerman, William, 1994, "Central American Refugee Testimonies and Performed Life History in the Sanctuary Movement," in Rina Benmayer and Andor Skotones eds., *International Yearbook of Oral History and Life Stories*, 3: Migration and Identity, Oxford University Press: 167-81.

許雪姫，2022,「戦後台湾オーラル・ヒストリーの発展」（日本オーラル・ヒストリー学会第 20 回大会記念国際シンポジウム資料）。

矢原隆行，2001,「インタビューという可能性――コミュニケーションとしてのアクティブ・インタビューの観点から」『社会分析』29: 95-111。

山田富秋，2005，『ライフストーリーの社会学』北樹出版。

山田富秋，2009，「基幹論文——インタビューとフィールドワーク」『質的心理学フォーラム』2009（1）: 7-12。

矢野久，2006，「小特集：社会史の実証と方法　序」『三田学会雑誌』99（3）: 507-10。

矢野久，2016，「ドイツ社会史再訪——歴史学のパラダイム転換？」『三田学会雑誌』106（1）: 1-48。

安川晴基，2008，「『記憶』と『歴史』——集合的記憶論における一つのトポス」『藝文研究』94: 282-99。

Yow, Valerie, 2005, *Recording Oral History: A Guide for the Humanities and Social Sciences*, 2nd edition, Altamira Press.

Yow, Valerie Raleigh, 1994, *Recording Oral History: A Practical Guide for Social Scientists*, SAGE.

尹澤林，2002，「韓国口述史の軌跡と展望」（2022 年日本オーラルヒストリー学会国際学術大会発表文）。

윤택림，2019，『역사와 기록 연구를 위한 구술사 연구방법론』아르케.

索　引

著者紹介　　朴　沙羅（ぱくさら／Sara Park）
　　　　　　ヘルシンキ大学文学部講師，社会理論・動態研究所研究員

記憶を語る，歴史を書く
オーラルヒストリーと社会調査

Between Telling the Past and Writing History:
Methodology of Oral History on Sociology

2023 年 3 月 20 日　初版第 1 刷発行

著　　者　　朴　沙羅
発行者　　　江草貞治
発行所　　　株式会社有斐閣
　　　　　　〒101-0051　東京都千代田区神田神保町 2-17
　　　　　　https://www.yuhikaku.co.jp/
装　　丁　　CaNNNA
印　　刷　　株式会社三陽社
製　　本　　大口製本印刷株式会社
装丁印刷　　株式会社亨有堂印刷所